KAMPENWAND
VERLAG

ISBN: 978-3947738748

© 2021 Kampenwand Verlag
Raiffeisenstr. 4 · D-83377 Vachendorf
www.kampenwand-verlag.de

Versand & Vertrieb durch Nova MD GmbH
www.novamd.de · bestellung@novamd.de · +49 (0) 861 166 17 27

Text: Uwe Krauser
Umschlaggestaltung: Steffi Fredl
Druck: CUSTOM PRINTING
Wał Miedzeszynski 217, 04-987 Warszawa, Polen

LAYLA

HELDIN AUF VIER PFOTEN

Uwe Krauser

DER AUTOR

—

Uwe Krauser wurde 1971 in der Nähe von Köln geboren und betreibt mit seinem Mann Oliver seit 14 Jahren ein kleines, mehrfach ausgezeichnetes Hotel in den Untiefen des Bayerischen Waldes:

www.montarasuites.de

Der gelernte Erzieher lebte viele Jahre in Spanien, hat seine Heimat jedoch im beschaulichen Ferienort Bodenmais gefunden, wo er die Liebe zur Natur entdeckte.

Er hat mit Phoebe und Layla zwei Straßenhunde aus dem Ausland adoptiert, die ihn zu seinen beiden Romanen „Phoebe - Eine Straßenhündin checkt ein" und „Layla – Heldin auf vier Pfoten" inspiriert haben.

Es ist vollbracht!

Ihr haltet die Geschichte der wundervollen Layla in den Händen und ich hoffe sehr, dass ich euch für ein paar Stunden in unsere kleine, verrückte Welt entführen kann. Bevor ihr loslegt, solltet ihr Folgendes wissen:

Ihr dürft nicht alles, was ich geschrieben habe, zu 100% ernst nehmen. Einige Geschichten sind tatsächlich passiert, einige andere wiederum sind, genau wie viele der Charaktere, in meinem Kopf entstanden.

Ich überlasse es eurer Fantasie zu entscheiden, was tatsächlich geschehen ist ...

Für Oliver, Phoebe und Layla!
Was wäre mein Leben nur ohne euch?

PROLOG

—

Es ist ein Tag wie jeder andere in der pulsierenden Großstadt Istanbul.

Die Sonne brennt erbarmungslos vom Himmel. Unzählige Menschen eilen gestresst durch den überfüllten Busbahnhof, auf dem ihnen ein Gemisch aus Ruß und Abgasen das Atmen erschwert.

In einer zugigen Ecke, in der Unrat den Boden bedeckt, liegt eine abgemagerte Hündin. Ihr Blick, der bereits so viele grausame Dinge gesehen hat, ist leer und hoffnungslos. Fast scheint es, als wäre das Tier mit dem verfilzten Fell schon gar nicht mehr auf dieser Welt.

Als ein großer Mann, der einen buschigen Bart im Gesicht trägt, an ihr vorübereilt, zuckt die Hündin panisch zusammen. Sie verkriecht sich unter einem rostigen, ausrangierten Kofferwagen, der zu ihrem letzten Zufluchtsort geworden ist. Erst nachdem der Mann nicht mehr zu sehen ist, entspannt sich ihr Körper und der leere Blick kehrt zurück in ihre dunklen Augen.

Die unterschiedlichsten Menschen laufen vorbei und scheinen die Hündin mit dem schmutzigen Fell nicht zu bemerken ... oder einfach nicht bemerken zu wollen.

Ein schwarzer Bus hält nicht weit entfernt am Straßenrand, dem eine Gruppe müde aussehender Frauen entsteigt. Fast sieht es so aus, als würden auch sie einfach an dem Kofferwagen vorbeigehen, doch bleibt der Blick einer zierlichen Frau an der verängstigten Hündin haften. Sie stellt eine Plastiktasche zu Boden, macht ein paar vorsichtige Schritte in ihre Richtung, um dann mit ruhiger Stimme auf das zitternde Tier einzureden. Kaum angekommen, bückt sich die Frau und reißt entsetzt ihre Augen auf, als sie die vielen blutigen Wunden auf dem ausgemergelten Hundekörper entdeckt.

Für einen Moment mustern sich die beiden voller Angst, bis Layla entkräftet zusammensackt und das Bewusstsein verliert ...

VIELE MONATE SPÄTER ...

WO IST LAYLA

—

»Das darf doch nicht wahr sein! Das darf doch einfach nicht wahr sein!«

Ich öffne meine Augen und höre die aufgebrachte Stimme von meinem Herrchen. Eben noch war ich im Traum bei meinem Lieblingsmetzger und habe mir den Bauch mit den herrlichsten Schweinereien vollgestopft, doch bin ich nun hellwach.

Mit einem Satz springe ich aus dem Bett und laufe eilig in den Garten, wo meine beiden Menschen aufgebracht diskutieren. Regenwasser läuft in Strömen an ihnen herab, ein Donnern lässt mich kurz zusammenzucken.

»Wie konnte das denn nur passieren?« Oliver, mein Zweiterrchen, wedelt mit den Händen in der Luft herum, seine Stimme überschlägt sich fast.

»Das weiß ich doch auch nicht. Ich habe Layla nur kurz zum Pinkeln rausgelassen. Woher soll ich denn wissen, dass unser Garten nicht ausbruchsicher ist?«

»Ausbruchsicher? Du dachtest der Garten ist ausbruchsicher? Uwe, hast du denn tatsächlich vergessen, wie oft Phoebe schon ausgebüchst ist, um irgendwelchen Katzen hinterherzujagen?«

»Ja, aber Layla ist doch viel größer – da habe ich gedacht, dass ...«, mein Herrchen schaut verlegen auf den Boden und wischt sich einen Schwall Wasser aus dem Gesicht.

»Da hast du wohl falsch gedacht! Verdammter Mist, verdammter! Los, zieh dir was über, wir müssen sie suchen!«

Aufgeregt springe ich zu meinem Herrchen und beginne zu bellen.

»Phoebe, Kleines! Ich habe jetzt wirklich keine Zeit mit dir zu spielen. Komm zurück ins Haus!«

Verwirrt bleibe ich stehen und frage mich, warum ich bei der Suche nicht mithelfen darf. Ohne mich werden die beiden Layla ganz bestimmt nicht finden – meine Hundenase ist eindeutig am besten für so etwas geeignet.

Bevor mich mein Herrchen am Halsband erwischen kann, renne ich zum Gartenzaun und quetsche mich durch ein kleines Loch, welches ich in den letzten Wochen schon das ein oder andere Mal benutzt habe, um die Gegend ein wenig zu erkunden.

»Ja spinnt Phoebe denn jetzt auch noch? Wo will das Biest denn hin?« Oliver tritt gegen eine Gießkanne, die am Boden steht und daraufhin im hohen Bogen durch den Garten fliegt, während Uwe hektisch nach der Leine greift und hinter mir herstürzt ... doch da bin ich schon längst entwischt.

Ich versuche Laylas Spur aufzunehmen, was bei dem vielen Regen gar nicht so einfach ist, immer wieder versinke ich mit den Pfoten in der matschigen Erde. Ich höre die leiser werdenden Rufe und Schreie meiner beiden Menschen, doch kann ich darauf keine Rücksicht nehmen und laufe noch tiefer in den dichten Wald hinein. An einem Baumstumpf, schon ein ganzes Stück von unserem Garten entfernt, werde ich endlich fündig und nehme einen mir bekannten Duft wahr. Nervös schnüffle ich über den Boden und bin mir ziemlich sicher, dass ich auf der richtigen Spur bin. Meine Nase beginnt immer heftiger zu kribbeln, meine Pfoten tragen mich schneller und schneller auf meinem Weg voran.

Der verschlungene Pfad führt mich vorbei an einem schmalen Bach, der normalerweise fröhlich vor sich hinplätschert, heute jedoch mit einem lauten Tosen durch den Wald rauscht.

Mutig nehme ich Anlauf und lande mit einem Satz auf der anderen Seite des wilden Gewässers, um meine Suche fortzusetzen.

Immer wieder fahre ich mit der Nase über den nassen Boden, um die Fährte nicht zu verlieren, bis ich auf eine kleine Höhle stoße, deren Eingang sich gut getarnt zwischen zwei Felsen befindet. Ich bleibe stehen und bin ganz still, versuche trotz tosendem Unwetter irgendwelche mir vertrauten Geräusche wahrzunehmen. Langsam und mit eingezogenem Schwanz stecke ich meinen Kopf in den Eingang der Höhle und weiß mit einem Mal, dass ich an meinem Ziel angekommen bin.

Ich entdecke Layla, die sich ein Loch in die Erde gegraben hat, in das sie sich nun hineinzwängt. Sie zittert unkontrolliert und blickt mich aus großen, ängstlichen Augen an.

Vorsichtig schleiche ich zu ihr und lege mich ganz nah an ihre Seite, woraufhin ein leises Wimmern aus ihrer Kehle entweicht. Ich drücke mich noch etwas fester an ihren Körper und zu meiner Erleichterung wird ihr Zittern schon bald etwas schwächer.

»Layla, was ist passiert? Warum bist du denn nur weggelaufen?«

Statt zu antworten, beginnt Layla erneut mit den Pfoten in der Erde zu buddeln. Ihr Blick wandert panisch hin und her, als ein lauter Donner zu hören ist.

»Es ist ja alles gut! Ich bin jetzt bei dir und passe auf dich auf.« Ganz vorsichtig berühre ich mit meiner Nase Laylas Kopf und hoffe, dass dieses schreckliche Unwetter, das ihr solche Angst bereitet, bald vorbei ist.

Seite an Seite liegen wir in der Höhle und während der Regen unaufhörlich weiterfällt, gebe ich mich meinen Gedanken hin ...

Vor etwa einem Jahr haben mich meine beiden Menschen aus dem kroatischen Tierheim, in dem ich aufgewachsen bin, befreit und mit in ihr wunderschönes Zuhause genommen.

Mit der Zeit haben wir uns gut aneinander gewöhnt und ich könnte mir wirklich keinen besseren Platz für mein Hundeleben vorstellen.

Irgendwann hat mein Herrchen Uwe beschlossen, einen zweiten Hund zu uns zu holen, dessen Foto er bei unserem Tierarzt entdeckt hat. Zuerst hat mich diese Idee nicht sonderlich begeistert, denn ich wollte weder meinen Platz, noch meine Menschen mit irgendwem teilen, bis ... nun ja, bis ich das erste Mal in Laylas traurige Augen geblickt habe. Ich wusste vom ersten Moment an, dass sie zu mir und zu meinen beiden Herrchen gehört und hoffe sehr, dass sie dies eines Tages auch spüren wird.

Ich richte meine Ohren auf, zum Glück scheint es draußen nun endlich ruhiger geworden zu sein.

Es hat schon seit einiger Zeit nicht mehr gedonnert und auch der Regen ist wohl endgültig weitergezogen. Layla liegt ganz still neben mir, lediglich ihr angestrengtes Hecheln verrät mir, dass sie sich noch immer unwohl fühlt.

»Wir sollten uns langsam auf den Rückweg machen, unsere beiden Menschen werden sicherlich schon stinksauer sein, weil wir abgehauen sind.« Langsam stehe ich auf und schaue Layla auffordernd an, die daraufhin aus ihrem gegrabenen Loch hinaussteigt. Feuchte Erde und ein paar vermoderte Blätter kleben an ihrem Fell, doch scheint sie dies gar nicht zu bemerken.

Bevor wir die Höhle verlassen, bleibt Layla neben mir stehen. Sie blickt zu Boden und sieht in diesem Moment unendlich traurig aus.

»Es ist dieses Donnern, dieses schreckliche Donnern! Es erinnert mich an … an so vieles, das ich in meinem alten Zuhause erlebt habe.« Layla schleicht mit eingezogenem Schwanz aus der Höhle. In diesem Moment weiß ich tief in mir, dass ich heute nichts mehr von dem erfahren werde, was in der Zeit, bevor Layla zu uns gefunden hat, mit ihr geschehen ist.

Seite an Seite machen wir uns auf den Heimweg und ich bin wirklich froh, dass Layla in diesem Moment nicht alleine durch den finsteren Wald irren muss.

Wir haben unser Haus noch nicht ganz erreicht, als ich Uwes ärgerliche Stimme laut und deutlich hören kann.

»Ich schwöre dir, wenn die zwei hier auftauchen ... ich bringe alle beide sofort ins Heim zurück, das kannst du mir wirklich glauben. Die elenden Mistviecher, die elenden!«

Nacheinander quetschen wir uns durch das Loch im Zaun und schleichen mit gesenktem Kopf und hängenden Ohren auf mein Herrchen zu. Ich rechne schon mit einem ordentlichen Donnerwetter, doch als Uwe uns erblickt, schießen ihm Tränen in die Augen. Er kommt mit großen Schritten auf uns zu und bückt sich zur Erde, um mich ganz fest an sich zu drücken und vorsichtig über Laylas Fell zu streicheln.

»Da seid ihr ja wieder! Ich habe mir solche Sorgen um euch gemacht! Oliver, komm schnell raus! Layla und Phoebe sind wieder da.«

Nachdem sich die Wogen geglättet haben, sitze ich später am Abend zufrieden neben meinen beiden Herrchen auf dem Sofa. Während ich mich streicheln und hinter den Ohren kraulen lasse, hat sich Layla auf ihren Stammplatz unter dem Esstisch zurückgezogen. Ich weiß nicht genau, warum sie sich ständig dorthin verkriecht, doch denke ich, dass sie einfach noch ein wenig Zeit braucht, um sich hier bei uns in Sicherheit zu wissen.

Ich schaue zum Tisch, höre Laylas Atem, der gleichmäßig an meine Ohren dringt und frage mich, was wohl der Grund für ihre große Angst sein mag. Nachdenklich rolle ich mich zusammen und falle kurz darauf auch schon in einen unruhigen Schlaf.

ANNA FOR PRESIDENT

—

Der nächste Morgen bricht an und ich liege schon wieder völlig alleine auf meinem Platz im Menschenbett. Ich öffne verschlafen die Augen und blicke aus dem Fenster – zum Glück hat der Regen aufgehört und es kämpfen sich sogar ein paar Sonnenstrahlen durch die graue Wolkendecke. Ruhige Stimmen und das Blubbern der Kaffeemaschine sind aus der Küche zu hören, wo ich meine beiden Herrchen vermute.

Nachdem ich mich zuerst einmal ordentlich gereckt und gestreckt habe, laufe ich los, um die beiden zu begrüßen. Auf dem Weg zur Küche mache ich im Esszimmer halt, wo Layla ihren Platz in der hintersten Ecke unter dem großen Tisch bereits eingenommen hat. Langsam robbe ich über den Boden und schlecke ihr über die feuchte Hundenase, wofür ich mit einem leisen Brummen belohnt werde.

Als nächstes kontrolliere ich noch schnell meinen Futternapf, der leider noch nicht aufgefüllt ist, um mich dann schwanzwedelnd vor mein Herrchen zu setzen.

»Guten Morgen, du kleine Ausreißerin!« Uwe klatscht mit der Hand auf seine Beine, was für mich das Zeichen ist, auf seinen Schoß zu springen, wo ich nun meine morgendlichen Streicheleinheiten erhalte.

»Kleine Ausreißerin? Das hörte sich aber gestern noch ganz anders an!« Oliver steht auf und schüttet Kaffee in zwei Tassen. Er stellt eine davon mit einem Lächeln vor meinem Herrchen ab. »Wolltest du die *elenden Mistviecher* nicht umgehend zurück ins Tierheim bringen, oder habe ich mich da etwa verhört?«

»Ach Oliver, du weißt doch, dass ich das nicht so gemeint habe. Ich sage solche Dinge halt, wenn ich mich aufrege.«

Beruhigt hüpfe ich wieder zurück auf den Boden und lege mich in meinen Lieblingskorb, von dem aus ich sowohl meine Herrchen, als auch die Futternäpfe gut überwachen kann. Ich schließe meine Augen, doch meine Hundeohren sind hellwach, damit mir nichts entgeht.

»Trotzdem weiß ich nicht, was wir mit dem armen Tier machen sollen. Layla ist doch jetzt schon seit mehr als drei Monaten bei uns, aber irgendwie habe ich nicht das Gefühl, dass wir auch nur ansatzweise an sie herankommen.«

»Wir müssen Geduld haben, Uwe. Wer weiß, was ihr in der Vergangenheit widerfahren ist.«

»Du weißt aber schon, dass Geduld nicht unbedingt mein zweiter Vorname ist, oder?«

»Oh ja, das weiß ich leider nur zu gut! Aber glaube mir, mit der Zeit wird sich Layla uns gegenüber öffnen und bis dahin ist unsere kleine Phoebe ja auch noch da. Sie scheint ein Händchen, ich meine natürlich ein Pfötchen, für unser Sorgenkind zu haben.« Oliver wirft einen liebevollen Blick in meine Richtung, bevor er weiterspricht. »Um wieviel Uhr wollte Anna eigentlich hier sein? Das war doch heute, oder?«

Uwe schaut auf die Uhr und springt hektisch auf. »Ach du Scheiße! Die habe ich ja völlig vergessen. Und hier sieht es aus, als hätte eine Bombe eingeschlagen. Stellst du schnell das Geschirr in die Spülmaschine, dann kann ich währenddessen noch ein bisschen aufräumen?!«

»Wird gemacht, Chef! Aber so schlimm sieht es doch gar nicht aus.« Oliver steht auf und fegt ein paar Krümel vom Tisch, was ihm einen ziemlich grimmigen Blick meines Herrchens einbringt.

»Für dich vielleicht nicht, aber du kennst doch Anna und ihren übertriebenen Hang zur Ordnung.«

»Ich kenne vor allem ihre übertriebene Vorliebe für Klatsch und Tratsch jeder Art.« Oliver stellt ein paar Teller in die Spülmaschine, bevor er nach seiner Tasse greift.

»Beschwert hast du dich bis jetzt aber noch nie, immer als erster mit den aktuellsten Neuigkeiten aus unserem Ort versorgt zu werden.«

»Auch wieder wahr. Sie ist schon nicht verkehrt, unsere Anna, und ich liebe ihre Klatschgeschichten sehr, obwohl ihre Recherche teilweise etwas zu wünschen übriglässt.« Oliver kickt mit der Hüfte gegen die Spülmaschine, die sich scheppernd schließt. »So, das wäre geschafft, was ist noch zu tun?«

Mein Herrchen zuckt beim Geräusch der klirrenden Teller und Tassen zusammen, er deutet mit dem Kopf zur Treppe. »Weißt du, ich schaffe den Rest hier schon alleine. Geh ruhig schon mal hoch ins Bad.«

Während Uwe nun mit einem Lappen über Tisch und Stühle wischt, frage ich mich, was Oliver wohl mit diesen Klatschgeschichten gemeint hat. Ich habe das Wort schon oft von ihm gehört, doch weiß ich bis heute nicht, was das genau bedeuten soll. Bevor ich jedoch meinen Kopf zu sehr anstrenge, freue ich mich lieber auf Anna, die ich wirklich ganz besonders gerne mag. Ich hoffe sie bringt Hector mit, denn der ist mein allerbester Freund.

Als ich ihn zum ersten Mal gesehen habe, war ich nicht sonderlich angetan, denn Hector ist der dickste Mops, den ich in meinem ganzen Leben jemals gesehen habe.

Mein Herrchen sagt immer, dass Anna seine Ernährung nicht ordentlich in den Griff bekommt und er deshalb kugelrund ist. Ich glaube jedoch, dass er einfach nur einen sehr gesunden Appetit hat. Mittlerweile stört mich sein dicker Bauch überhaupt nicht mehr und ich bin heilfroh, einen so wundervollen Freund zu haben.

Das Klingen der Türglocke reißt mich aus meinen Gedanken. Obwohl ich nicht genau weiß warum, springe ich aus meinem Korb und beginne sofort aufgeregt zu bellen, so als müsste ich eine Wildschweinfamilie vertreiben, die sich in unseren Garten verirrt hat. Uwe läuft kopfschüttelnd durch den Hausflur und wirft mir einen genervten Blick zu. »Das ist doch echt nicht normal, was dieses Luder immer abzieht, wenn es klingelt.«

Kurz halte ich inne und überlege, was er damit wohl meinen könnte, als der Drang mich erneut überkommt und ich noch lauter kläffe ... nur zur

Sicherheit! Aus dem Augenwinkel sehe ich Layla, die von ihrem Platz aus den Hals lang macht und vorsichtig in unsere Richtung blickt.

Kaum ist die Türe geöffnet, quetscht sich auch schon Hector in den Flur, um mich schnaufend zu begrüßen. Gemeinsam laufen wir ins Haus und versuchen dabei, uns gegenseitig den Weg abzuschneiden.

»Schau dir nur die beiden an – mir geht wirklich jedes Mal das Herz auf, wenn ...«

»Jaja, mir auch!«, wird mein Herrchen jäh von Anna unterbrochen, die mit großen Schritten in die Küche eilt und sich auf einen Stuhl fallen lässt. »Schnell, setz dich zu mir! Ich habe etwas Sensationelles zu verkünden. Wo ist Oliver? Ich bin sicher, dass er diese Neuigkeit nicht verpassen will.«

»OLIVER! Anna ist hier, kommst du bitte in die Küche!«

Just in diesem Moment biegt dieser auch schon um die Ecke und begrüßt seine Freundin mit einem Kuss auf die Wange.

»Anna, Liebes! Toll siehst du aus! Sind die Schuhe neu?«

»Oliver, hör auf Süßholz zu raspeln und setz dich her! Nein, halt! Vielleicht machst du mir gerade schnell einen Kaffee, wo du ohnehin noch stehst. Aber nicht dieses Schulmädchengebräu, das ihr immer trinkt. Ich brauche jetzt etwas Starkes für meine Nerven. Ihr glaubt ja nicht, wie gespannt ich auf eure Gesichter bin. Nein, ich bin ja so aufgeregt!«

»Den Kaffee gibt es später, jetzt will ich zuerst einmal wissen, was du uns unbedingt erzählen musst.« Oliver setzt sich an den Tisch und blickt gespannt zu der blonden Menschenfrau.

»Alsooooo ...!« Anna macht eine kurze Pause und nimmt einen tiefen Atemzug, bevor sie weiterspricht. »Ich habe nach langen Überlegungen entschieden, dass ich in diesem Jahr für den Gemeinderat kandidieren werde! Was sagt ihr jetzt?«

Während Uwes Augen immer größer werden, beginnt Oliver wild zu husten – er hat sich wohl an dem Wasser verschluckt, das er gerade getrunken hat.

Einen Moment lang sagt niemand etwas, bis Uwe als erster die Sprache wiederfindet! »Ja, Anna, ähm ... das ist jetzt wirklich eine Überraschung! Wie kommst du denn darauf? Und was sagt dein Josef dazu? Ich meine, du hast ihm schon davon erzählt, oder?«

»Ach, der Josef! Hört mir bloß auf mit dem!« Anna schlägt die Beine übereinander. »Er behauptet doch tatsächlich, dass ich für diesen Job überhaupt nicht geeignet bin. Er denkt, ich sei *unterqualifiziert*. Könnt ihr euch das vorstellen? Mein eigener Mann sagt mir so etwas mitten ins Gesicht!«

Uwe steht auf und schaltet die Kaffeemaschine an. »Nun, ein wenig überrascht bin ich schon auch, muss ich gestehen. Ich wusste gar nicht, dass du dich so sehr für die Politik in unserem Ort interessierst.«

»Politik? Ach, darum geht es doch hier gar nicht. Könnt ihr euch denn überhaupt nicht vorstellen, was so ein Gemeinderat alles mitbekommt? Ich werde in Zukunft immer an der Quelle sitzen, wenn es irgendeinen Skandal gibt oder sonst etwas Interessantes bei uns passiert.« Bei den letzten Worten hat ein fiebriger Glanz Annas Augen erobert, sie fährt begeistert fort. »Und stellt euch nur vor! Meine Chancen stehen gut, sie stehen sogar verdammt gut. In diesem Jahr gibt es nur 25 Kandidaten und einige von denen stehen auf ziemlich verlorenem Posten. Könnt ihr euch vorstellen, dass irgendjemand den Fischer August, den blöden Ochsen, oder am Ende sogar die fürchterliche Lützenhuber Lotte im Gemeinderat haben möchte? Ach, ich bin ja so aufgeregt!«

»Tja, was soll ich sagen? Du bist wirklich unglaublich und immer für eine Überraschung gut!« Oliver strubbelt lachend über Annas Lockenkopf.

»Lass mich doch in Ruhe, du Stinkstiefel! Ihr werdet euch noch alle über mich wundern, verlasst euch drauf. So, und wo um Himmels willen ist jetzt mein versprochener Kaffee?« Anna hält grinsend ihre Tasse in die Höhe.

Während sich die drei Menschen nun gutgelaunt unterhalten, mache ich mich gemeinsam mit Hector auf den Weg, um Layla unter dem Tisch ein wenig Gesellschaft zu leisten. Ich drücke mich ganz fest an sie heran und kuschle mich in ihr weiches Fell. Ich weiß beim besten Willen nicht, warum Layla den ganzen Tag unter diesem Tisch liegt und sich in die hinterste Ecke quetscht. Sie verpasst so viele schöne Dinge, die wirklich Spaß machen, doch konnte ich sie bisher leider nur sehr selten von ihrem Platz weglocken.

Hector hat es sich bereits auf dem Teppich gemütlich gemacht und auch ich will gerade meine Augen schließen und ein wenig vor mich hindösen, als ich das Klimpern meiner Hundeleine höre. Sofort bin ich hellwach.

»Hector, Layla, kommt schnell mit mir! Ich glaube wir machen jetzt endlich unsere Gassirunde.« Ich springe auf und flitze zu meinem Herrchen, der unsere zwei Leinen bereits in der Hand hält. Nachdem sich Hector schwanzwedelnd zu uns gesellt hat, schleicht auch Layla vorsichtig in unsere Richtung. Mit herabhängendem Kopf schaut sie mein Herrchen aus ihren großen, dunklen Augen an. Seufzend nimmt er sie an die Leine und so machen wir uns gemeinsam mit Anna und Hector auf den Weg, um zu dem sogenannten Riederinfelsen zu wandern.

Ich mag diese Wanderung ganz besonders gerne, denn unterwegs machen wir fast immer eine Pause auf der Ochsenalm. Mein Herrchen sagt, dass dort die Stühle nicht zum Tisch und die Messer nicht zu den Gabeln passen, doch dass gerade diese Mischung die Ochsenalm zu einem ganz besonderen Ort macht. Mir sind die Stühle und Messer völlig egal, wichtig ist mir nur die köstliche Knackwurst, die ich jedes Mal von der netten Wirtin bekomme, wenn wir sie auf der Alm besuchen.

Während Anna auf mein Herrchen einredet, lasse ich mich mit Hector ein wenig zurückfallen, damit die beiden uns nicht im Blick haben, falls wir einen kleinen Abstecher in den Wald unternehmen möchten. Wir beobachten Layla, die lustlos neben meinem Herrchen herläuft, die Leine schleift dabei ohne jede Spannung über den feuchten Boden.

»Wie es aussieht, ist es immer noch nicht besser mit ihr geworden.« Hector legt seine ohnehin nicht besonders glatte Stirn in tiefe Falten.

»Leider nicht, dabei geben sich meine Herrchen so viel Mühe mit ihr. Stell dir nur vor: Erst gestern haben sie sogar versucht, sie mit einem Stück von meinem Lieblingsschinken unter dem Tisch hervorzulocken.«

»Und, hat es geklappt?« Hector schleckt sich hungrig über sein Maul.

»Wo denkst du hin? Natürlich nicht. Den Schinken hat Layla aber trotzdem bekommen ... so ein Glück möchte ich auch mal haben.«

Ganz in unsere Gedanken versunken trotten wir nebeneinander her, bis wir nach einiger Zeit die Ochsenalm erreichen, wo sich unsere Menschen fröhlich plaudernd auf eine Bank setzen, die von einigen Sonnenstrahlen erwärmt wird.

Hector lässt sich schnaufend auf den Boden plumpsen. »Na endlich! Ich habe schon gedacht, wir laufen ewig weiter. Meine Pfoten bringen mich noch um.«

Ich lege mich zu meinem Freund ins Gras und stupse ihm vergnügt mit meiner Nase in die Seite. »Das ist doch noch gar nichts. Da hättest du mal bei unserer letzten Wanderung mit meinem Herrchen dabei sein sollen. Der hat sich schon wieder so oft verlaufen, dass ich befürchtet habe, wir kommen nie zu Hause an.«

Hector schaut mich wissend an. »Du hast wirklich großes Glück mit deinem Herrchen, aber daran sollte er ganz dringend arbeiten.«

Für einen langen Moment betrachte ich den Menschen, der da vor mir am Tisch sitzt, wobei sich ein warmes Gefühl in meinem Bauch breitmacht, das mich zufrieden grummeln lässt. Ich will mich schon zusammenrollen und ein wenig ausruhen, als eine stämmige Frau die Hütte verlässt und auf uns zueilt.

»Hector schau nur, da ist Maria!« Mein Schwanz beginnt unkontrolliert hin- und herzuwedeln, als ich die Hüttenwirtin erblicke. »Ob wir unser Würstchen wohl jetzt schon bekommen?« Gespannt verfolgen wir jede Bewegung der dunkelhaarigen Frau, die sich ihren Weg durch die vielen Tische und Stühle sucht. Selbst Layla beginnt nervös mit ihren Ohren zu zucken, denn die Knackwürstchen hier auf der Ochsenalm sind wirklich der reinste Leckerbissen.

»Anna, Uwe! Schön, dass ihr da seid! Und meine drei Freunde habt ihr ja auch mitgebracht.« Maria bückt sich und krault Hector und mir liebevoll über den Rücken. Layla hat sich ein wenig zurückgezogen, beobachtet uns jedoch mit großem Interesse.

Stöhnend erhebt sich die Hüttenwirtin, dabei stützt sie sich mit einer Hand am Tisch ab. »Diese verfluchten Gelenke. Ich glaube, das Wetter schlägt schon wieder um – da sind meine Knochen zuverlässiger als jede Wettervorhersage, das kann ich euch sagen.« Maria nimmt einen Stift und einen Zettel aus einer Tasche ihres Kleides. »Was darf ich euch beiden denn bringen? Zwei Weißbier und die Speisekarte, so wie immer?«

»Das hört sich toll an. Und wenn du noch ein bisschen Wasser für die Hunde hättest?« Mein Herrchen zeigt mit der Hand unter den Tisch, wo Hector und ich immer noch gespannt mit den Schwänzen wackeln und der Hüttenwirtin hungrige Blicke zuwerfen.

»Als ob ich diese drei Engel jemals vergessen würde.« Maria zwinkert meinem Herrchen zu und macht sich auf den Weg zurück ins Haus, wo ich unsere heißgeliebten Leckerbissen vermute.

Enttäuscht lege ich mich zurück auf meinen Platz, als ich aus dem Augenwinkel einen braunen Hund erblicke, der mit seinem Menschen an der Leine genau auf unseren Tisch zueilt.

»Nein, was für ein Glück! Da ist ein freier Platz! Jean Claude, bei Fuß!« Die Frau, die sich nun an unseren Nachbartisch setzt, ist über und über mit goldenen Ketten behangen. Ihre grauen Haare sind zu einem abenteuerlichen Turm aufgebaut, der bei jedem ihrer Schritte hin- und herschwankt. Umständlich breitet sie eine glänzende Decke auf einem Stuhl aus. Der Hund, ein brauner Rehpinscher, wirft uns einen giftigen Blick zu, bevor er mit einem Ruck auf den Stuhl gehoben wird und uns von dort hochnäsig beobachtet.

»Pah, immer diese Stadthunde!« Hector verzieht seine Schnauze angewidert, während ich den Neuankömmling warnend anknurre, damit der aufgeblasene Zwerg weiß, wer zuerst hier gewesen ist!

»Huch, was ist das denn für ein Untier? Würden Sie Ihren Hund bitte da wegnehmen? Mein Jean Claude ist sehr sensibel und solche Rüpeleien nicht gewohnt.« Entrüstet schüttelt die seltsame Frau ihren Kopf und funkelt mein Herrchen böse an.

»Phoebe, hörst du wohl auf!«, werde ich halbherzig von meinem Herrchen ermahnt. »Entschuldigen Sie bitte vielmals, das hat sie wirklich noch nie gemacht.«

Während Anna versucht sich ein Lachen zu verkneifen, frage ich mich, warum mein Herrchen so etwas behauptet. Schließlich knurre ich doch ständig fremde Hunde an, jedoch ohne es wirklich böse zu meinen – sie sollen einfach nur sehen, dass ich mich wehren kann.

Während die Frau ihre Hände schützend um ihren affigen Begleiter legt, kommt Maria zurück an unseren Tisch. Kritisch mustert sie ihre neuen Gäste. »Grüß Gott! Darf ich Ihnen ...« Noch bevor sie ihren Satz beenden kann, schneidet ihr die grauhaarige Frau das Wort ab.

»Also, zuerst einmal erwarte ich, dass Sie mir umgehend einen anderen Platz zuweisen. Dieser Hund hier scheint nicht ganz harmlos zu sein.« Sie zeigt mit dem Finger in meine Richtung, was von meinem Herrchen mit einem überraschten Gesichtsausdruck quittiert wird. »Und dann hätte ich gerne ein Glas Champagner und für meinen

Jean Claude etwas Mineralwasser. Am liebsten irgendetwas Italienisches. Das mag er besonders gerne.«

Maria stemmt ihre Hände in die breiten Hüften, ihre Augen werden zu kleinen Schlitzen.

Gespannt auf ihre Antwort, setze ich mich auf und spitze die Ohren, damit ich auch ja nichts verpasse. Hector rutscht auf seinem Mopshintern aufgeregt hin und her, seine Augen werden immer größer, als die Hüttenwirtin tief Luft holt und ihren Mund öffnet.

»Soso, das italienische Wasser mag der Jean Claude also am liebsten?« Sie tritt ein wenig näher an den Tisch heran. »Jetzt hören Sie mir mal gut zu! Zuerst einmal hat Ihr Hund nichts auf meinen Stühlen zu suchen. Und Champagner gibt es bei mir auch nicht. Dies ist eine Almhütte und nicht irgend so ein Großstadt Schecki-Mecki Laden.« Mit einem Blick in meine Richtung fährt sie fort. »Zu guter Letzt sind diese drei Hunde hier meine ganz besonderen Lieblinge und mit Sicherheit absolut harmlos. Ich würde also vorschlagen, dass ich Ihnen ein Taxi rufe und Sie den Tisch für die nächsten Gäste freimachen ... natürlich nur, wenn es Ihnen nicht zu viel Mühe bereitet!«

Entrüstet springt die Angesprochene auf, hebt ihren Hund von seinem Platz und reißt die glänzende Decke hektisch an sich.

»So eine bodenlose Unverschämtheit. Sie werden noch von mir hören, das verspreche ich Ihnen! Jean Claude, komm wir gehen!«

Während sich das Fluchen und Schimpfen der grauhaarigen Frau mit den vielen goldenen Ketten immer weiter entfernt, bückt sich Maria zu uns herab.

»Das habt ihr gut gemacht, meine Engel. Die blöde Schnepfe hätte ich an eurer Stelle auch angeknurrt!« Sie greift in ihre Tasche und zu meiner großen Freude fördert sie drei köstlich duftende Würstchen zutage, die wir nun ungestört und in aller Ruhe genießen können.

SCHÖN WIE DER PITT

—

Am nächsten Morgen begleiten wir unsere Herrchen zu den Montara Suites, in das Hotel, in dem wir gemeinsam unser Hundefutter verdienen.

Während Oliver und Uwe die Gäste mit Frühstück versorgen und ihnen die verschiedensten Wanderungen erklären, müssen Layla und ich unseren Job als Hotelhunde verrichten.

Das heißt im Prinzip eigentlich nur, dass wir in unserem Hundekorb an der Heizung liegen und so niedlich wie möglich aussehen müssen.

Während wir also auch an diesem Morgen unserer harten Arbeit nachgehen, lasse ich meinen Blick durch den Frühstücksraum wandern.

An einem Tisch gleich neben dem Eingang sitzen Sabine und Lars, die zu unseren sogenannten Stammgästen gehören. Die beiden haben sich heute eine ganze Menge zu erzählen und ich habe den Eindruck, dass vor allem Sabine zwischendurch immer wieder vergisst Luft zu holen.

Heute hat sich Sabine in ein paar sehr enge Hosen und ein knappes T-Shirt hineingezwängt, was irgendwie seltsam aussieht, und erzählt meinem

Herrchen ganz aufgeregt, was der Grund für ihre Kleidung ist.

»Uwe, ich bin ja schon so gespannt auf diesen Zumba-Kurs, den ich gleich machen werde.« Sie beißt beherzt in ein Brötchen, das ziemlich dick mit Quark und Marmelade bestrichen ist, wobei ein Teil der rot-weißen Masse auf den Fußboden tropft. Mit einem hungrigen Magengrummeln beschließe ich, mir die Stelle gut einzuprägen und später noch einmal dort vorbeizuschauen.

»Ist es denn sinnvoll, gleich nach diesem, ähm ... sagen wir einmal, ausgiebigen Frühstück dort mitzumachen? Ich kann mir vorstellen, dass so eine Zumba-Stunde nicht ganz ohne ist.« Mein Herrchen greift nach einer Serviette, um das Quark-Marmeladengemisch zu meinem Entsetzen vom Boden aufzuwischen.

»Ach was, so schlimm wird das schon nicht sein.« Erneut beißt Sabine in ihr Brot und spricht dann mit vollem Mund schmatzend weiter. »Umd auferdem habe ich im der lefzten Woche mit Nordic-Walkimg amgefamgem ...« Sie spült den Rest ihrer Mahlzeit mit einem Schluck Kaffee hinunter, bevor sie fortfährt. »Ich bin also ziemlich gut im Training.«

»Schatz, du erinnerst dich aber schon noch daran, dass du deine Stöcke nach knapp fünfzehn Minuten bei deinem Lieblingsbäcker am Eingang abgestellt hast, um dir ein Stück Erdbeertorte zu gönnen?« Lars streichelt seiner Frau über die Hand, die immer noch die Tasse festhält.

»Ach, papperlapapp! Ich bin topfit, ihr werdet es ja sehen. Und jetzt lass meine Hand los, ich muss mir noch schnell ein Nutellabrot für unterwegs schmieren.«

Mein Herrchen reicht Sabine das Glas mit der Schokoladencreme und steht dann auf. »Sorry, aber ich muss jetzt so langsam los. Viel Spaß beim Zumba – ich bin schon sehr gespannt, was du morgen zu erzählen hast.« Uwe schiebt den Stuhl zurück an den Tisch und verlässt grinsend den Frühstücksraum in Richtung Küche. Zum Glück schließt er die Türe hinter sich.

Mit einem Satz bin ich auf den Beinen und nehme Kurs auf den Tisch, an dem sich Sabine und Lars noch immer gutgelaunt unterhalten. Mit meinem allerhungrigsten Blick schmachte ich die beiden und ihre gut gefüllten Teller an. Hektisch wedelt mein Schwanz hin und her, während ich das Stück Wurst, welches auf Sabines Teller liegt, nicht aus den Augen lasse.

Mein treuherziger Blick scheint sich auszuzahlen, denn schon greift Sabine nach einem Messer, um ein Stück der duftenden Köstlichkeit für mich abzuschneiden. Langsam läuft mir das Wasser im Maul zusammen und ich kann es kaum erwarten, meine Beute zu verschlingen, als ... ja, als sich die Küchentüre öffnet und mein Herrchen Uwe zurück in den Frühstücksraum spaziert.

Mit einem letzten Blick auf mein zweites Frühstück springe ich zurück in den Hundekorb und hoffe, dass er mich dabei nicht beobachtet hat.

Ich versuche so unschuldig wie möglich auszusehen, doch leider verrät mich mein Schwanz, der noch immer hektisch hin- und herwedelt, während Layla neben mir liegt und verlegen zur Wand schaut, obwohl sie doch gar nichts angestellt hat.

»Ich denke, du solltest die Wurst lieber selber essen! Phoebe hatte heute schon ein ziemlich umfangreiches Frühstück.« Mein Herrchen zwinkert in Sabines Richtung, die entschuldigend mit den Schultern zuckt.

»Und du hast Glück, dass ich das jetzt nicht gesehen habe, du kleiner Satansbraten. Um ein Haar hättest du dich um einen schönen Spaziergang gebracht.« Mit einem Kopfschütteln durchquert Uwe den Raum und bleibt vor mir stehen. Er bückt sich zu mir und da entdecke ich auch schon die Hundeleine, die er in der Hand hält. Sogleich ist mein schlechtes Gewissen vergessen und mein Schwanz wedelt noch ein wenig schneller.

Als er Layla die Leine behutsam anlegen will, zuckt sie ängstlich zusammen und beginnt zu zittern, was Uwe mit einem traurigen Blick bemerkt. Ganz vorsichtig streichelt er über ihr struppiges Fell.

»Ist ja schon gut, Kleines. Dir tut hier niemand etwas Böses.« Seine Stimme ist sehr leise, als er weiterspricht. »Du musst jetzt keine Angst mehr haben – bei uns bist du endlich in Sicherheit.«

Nachdem sich Uwe von den Gästen verabschiedet hat und ich einen letzten sehnsüchtigen Blick auf Sabines Teller geworfen habe, verlassen wir gemeinsam das Hotel.

Zuerst führt uns der Weg ein Stück durch den benachbarten Wald, wo Layla und ich ausgiebig unseren sogenannten Geschäften nachgehen können, bis wir an eine Straße gelangen, die mir sehr bekannt vorkommt. Hier befindet sich ein Haus, in dem mein Herrchen regelmäßig die Haare auf dem Kopf geschnitten bekommt und welches den Namen ND-Friseursalon trägt. Ich freue mich stets sehr, mein Herrchen dorthin zu begleiten, denn es ist eigentlich immer etwas los, das ich beobachten kann. Außerdem gibt es jedes Mal ein besonderes Leckerchen von der lieben Vera für uns, bevor sie mein Herrchen mit der Schere bearbeitet.

Oliver bleibt lieber zu Hause, wenn wir zum Friseur gehen. Er sagt immer, dass es bei den Damen von ND zugeht wie im Hühnerstall. Ich weiß zwar nicht, was der Friseurladen mit einem Hühnerstall gemeinsam hat, aber vielleicht komme ich eines Tages noch dahinter.

Als wir das Geschäft mit den großen Fensterscheiben betreten, herrscht eine riesige Aufregung. Vera und Marina, die Friseurinnen, rennen wild schnatternd durch das Geschäft und bemerken uns überhaupt nicht.

»Verdammt nochmal, Marina! Wo hast du den Zettel denn nun schon wieder hingelegt? Ständig vertrödelst du alles.« Die sonst so entspannte Vera wühlt sich durch einen Stapel Papier, der in einer Ecke des Raumes auf einem Tisch liegt.

»Ich weiß es wirklich nicht. Eben war er doch noch da ... Was machen wir denn jetzt nur? Die Chefin wird toben, wenn sie das rauskriegt.« Marina fährt sich mit der Hand durch ihre blauen Haare und schaut zur Türe, wo sie uns entdeckt.

»Hallo Uwe! Du hast einen Termin mit Vera, oder?« Sie bückt sich herab und krault mir über den Kopf, was mir sehr gut gefällt. »Entschuldige bitte das Chaos hier, aber wir haben doch dieses neue Kassensystem, das unsere liebe Chefin unbedingt haben musste. Jetzt ist die gute Frau auf einer Fortbildung und wir kriegen das Teil nicht zum Laufen.«

»Kein Problem, ich habe genug Zeit mitgebracht. Aber habt ihr denn kein Handbuch oder irgendetwas in der Art? Das kann so kompliziert doch auch wieder nicht sein.« Mein Herrchen schlendert zu der Kasse und begutachtet die große Maschine mit den vielen Knöpfen.

»Wenn du wüsstest ...« Marina steht auf und schließt sich meinem Herrchen an. »Die Gebrauchsanleitung von dem Scheißding haben wir alle nicht so ganz begriffen, deshalb hat uns der Vertreter einen Zettel mit den wichtigsten Funktionen gegeben, aber den können wir irgendwie nicht wiederfinden.«

»Weil DU ihn verschlampt hast«, kommt es aus der Ecke, in der Vera immer noch in den Papieren herumwühlt.

»Ich bringe euch schon mal zu eurem Platz, Vera kommt dann gleich zu dir, sobald sie mit der Meckerei fertig ist.« Marina verdreht die Augen und hakt sich bei meinem Herrchen unter.

Während ich mich noch ein wenig umschaue, ist Layla bereits auf unserem Stammplatz verschwunden, einem weichen Handtuch, das für uns beide in einer Ecke ausgebreitet ist.

»Sag mal, Marina! Ist die Haarfarbe neu? Vor zwei Wochen warst du doch noch blond, oder täusche ich mich?« Mein Herrchen lässt sich in den Stuhl, der vor einem großen Spiegel steht, fallen und rückt seine Brille zurecht.

»Hör bloß auf, Uwe!« Während sie weiterspricht, bindet sie meinem Herrchen eine raschelnde, schwarze Decke um den Hals, was sehr lustig aussieht. »Ich habe mir diese Haarfarben von einem neuen Vertreter aufschwatzen lassen. 50 Tuben sind in dem Karton. Leider taugt das Zeug nicht besonders viel.« Mit verträumtem Blick fährt sie mit ihrer Erzählung fort. »Aber der Kerl hatte vielleicht einen Knackarsch und so schöne blaue Augen ... da konnte ich einfach nicht Nein sagen. Glaub mir Uwe, dem hättest du auch alles abgekauft. Na ja, nun habe ich das Zeug am Hals und muss es aufbrauchen – ist ja zu schade zum Wegwerfen.«

»Hier im Geschäft könnt ihr es nicht benutzen?« Uwe dreht sich fragend um.

»Himmel, nein! Für unsere Kundinnen darf ich das nicht hernehmen. Da sind irgendwelche Zusatzstoffe drin sagt die Chefin, die sie unseren Leuten wirklich nicht auf den Kopf schmieren möchte.«

Während mein Herrchen bei den letzten Worten ganz große Augen bekommt, gesellt sich nun auch Vera zu uns, die ihre Suche scheinbar aufgegeben hat.

»Das ist völlig zwecklos! Dann müssen wir das Geld halt in eine Tupperdose legen und tippen es später ein.« Mit einem strafenden Blick in Marinas Richtung legt sie meinem Herrchen eine Hand auf die Schulter. »Und, was darf ich heute mit deinen Haaren anstellen?«

Uwe nestelt ein Foto aus der Tasche und hält es der Friseurin vor die Nase.

»Schau, die Frisur habe ich mir ausgesucht! Ich finde, dass ich ruhig mal etwas Neues ausprobieren sollte – die Konkurrenz schläft schließlich nicht.«

»Brad Pitt?« Vera schaut kritisch von dem Bild zu meinem Herrchen und wieder zurück. »Bist du sicher, dass du diese Frisur haben möchtest? Ich meine, das hier ist Brad Pitt und du ... also, wie soll ich sagen? Also, du bist halt doch ein etwas anderer Typ.«

»Was soll da schon schiefgehen? Wir versuchen das jetzt einfach mal.« Mein Herrchen nimmt der immer noch kritisch schauenden Vera das Bild aus der Hand und klemmt es gut sichtbar an den Spiegel.

»Wie du meinst. Marina, bist du so lieb und rührst mir gerade platin-, champagner- und kükenblond an? Ich habe derweil noch etwas Wichtiges mit meinen beiden Freundinnen hier zu erledigen.«

Mit einem Satz springe ich zu Layla auf das Handtuch, denn ich weiß ganz genau, wen sie mit ihren beiden Freundinnen meint.

Als Vera nun einen großen Schrank öffnet und dort etwas zu suchen scheint, werde ich immer unruhiger, befinden sich dort doch ein paar der köstlichsten Kaustangen, die ich jemals bekommen habe.

»Ach, da haben wir sie ja! Wollen wir doch mal schauen, ob ihr immer noch so auf getrocknetes Kaninchen abfahrt.« Vera bückt sich zu uns herab und hält uns die Leckereien vor die Nase. Ich schnappe mir meinen Anteil und beginne sogleich zufrieden darauf herumzukauen. Layla schaut ängstlich zur Wand, obwohl ich mir ziemlich sicher bin, dass ihr das Wasser gerade im Maul zusammenläuft. Ganz langsam legt Vera die Kaustange vor ihre Pfoten. »Ist schon in Ordnung, Kleines. Du kannst das fressen, wann immer du soweit bist.« Während sie wieder aufsteht und zurück zu meinem Herrchen geht, beginnt Layla vorsichtig an der Stange zu schnüffeln, um sie dann zaghaft anzuknabbern.

In diesem Moment kommt Marina zurück zu uns, in ihren Händen balanciert sie drei schwarze Töpfe, die einen seltsamen Geruch verströmen.

»So, da wären wir wieder. Champagner-, platin- und kükenblond. Ich darf doch ein wenig zuschauen? Ich bin schon ziemlich gespannt, was dabei rauskommt.« Sie nimmt sich einen Stuhl und beobachtet, wie glänzendes Papier auf den Kopf meines Herrchens geklebt wird. Als das Ganze dann mit dem übelriechenden Inhalt der schwarzen Töpfe bepinselt wird, ist es mit der Ruhe vorbei.

»Kinder, ich muss euch unbedingt noch erzählen, was mein Mann schon wieder gebracht hat!« Marina reißt die Augen theatralisch auf. »Ihr wisst doch, dass er seinen Bruno, diesen dämlichen Köter, abgöttisch liebt. Manchmal glaube ich sogar, dass er lieber mit diesem Untier verheiratet wäre, als mit mir.«

»Wie das wohl kommen mag.« Vera zwinkert meinem Herrchen zu, der mit dem ganzen, nun bunten, Papier auf dem Kopf ziemlich lustig aussieht.

»Na, in jedem Fall«, Marina streicht sich eine blaue Haarsträhne hinter ihr Ohr, »hat es sich dieser riesige Hund angewöhnt, ständig seinen Schädel auf den Tisch zu legen, wenn wir dort essen. Könnt ihr euch vorstellen wie abartig das ist, dieser ganze Sabber überall zwischen den Tellern?«

»Großer Gott!« Mein Herrchen schaut angeekelt in den Spiegel. »Was sagt denn dein Mann dazu? Ich meine, es ist ja schließlich sein Hund.«

»Hör mir bloß auf! Der findet das alles gar nicht so tragisch.« Marina schüttelt den Kopf.

»Der Köter macht ja ohnehin, was er will. Null Erziehung, sage ich dir. Irgendwann ist mir dann der Kragen geplatzt und ich habe ihm die Pistole auf die Brust gesetzt.« Sie tippt mit dem Finger in der Luft herum und will gerade weitererzählen, als eine Glocke ertönt und die Türe geöffnet wird. Eine grauhaarige Frau mit verkniffenem Gesichtsausdruck betritt den Friseursalon.

»Grüß Gott miteinander. Ich habe einen Termin zur Dauerwelle.«

»Grüß Gott, Frau Weidmann! Nehmen Sie doch bitte schon einmal Platz! Ich bin sofort bei Ihnen.« Marina verdreht die Augen so, dass die grauhaarige Frau es nicht sehen kann und fährt mit ihrer Erzählung fort. »Auf jeden Fall habe ich meinem Mann gesagt, dass er sich etwas besser um die Erziehung von seinem Bruno kümmern soll und dass ich seinen Schädel in Zukunft nicht mehr auf dem Tisch sehen möchte. Und was macht der seltendämliche Trottel? Er kauft einen höheren Tisch ...! Ist das zu glauben?«

Vera und mein Herrchen beginnen lauthals zu lachen und auch Marinas Mundwinkel verziehen sich amüsiert nach oben, als eine barsche Stimme aus dem vorderen Teil des Friseursalons ertönt. »Was gibt es denn da zu lachen? Würden Sie sich jetzt bitte um meine Dauerwelle kümmern, oder soll ich das etwa selber machen?«

»Ich bin ja schon bei Ihnen, Frau Weidmann.«
Mit einem leichten Kopfschütteln schnappt sich
Marina eine Schere und schlendert zu der Frau,
die so wenig Zeit zu haben scheint.

Da es nun ein wenig ruhiger wird und ich mein
Leckerchen schon längst vertilgt habe, beschließe ich, ein kleines Nickerchen zu machen. Die
leise Musik und das gleichmäßige Klappern der
Schere begleiten mich in einen kurzen, traumlo-
sen Schlaf ...

»Und, wie gefällt es dir?« Veras Stimme, die ein
wenig unsicher klingt, weckt mich auf.

»Hmm, ist halt mal was anderes, würde ich sagen.« Mein Herrchen dreht sich vor dem Spiegel
hin und her. »Ich bin mal gespannt, was Oliver
dazu sagt.«

»Das interessiert mich allerdings auch sehr ...«
Vera legt die Schere zur Seite und beäugt mein
Herrchen mit kritischem Blick.

Als wir nach einem kurzen Spaziergang durch
unseren Ort wieder zu Hause ankommen, wartet Oliver bereits im Garten auf uns. Als er Uwe
erblickt, presst er seine Lippen fest aufeinander
und läuft ganz rot an. Dann beginnt er laut zu
prusten. »Scheiße, was haben die denn mit dir

angestellt? Da ist ganz schön viel Farbe drauf, oder?«

»Sehe ich denn nicht aus wie Brad Pitt?«, fragt mein Herrchen mit einem seltsamen Gesichtsausdruck, den ich überhaupt nicht einordnen kann.

»Nicht wirklich, sorry Schatz.«

»So eine Kacke – ich habe es schon geahnt.« Mein Herrchen kratzt sich am Kopf. »Kannst du bitte mal bei ND anrufen und fragen, ob sie da noch irgendetwas in meiner Naturfarbe drüberpinseln können!?«

Oliver macht sich sofort auf den Weg ins Haus, als Uwe ihm noch etwas hinterherruft.

»Aber sag denen um Himmels willen, sie sollen nicht die Farben von dem Knackarsch nehmen!«

»Die Farben vom Knackarsch?« Oliver dreht sich um und schaut mein Herrchen verwirrt an.

»Sag es ihnen einfach! Die Mädels wissen dann schon Bescheid, glaub mir!«

Als Uwe hineingeht und kopfschüttelnd in den Spiegel an der Wand schaut, stelle ich fest, dass mir seine Haare eigentlich sehr gut gefallen. Sie sehen genauso aus, wie das Fell vom Rauhaardackel Wastl aus der Hundeschule und den mag er doch auch so gerne – da verstehe einer diese Menschen ...

In jedem Fall schaut es danach aus, als würden wir heute noch einmal zu den Friseurinnen gehen – und mit meinem allerhungrigsten Blick organisiere ich dort ganz sicher noch ein zusätzliches Leckerchen für Layla und mich.

HECTOR,
DIE SPORTSKANONE
—

Die nächsten Tage verstreichen, ohne dass etwas besonders Aufregendes geschieht.

Die Haare von meinem Herrchen Uwe sehen schon wieder fast genauso aus wie früher, worüber er scheinbar sehr glücklich ist. Immer wieder kann ich ihn dabei beobachten, wie er sich mit einem besonders zufriedenen Gesichtsausdruck im Spiegel betrachtet und dabei sehr erleichtert aussieht.

Gerade hat er dies schon wieder getan, als Oliver ein paar Turnschuhe aus dem Schrank herausangelt. »Wenn du deine neue, oder vielmehr alte Frisur ausreichend bewundert hast, wäre es sehr nett, wenn du Phoebe und Layla fertigmachen würdest.«

»Fertigmachen? Wofür denn?« Mein Herrchen wirft einen fragenden Blick in Olivers Richtung.

»Oh, Mann, ohne mich würdest du wirklich im Chaos versinken! Heute ist Mittwoch, klingelt es da nicht bei dir?«

»Mittwoch, klingeln ...? Verdammt! Ich habe mich für den Hundesport bei Susanne angemeldet – das hätte ich jetzt wirklich verschwitzt.«

Ich spitze meine Ohren, während mein Schwanz wie von selbst nach links und rechts wedelt, denn die Sportstunden mag ich in der Hundeschule am allerliebsten. Aufgeregt flitze ich zu Layla, die auf ihrem Platz unter dem Tisch liegt, und stupse sie mit meiner Nase an. »Schnell, komm raus hier! Wir gehen zum Hundesport und ich glaube, dass du auch mitkommen darfst.«

Layla sieht zwar nicht sehr begeistert aus, steht jedoch langsam auf und folgt mir in den Hausflur, wo mein Herrchen schon mit den Hundeleinen auf uns wartet.

Nach einer kurzen Fahrt, die ich zusammen mit Layla im hinteren Teil des Autos verbringe, erreichen wir den Parkplatz an der Hundewiese. Kaum hat Uwe die Türe geöffnet, springe ich auch schon aus dem Auto und flitze zum Hundeplatz, um uns mit lautem Kläffen anzukündigen.

Zu meiner Überraschung entdecke ich am Eingangstor meinen Freund Hector, der neben seinem Frauchen auf der Wiese sitzt und mit trübsinniger Miene auf den Boden schaut.

Ich laufe zu ihm und schlecke vor lauter Aufregung über seine platte Mopsnase, als auch schon mein Herrchen mit Layla im Schlepptau um die Ecke biegt.

»Hallo Anna! Was macht ihr denn hier beim Hundesport?« Er drückt seine Freundin kurz an sich und mustert sie interessiert. »Ja holla die Waldfee! Für wen hast du dich denn so aufgedonnert? Dein grünes Lieblingskleid und die guten Glitzerschlappen? Haben wir etwa einen neuen Hundetrainer, den ich noch nicht kenne?«

»Ach, der alte Fummel ... Mir war einfach heute danach!« Anna zieht sich das Kleid über die Knie und schaut mein Herrchen unschuldig an.

»Soso, dir war also einfach danach? Anna, raus mit der Sprache! Was wird hier gespielt? Und erzähl mir keine Geschichten – am Ende erfahre ich die Wahrheit ja doch!«

»Also schön!« Anna geht einen Schritt auf mein Herrchen zu, ihre Stimme ist jetzt nur noch ein verschwörerisches Flüstern. »Das ist alles für mein neues Image als zukünftige Gemeinderätin. Es ist nämlich so, dass mein kleiner Hector ein bisschen rund um die Hüften geworden ist.«

Ich werfe einen kritischen Blick auf meinen Freund, der eigentlich genauso aussieht wie immer, als Anna fortfährt. »Und das macht natürlich einen ganz schlechten Eindruck, weshalb ich mit ihm ab sofort regelmäßig zum Hundesport gehen werde. Schließlich will man ja ein Vorbild sein.«

»Und wer um Himmels willen hat dir diesen Floh ins Ohr gesetzt?« Mein Herrchen schenkt Hector einen mitleidigen Blick.

»Die Else war das. Die hat mich letzte Woche netterweise darauf aufmerksam gemacht.«

»Else? Du meinst doch nicht etwa diese Tratschtante, die mit dem Metzger Kramer verheiratet ist?«

»Doch, genau die meine ich. Die Else hat ja nun auch schon seit Urzeiten einen Platz im Gemeinderat, da wird sie die Tricks wohl alle kennen.« Anna reckt ihr Kinn nach oben und schaut mein Herrchen trotzig an.

»Du weißt aber schon, dass ihr eigener Hund noch viel mehr Speck auf den Hüften hat, als dein kleiner, süßer Mops?« Mein Herrchen bückt sich und streichelt Hector über den Kopf, dieser schielt hungrig zu dem prallgefüllten Futterbeutel, der an Uwes Gürtel baumelt.

»Jetzt wo du es sagst ... da habe ich ehrlich gesagt noch gar nicht drüber nachgedacht.« Anna kratzt sich am Kopf. »Aber das tut ja auch gar nichts zur Sache! Würdest du bitte kurz ein Auge auf Hector werfen? Ich muss gerade noch etwas aus dem Auto holen.«

Während mein Herrchen seiner Freundin kopfschüttelnd hinterherschaut, setze ich mich zu Hector ins Gras.

»Oh weh, diesmal macht dein Frauchen wohl ernst.«

»Hör bloß auf, Phoebe!« Hector steht auf, um sich zu schütteln, lässt sich jedoch auf halber Strecke wieder zurück auf seinen Mopshintern plumpsen. »Seitdem diese Else mit ihrem fetten Köter bei uns zu Besuch war, bekomme ich nur noch die seltsamsten Dinge in meinen Futternapf. Angeblich ist das lauter gesundes Zeug. Und statt meiner geliebten Knackwürstchen, die mein Frauchen immer mit zur Hundeschule genommen hat, bekomme ich doch nun tatsächlich Karotten, wenn ich irgendetwas richtig gemacht habe. Karotten, Phoebe!!!« Theatralisch wimmernd blickt Hector in den Himmel. »Zum Glück kann ich wenigstens mein Herrchen ab und zu austricksen, sonst wäre ich wahrscheinlich schon längst verhungert.«

Ich mustere meinen Freund von oben bis unten. Mein Blick bleibt dabei an seinem kugelrunden Bauch haften und ich entscheide, dass es wohl noch zu früh ist, um mir ernsthafte Sorgen zu machen.

Ich bin noch ganz in meine Gedanken vertieft, als Anna mit einem riesigen Tablett in den Händen zu uns zurückkehrt. Hector und ich lecken uns gleichzeitig über das Maul, denn das, was sie da vor sich her balanciert, riecht einfach zu verführerisch.

»Oh mein Gott, Anna! Für wen sind denn die ganzen Muffins? Damit kannst du ja eine komplette Kompanie in den Zuckerschock versetzen.« Mein Herrchen will nach einem der kleinen Kuchen greifen, zieht die Hand jedoch sofort zurück, als er den warnenden Blick bemerkt.

»Finger weg! Die habe ich heute früh extra für die Leute aus der Hundeschule gebacken – ich will schließlich nichts dem Zufall überlassen.«

Lachend drückt Uwe seiner Freundin einen Kuss auf die Wange. »Anna, du bist wirklich einmalig. Bleib bitte ganz genauso, wie du bist!«

»Ach, lass mich doch in Ruhe, du Scheusal. Hilf mir lieber beim Tragen, damit ich meine Bestechungsmuffins unters Volk bringen kann.«

Als wir die Hundewiese betreten, mischt sich Anna sofort unter eine Gruppe von Menschen, die mit ihren hechelnden Begleitern auf den Beginn der Stunde warten. Während sie die runden Kuchen großzügig verteilt und mir unbekannte Worte wie *Große Verantwortung, Erststimme* und *Monarchie* ihren Mund verlassen, schaue ich mich gespannt um. Auf der Wiese sind die verschiedensten Dinge aufgebaut, über die wir gleich laufen oder auch springen sollen. Zum Glück kenne ich die meisten bereits und weiß ganz genau, was zu tun ist. Hector mustert den sogenannten Parcours hingegen fassungslos.

»Was stehen denn da für seltsame Sachen herum? Ich dachte wir machen ein bisschen *Sitz* und *Platz*, wie sonst auch immer und gehen dann wieder nach Hause.«

»Schau einfach zu, wie ich das mache! So schwierig wie du denkst ist das gar nicht«, versuche ich Hector zu beruhigen.

Ganz überzeugt scheint der jedoch nicht zu sein, als Susanne, die Hundetrainerin, ihre Stimme erhebt. »Hallo und herzlich Willkommen zum Fungility! Würdet ihr mir jetzt bitte euer Gehör schenken, damit wir so langsam anfangen können?!« Sie wirft einen Blick in Annas Richtung, die immer noch auf die kauenden Menschen einredet.

»Einen kleinen Moment noch, Susanne! Ich bin hier gleich soweit. Nimm dir doch in der Zwischenzeit ruhig einen Muffin!« Anna zeigt mit einer Hand auf das Tablett, welches mittlerweile schon ziemlich leergefegt aussieht und redet unbeirrt weiter auf ihr Publikum ein.

»Nein danke! Ich möchte keinen Süßkram, sondern endlich mit unseren Übungen beginnen ... und zwar jetzt sofort!«

Der strenge Ton der Trainerin lässt Anna verstummen. Mit einem Schulterzucken schnappt sie sich das Tablett und stellt es zur Seite.

»Aber dass ihr mir nach der Stunde nicht gleich weglauft – ich habe da noch ein paar andere Ideen, die ich euch unbedingt erklären möchte! Es geht hier ja schließlich nicht um irgendein Kuhdorf, sondern um unser schönes Bodenmais, nicht wahr?«

»In Ordnung, das hätten wir also geklärt.« Susanne stellt sich gut sichtbar in die Mitte der

Wiese, während sich die Menschen nach und nach auf ein paar Bänken niederlassen.

»Wie gesagt, heiße ich euch und eure Fellnasen herzlich willkommen und hoffe, dass wir heute viel Spaß miteinander haben werden.« Sie schaut lächelnd in unsere Richtung. »Uwe, wie ich sehe hast du Layla auch mitgebracht! Das ist schön!«

»Weißt du, ich hatte einfach das Gefühl, dass ich sie mitnehmen sollte. Ich glaube langsam wird es Zeit, sie aus ihrem Schneckenhaus herauszulocken.« Mein Herrchen krault vorsichtig über Laylas Rücken. Zu meiner Überraschung lässt sie sich das gefallen und sieht dabei gar nicht so ängstlich aus, wie es normalerweise der Fall ist. Als jedoch der erste Hund aufgerufen wird und sich Hektik ausbreitet, verkriecht Layla sich gleich wieder unter unserer Bank, von wo aus sie das Treiben ungestört beobachten kann.

Nach und nach schickt Susanne die Hunde mit ihren Menschen auf die Wiese. Ich werde immer nervöser und befürchte schon, dass sie mich vergessen hat, als ich endlich meinen Namen höre. Aufgeregt zerre ich mein Herrchen hinter mir her, der gerade noch genug Zeit findet, Layla an der Bank festzubinden.

Die ersten Hindernisse sind noch ziemlich einfach und so hüpfe und krieche ich über Kisten und andere Gegenstände, die auf der Wiese verteilt sind. Auch den sogenannten Slalom durch die aufgestellten Holzstöcke beherrsche ich mittlerweile wie im Schlaf. Alles könnte so schön sein, wäre da nicht dieser bunte, raschelnde Tunnel, durch den ich hindurchkriechen soll. An irgendetwas erinnert mich dieser Schlauch, an irgendetwas, das ich vor sehr langer Zeit erlebt habe. Doch komme ich einfach nicht dahinter, was das sein könnte, egal wie sehr ich meinen kleinen Hundekopf auch anstrenge.

Zögernd stehe ich vor der dunklen Öffnung und schaue Uwe, der sich mittlerweile zu mir herabgebückt hat, ängstlich an.

»Na komm schon, Kleines! Willst du es denn heute nicht wenigstens einmal versuchen?« Er streichelt mir mit einer Hand über den Rücken und zeigt mit der anderen in den Tunnel hinein, der mich so sehr beunruhigt. Ich würde meinem Herrchen gerne die Freude machen, doch kann ich mich einfach nicht überwinden. Zu meiner Erleichterung drückt er mir einen zärtlichen Kuss auf den Kopf und steht wieder auf, um mit mir zum nächsten Hindernis, der Wippe, zu gehen, die mir wesentlich besser gefällt, als der unheimliche Schlauch.

Als wir den Parcours beendet haben, klatscht Susanne in ihre Hände und lobt mich, was mein Herrchen scheinbar sehr glücklich macht. Zufrieden hält er mir den geöffneten Futterbeutel vor die Nase, aus dem ich mich nun großzügig bediene.

Ich freue mich wirklich immer sehr, wenn mein Herrchen stolz auf mich ist, weil ich etwas richtig gemacht habe – und gegen die Belohnungsleckerchen habe ich selbstverständlich auch nichts einzuwenden.

Als nächstes darf Hector zeigen, was er kann. Widerwillig folgt er seinem Frauchen auf die Wiese und mustert das erste Hindernis kritisch.

»So, mein Kleiner! Jetzt mach mal brav *hopp* und spring über die Kiste!« Anna zieht an Hectors Leine, doch der stemmt sich mit seinen Pfoten fest in die Wiese hinein und denkt gar nicht daran, den Befehl zu befolgen. Erneut versucht Anna ihr Glück. Diesmal zerrt sie fester an der Leine, doch ist auch diese Taktik nicht besonders erfolgreich. Erst als Anna nach ihrem Futterbeutel greift und vor Hectors Nase damit herumwedelt, nimmt mein Freund Anlauf und ...

springt mit voller Wucht gegen das Hindernis, welches scheppernd über die Wiese fliegt. Mein Herrchen bekommt ganz große Augen und auch Susanne beobachtet das, was sich gerade auf der Hundewiese abspielt, mit erstauntem Gesichtsausdruck. Anna lässt sich jedoch noch nicht entmutigen und zieht Hector zur Wippe, die er eigentlich nur vorsichtig überqueren muss. Und tatsächlich steigt er auf das wacklige Brett und macht ein paar Schritte, bis er das Gleichgewicht verliert. Erschrocken quiekt Hector auf und lässt sich auf sein Hinterteil fallen, um dann das komplette Brett hinunterzurollen. Er landet unsanft auf der Wiese, wo er schnaufend liegenbleibt.

»Ach Du meine Güte! Hector Schatz, was machst du denn für Sachen?« Voller Sorge lässt sich Anna neben Hector auf den Boden fallen und drückt ihn an ihre Brust.

»Ich denke, ihr zwei solltet es für heute gut sein lassen. Nächste Woche können wir es ja mit ein paar etwas leichteren Hindernissen für euch probieren.« Susanne hilft der zitternden Anna auf und begleitet sie und Hector zurück zu ihrem Platz auf der Bank. Dort wühlt sie in ihrer Futtertasche herum, was Hector mit hungrigem Blick verfolgt. Als sie ihm jedoch eine kleine Karotte vor die Pfoten legt, betrachtet Hector seine gesunde Belohnung voller Todesverachtung.

»Immer noch besser als gar nichts!«, seufzend schnappt er sich die orangefarbene Stange und beginnt lustlos daran herumzuknabbern.

Wie jedes Mal ist die Sportstunde viel zu schnell vorüber. Während Anna die restlichen Kuchen verteilt und sich noch ein wenig mit den anderen Menschen auf dem Hundeplatz unterhält, gehen wir noch einmal langsam mit Layla zu den einzelnen Hindernissen, damit sie sich diese in Ruhe anschauen kann.

Auf dem Weg zum Parkplatz kommen wir an einer großen Wiese vorbei, wo wir eine kleine Pause einlegen. Während sich unsere Menschen auf einen Baumstamm setzen, gehe ich mit Hector auf Erkundungstour. Layla lässt uns dabei nicht aus den Augen und beobachtet interessiert jede unserer Bewegungen. Als wir gerade dabei sind mit ein paar Ästen zu spielen und bellend versuchen, uns diese gegenseitig abzuluchsen, sehe ich aus dem Augenwinkel Layla, die langsam und mit gesenktem Kopf in unsere Richtung schleicht. Sie bleibt neben uns stehen und beobachtet unser

Spiel. Ich wähle einen ganz besonders schönen Stock aus und lege ihn vor ihre Pfoten. Als Layla zögerlich in den Ast hineinbeißt, nehme ich das andere Ende und beginne knurrend daran zu zerren. Sofort öffnet sie ihr Maul und macht ein paar Schritte zur Seite. Erneut bringe ich einen Stock zu Layla und lasse ihn vor ihre Pfoten fallen. Sie beißt hinein, während ich nach dem zweiten Ende schnappe und diesmal sachte daran herumzupfe. Doch wie schon zuvor weicht sie ängstlich zurück. Da ich noch nicht aufgeben möchte, versuche ich es noch etliche Male und befürchte schon, dass Layla meine Aufforderung falsch verstehen könnte, als sie den Ast mit einem Mal etwas fester packt und ihn schnaubend in die entgegengesetzte Richtung zieht. Ihr Schwanz, der die ganze Zeit zwischen ihren Beinen eingeklemmt war, beginnt langsam in die Höhe zu steigen und ihrem Maul entweicht zu meiner Überraschung sogar ein zaghaftes Bellen. Als dann auch noch Hector mitmischt, wird unser Spiel immer wilder und ich kann mich wirklich nicht daran erinnern, Layla jemals so lebendig erlebt zu haben. Die beiden Menschen verfolgen das Geschehen schweigend, eine Träne rollt über Uwes Gesicht, was auch Anna nicht verborgen bleibt. Sie legt den Arm um seine Schultern und zusammen genießen sie diesen ganz besonderen Augenblick, der so wichtig für uns alle ist. Als wir unser Spiel beendet haben und zu unseren Menschen zurückkehren, bekommen wir ausnahmsweise jeder eine herrlich duftende Kaustange und ich bin überhaupt nicht traurig, dass Layla das größte Leckerchen von uns dreien bekommt, denn das hat sie sich heute redlich verdient.

ANGELO

—

Nach und nach kann ich eine Veränderung bei Layla feststellen. Mein Herrchen hat von irgendeinem geplatzten Knoten gesprochen, was sich für mich sehr seltsam anhört. In jedem Fall hat sich Layla jetzt schon einige Male ganz freiwillig zu unseren Menschen gelegt und sich von ihnen streicheln lassen. Zwar immer nur ganz kurz – aber immerhin. Ihren Stammplatz unter dem Esstisch hat sie allerdings noch nicht aufgegeben und beobachtet von dort mit großen Augen, was um sie herum geschieht.

Heute ist ein ganz besonderer Tag für mich, denn ich darf ausnahmsweise ganz alleine mit meinem Zweitherrchen einen Ausflug machen. Oliver ist zwar genauso lieb zu mir wie mein eigentliches Herrchen, doch gehorche ich nicht immer ganz so gut bei ihm – er ist eben nur mein Zweitherrchen und zum Glück auch nicht ganz so streng wie Uwe. Der bleibt heute mit Layla zu Hause, damit sie einen Bezug zueinander aufbauen können. Ich weiß zwar beim besten Willen nicht, was das heißen soll, doch wünsche ich den beiden ganz viel Glück bei dieser *Bezugssache*.

Wir werden heute unserer Freundin Barbara einen Besuch abstatten, worüber ich mich eigentlich sehr freuen würde – wäre da nicht dieser Angelo.

Angelo ist der neue Hund an Barbaras Seite und ist wirklich der reinste Teufel auf vier Pfoten. Sie hat ihn vor einiger Zeit aus ihrem Urlaub mitgebracht, wo sie den frechen Kerl irgendeinem italienischen Bauern abgeschwatzt hat. Ich weiß wirklich nicht, ob das so eine besonders gute Idee gewesen ist ...

»Oliver, bist du sicher, dass ich nicht doch mitkommen soll? Ich meine, Barbaras Garten ist schon ziemlich groß und da ist ein bisschen Hilfe sicherlich nicht verkehrt.« Mein Herrchen sitzt auf einem Hocker im Hausflur und legt mir mein Halsband um, welches ich immer tragen muss, wenn wir das Haus verlassen.

»Sei mir bitte nicht böse, aber für die Gartenarbeit kann man dich nun wirklich nicht gebrauchen.« Oliver setzt sich ebenfalls und schaut meinem Herrchen in die Augen. »Du erinnerst dich noch an den letzten Einsatz deiner grünen

Daumen hier bei uns? Es hat uns viel Zeit und ein Heidengeld gekostet, bis der Garten wieder einigermaßen vorzeigbar gewesen ist.«

»Ach, das ist doch nun schon ewig her.« Uwe streichelt mir über den Kopf, während er weiterspricht. »Und woher sollte ich denn auch wissen, dass dieses ganze Grünzeug kein Unkraut war?«

»Ich denke, du machst dir lieber einen schönen Tag mit unserer Layla. Ich möchte mir gar nicht ausmalen, was Barbara mit dir anstellt, wenn du ihren Zauberpflanzen auch nur ein Blättchen krümmst.«

»Wie du meinst! Aber wehe, es kommen nachher Beschwerden, weil ich nicht geholfen habe.« Uwe tätschelt mir ein letztes Mal über den Kopf und steht dann auf, um nach Layla Ausschau zu halten.

Kurz darauf sitze ich auch schon mit Oliver im Auto und mache es mir in meinem Hundekorb auf der Rückbank bequem. Während mein Zweitherrchen zur Musik, die aus dem sogenannten Autoradio herausdudelt, seltsame Verrenkungen mit dem Kopf und den Schultern macht, schließe ich die Augen und gebe mich meinen schmerzlichen Erinnerungen hin. Es ist noch gar nicht so lange her, dass wir die gleiche Strecke gefahren sind, um meine wundervolle Freundin Flora das allerletzte Mal zu besuchen. Sie war der erste Hund von Barbara und wirklich etwas ganz Besonderes. Leider hatte sie eine sehr schlimme Krankheit und ist eines Nachts an meiner Seite für immer eingeschlafen.

Sie war so völlig anders als dieser Angelo. Der hat eigentlich den ganzen Tag irgendwelchen Unsinn in seinem Hundekopf und es wundert mich wirklich sehr, dass Barbara ihn noch nicht zurück zu dem italienischen Bauern gebracht hat.

Als wir unser Ziel erreicht haben und Oliver die Autotüre öffnet, höre ich schon von weitem Barbaras verärgerte Stimme.

»Bleibst du wohl stehen, du kleiner Satansbraten! Mein Gartenhandschuh ist kein Spielzeug!«

Ich springe aus dem Auto und sehe aus dem Augenwinkel Angelo, der mit einem grünen Lappen in seinem Maul in beeindruckendem Tempo durch den Garten hechtet. Barbara verfolgt ihn wild fluchend, hat jedoch keine Chance ihn einzuholen.

Als sie am Gartentor vorbeikommt und uns erblickt, bleibt sie schnaufend stehen und wirft

Angelo einen grimmigen Blick zu. »Dann behalte doch das alte Ding! – Hoffentlich verdirbst du dir wenigstens den Magen daran.«

Mit einem Grinsen im Gesicht öffnet Oliver das Tor und drückt seiner Freundin einen Kuss auf die Wange. »Hallo Barbara, Liebes! Wie ich sehe bist du bereits bei deiner Morgengymnastik.«

»Hör bloß auf! Ich wollte doch schon so viel im Garten vorbereiten, doch dieser kleine Teufel hat mich den ganzen Morgen auf Trab gehalten.« Barbara fuchtelt mit dem Zeigefinger in Angelos Richtung. »Na warte, wenn ich dich erwische ...«

Oliver grinst noch immer, als er sich an Barbara vorbeischiebt und das Tor hinter sich zusperrt.

»Jetzt sind wir ja da. Ich bin sicher, dass wir deinen Garten im Handumdrehen auf Vordermann bringen werden.«

»Was würde ich nur ohne meine beiden Lieblingsmänner tun?« Sie bückt sich zu mir herab und krault mir die Ohren. »Und ohne dich natürlich, mein kleiner Engel.«

Während mein Schwanz bei dieser Begrüßung fröhlich von links nach rechts wedelt, vernehme ich ein leises Knurren, das mit ziemlicher Sicherheit aus Angelos Richtung stammt.

Während die beiden Menschen kurze Zeit später anfangen im Garten zu graben und irgendwelche runden Kugeln verbuddeln, beobachte ich sie dabei ziemlich verwundert. Ich habe wirklich keine Ahnung, warum die beiden diese Dinge verstecken, denn eigentlich macht es doch viel mehr Spaß Sachen aufzuspüren und aus der Erde auszugraben. Ich denke noch einen Moment darüber nach und strenge meinen Kopf an, komme aber einfach nicht dahinter. Also schleiche ich lustlos über den frisch gemähten Rasen und lege mich neben Angelo. Der kaut immer noch trotzig auf dem grünen Lappen herum und ich glaube, dass wir beide gerade lieber an verschiedenen Orten wären.

Mit einem wohligen Gefühl in meinem Hundebauch betrachte ich Barbara, die wie immer ein buntes Kleid und ganz viele klimpernde Reifen an ihren Armen trägt. Gerade wirft sie eine Handvoll Erde auf eine der Kugeln und klopft diese anschließend fest.

»Wie sehr ich die Gartenarbeit doch liebe! Ich könnte wirklich Stunden damit verbringen, Zwiebeln und Knollen einzupflanzen. Ist es nicht schön zu wissen, dass neues Leben daraus entsteht, an dem wir uns erfreuen können? Hach, ich könnte jubilieren vor Freude!« Sie schaut Oliver mit verträumten Augen an.

»Ganz so weit würde ich jetzt vielleicht nicht gehen, aber es ist wirklich sehr entspannend hier mit dir zu sitzen und das ganze Zeug einzubuddeln.« Mein Zweitherrchen zwinkert seiner Freundin zu und wirft ebenfalls ein wenig Erde auf eine der seltsamen Kugeln. »Was pflanzen wir hier eigentlich genau ein?«

»Das, mein lieber Oliver, ist die wundervolle *Ornithogalum caudatum,* zu Deutsch auch Heilzwiebel genannt. Seitdem ich dieses Zaubergewächs anbaue, verdient der Apotheker so gut wie gar nichts mehr an mir.« Zärtlich streichelt Barbara über die Kugel in ihrer Hand und legt sie dann vorsichtig in ein Loch, welches sie mit Erde bedeckt. »Ich wünschte, es gäbe auch irgendein Kraut, mit dem ich dem kleinen Racker dort drüben die Flausen endlich austreiben könnte.« Sie schaut Angelo kopfschüttelnd an und spricht weiter. »Ach, Oliver! Ich habe mittlerweile schon so viele Karma-Punkte gesammelt, dass sie für die nächsten zwei Leben eigentlich auch noch ausreichen müssten. Warum, frage ich dich, hat mir das Schicksal ausgerechnet diesen Hund geschickt?«

Oliver blickt in Angelos Richtung, der das grüne Etwas in seinem Maul mittlerweile fast komplett zerlegt hat, und kann sich nur mit Mühe ein Grinsen verkneifen.

»Glaub mir, das Schicksal wird schon genau gewusst haben, was es tut. Und sooo schlimm ist Angelo nun auch wieder nicht.«

»Das denkst du wirklich? Dann will ich dir mal erzählen, was der kleine Drecksack mir gestern angetan hat!«

Mein Zweitherrchen richtet sich auf und schaut Barbara an.

»Ich habe mir eine große Tüte meiner Lieblingspralinen gekauft, du weißt schon, diese leckeren Nougatdinger aus dem Schokoplatzerl in Deggendorf. Ich bin extra dorthin gefahren, obwohl ich die Zeit eigentlich gar nicht hatte – aber egal! In jedem Fall habe ich mir die Pralinen, es waren etwa 300g, mit zum Sofa genommen, um sie in aller Ruhe zu meinem Esoterik-Buch zu vernaschen.«

»Du verputzt 300g Pralinen? Ist das dein Ernst?« Oliver reißt die Augen auf und mustert seine Freundin von oben bis unten.

»Darum geht es doch jetzt gar nicht! Ich bin nur schnell in die Küche gelaufen, um mir eine

Tasse Tee zu kochen, da hat dieser kleine Mistkäfer doch tatsächlich in der Zwischenzeit den kompletten Teller mit meinen Pralinen leergefegt.« Barbara schaut in Angelos Richtung und schüttelt den Kopf. »Die ganze Nacht habe ich nicht geschlafen, denn ich weiß ja, wie giftig Schokolade für Hunde sein kann. Ich habe ihn stundenlang im Auge behalten und hatte solche Angst, dass er mir stirbt ...«

»Und was ist dann passiert?« Oliver schaut von Barbara zu Angelo und dann wieder zurück zu seiner Freundin.

»Verdammt nochmal, gar nichts ist passiert. Während ich wachgelegen habe, hat dieser kleine Teufel fröhlich vor sich hingefurzt und war im Schlaf der Gerechten versunken.«

Bei den letzten Worten blickt Barbara in unsere Richtung. Als ihr Blick den von Angelo trifft, klopft dieser mit seinem Schwanz glücklich auf den Boden. »Doch das Schlimmste an der Sache ist, ich habe so einen Narren an dem Biest gefressen, dass ich ihm einfach nicht lange böse sein kann. Was habe ich nur verbrochen?«

Oliver legt den Arm um Barbaras Schulter.

»Wie ich gerade schon sagte, hatte das Schicksal sicherlich einen guten Grund, ausgerechnet euch beide zusammenzuführen. Vielleicht braucht ihr einfach noch ein wenig Zeit, um euren gemeinsamen Weg zu finden.«

»Dein Wort in Gottes Ohr, lieber Oliver!« Barbara atmet tief durch. »Aber jetzt erzähl du doch mal, wie ihr mit Layla klarkommt! Uwe sagte am Telefon, dass sie endlich Fortschritte macht. Du kannst dir gar nicht vorstellen, wie sehr mich das für euch freut.«

»Wir sind auch ganz glücklich. Ich habe das Gefühl, sie fasst endlich so etwas wie Vertrauen zu uns.«

»Es ist ein Segen, dass die Kleine ausgerechnet bei euch gelandet ist. Ihr gebt ihr die Liebe und die Zeit, die sie benötigt, um ihre Vergangenheit irgendwann hinter sich zu lassen.« Barbara lächelt in meine Richtung. »Und eine bessere Schwester als unseren Zwerg hier könnte sie gar nicht haben.« Sie wischt sich mit der Hand über die Stirn. »Es ist ganz schön warm heute. Lass uns für einen Moment hineingehen – ich habe deinen Lieblingskuchen gebacken und ein kaltes Wasser wird sicherlich auch nicht schaden.«

»Das lasse ich mir nicht zweimal sagen.« Oliver klopft sich die Erde von seiner Hose und gemeinsam gehen unsere Menschen ins Haus, während

Angelo und ich noch immer lustlos nebeneinander liegen und versuchen, den jeweils anderen zu ignorieren.

Irgendwann wird mir das jedoch zu dumm und ich stupse den schwarzen Hund mit meiner Nase unsanft in die Flanke.

»Angelo, warum machst du das nur?«

Angelo dreht seinen Kopf langsam in meine Richtung und schaut mich unschuldig an. »Ich weiß gar nicht, was du meinst.«

Empört schnaube ich aus. »Du weißt ganz genau, was ich meine! Warum bist du so gemein zu deinem Frauchen? Barbara ist so lieb zu dir und du stellst ständig irgendwelchen Unsinn an. Da, wo ich herkomme, gibt es viele Hunde, die würden wahrscheinlich ihre Hinterpfoten hergeben, um so ein tolles Frauchen zu haben.«

»Denkst du, das weiß ich nicht auch?« Angelo schaut zu Boden. »Ich kann einfach nicht anders. Ich weiß nicht, ob du mich verstehen kannst, doch immer, wenn ich etwas ausfresse, schimpft mein Frauchen mit mir. Und wenn sie das macht, dann weiß ich, dass ich ihr wichtig bin.«

Verwirrt mustere ich Angelo, der mit einem Mal sehr traurig aussieht.

»Bevor Barbara mein Frauchen geworden ist, habe ich bei einem gemeinen Mann in einem fernen Land gelebt. Ich war dort tagein, tagaus an einen Baum angebunden und habe nur selten etwas zum Essen oder Trinken bekommen. Meist waren es fremde Menschen, denen ich leidgetan habe und die mir etwas gebracht haben. Der böse Mann hat mich sehr oft getreten und manchmal hat er mich mit einem Stock verprügelt, bis ich mich kaum noch rühren konnte ... obwohl ich doch gar keine Möglichkeit hatte, irgendetwas auszufressen.«

Ganz tief in mir blitzt eine schmerzhafte Erinnerung auf, die ich schon für eine sehr lange Zeit mit mir herumtrage. Ich schüttle meinen Kopf, um sie schnell wieder zu vertreiben und rücke etwas näher an Angelos Seite, der mich dankbar anschaut.

Eine Zeit lang liegen wir einfach nur nebeneinander. Jeder von uns in die eigenen Gedanken vertieft und doch froh, nicht alleine zu sein.

Plötzlich stellt Angelo die Ohren auf und schaut mich aus wachen Augen an.

»Komm! Lass uns ein bisschen buddeln gehen. Unsere Menschen haben doch diese runden Dinger in der Erde versteckt – wollen wir versuchen, ob wir sie alle aufspüren können?«

»Ich glaube nicht, dass Barbara das besonders gut gefallen wird.« Ich kratze mir verlegen mit der Pfote am Ohr.

»Egal! Das macht bestimmt Spaß!« Und schon ist Angelo auf den Beinen und beginnt wild in der Erde zu wühlen.

Zögernd schleiche ich hinter ihm her und scharre vorsichtig ein wenig mit der Nase im Dreck herum. Schon nach kurzer Zeit stelle ich fest, wieviel Spaß das Buddeln macht und nehme meine Vorderpfoten auch noch zu Hilfe. Während ich schnaubend die erste Kugel ausgrabe, hat Angelo bereits ein komplettes Beet umgepflügt. Schwanzwedelnd steckt er seine Nase immer wieder ganz tief in den Boden und ist von oben bis unten voller Dreck und Erde.

Ich denke gerade, dass Angelo eigentlich gar nicht so schrecklich ist, wie ich bisher angenommen habe, als unsere Menschen das Haus verlassen und plaudernd in unsere Richtung schlendern. Als Barbara die Kugeln, die sie zuvor in der Erde versteckt hat, auf der Wiese entdeckt, bleibt sie sprachlos stehen. Ihre Augen werden zu kleinen Schlitzen, als ihre wütende Stimme die Luft zerschneidet. »Jetzt ist Schluss! Jetzt ist wirklich Schluss! Ich bringe den kleinen Dreckskerl um und diesmal mache ich keinen Spaß!«

Während Barbara nun hinter dem erstaunlich schnellen Angelo herjagt, mache ich mich ganz flach und warte mit hängenden Ohren auf meine Strafpredigt, die nun ganz sicher auf mich niederprasseln wird. Doch mein Zweitherrchen beobachtet amüsiert die mollige Frau, die fluchend über Stühle und Blumenbeete springt, um den fliehenden Angelo zu erwischen, der mir einen verschlagenen Blick zuwirft und noch ein wenig an Tempo zulegt.

Als Oliver meinen ängstlichen Blick bemerkt, bückt er sich zu mir herab.

»Keine Angst, Kleines! Sie wird ihm nicht wirklich etwas antun – dafür hat der freche Kerl sich schon viel zu tief in ihr Herz geschlichen. Komm, wir fangen schon einmal an, das Chaos zu beseitigen, das ihr beiden Teufel hier angerichtet habt!« Kopfschüttelnd greift er nach einer Schaufel, während ich heilfroh bin, noch einmal mit einem blauen Auge davongekommen zu sein.

WAS FÜR EIN MIESER TAG

—

Ich finde in der folgenden Nacht nicht sehr viel Schlaf. In meinen Träumen verfolgen mich schreckliche Bilder, die mich immer wieder ängstlich aufschrecken lassen.

Ich sehe Angelo, der von einem großen Mann mit glühenden Augen verprügelt wird, höre sein verzweifeltes Jaulen und weiß nicht, wie ich ihm helfen soll.

Doch schleichen sich auch schlimme Erinnerungen in meinen Kopf, die ich längst vergessen geglaubt habe. Erinnerungen an meinen traurigen Start ins Leben und an meine winzigen Brüder und Schwestern, deren unschuldiges Leben viel zu kurz gewesen ist ...

Als ich am Morgen erwache, habe ich ein ganz schweres Gefühl in meinem kleinen Hundebauch und möchte am liebsten gar nicht aufstehen. Selbst das Geräusch meines Lieblingsfutters, das mein Herrchen gerade lautstark in meinen Napf purzeln lässt, kann mich heute nicht aufmuntern.

Gähnend schlurfe ich in die Küche, wo Layla bereits dabei ist, ihre Schüssel zu leeren. Obwohl ich nicht wirklich hungrig bin, nehme ich meinen Platz am Futternapf ein und beginne zögernd, die kleinen Brocken zu verspeisen. Mein Herrchen beobachtet mich dabei nachdenklich.

»Was ist denn mit unserer Phoebe los? Normalerweise inhaliert sie ihr Frühstück doch geradezu.«

»Mach dir mal keine Sorgen, Schatz! Sie hat heute vielleicht einfach keinen Appetit.« Oliver sitzt am Tisch und blättert in einer bunten Zeitung.

»Das wäre aber nun wirklich das erste Mal. Außerdem hat sie diese Nacht so seltsame Töne von sich gegeben. Hoffentlich wird uns die Kleine nicht krank.« Uwe bückt sich und streichelt mir sanft über den Kopf, woraufhin das Gefühl in meinem Bauch gleich ein wenig leichter wird.

»Es wird schon nichts sein. Wir haben alle mal einen schlechten Tag.« Oliver legt die Zeitung zur Seite und nimmt seine Brille ab.

»Hoffentlich hast du recht.« Mein Herrchen steht wieder auf und setzt sich an den Tisch. »Steffi hat übrigens eine Whatsapp geschickt. Sie möchte irgendetwas mit uns besprechen. Wir treffen uns in einer halben Stunde oben im Hotel. Schaffst du das?«

Olivers Mundwinkel verziehen sich zu einem Grinsen. »Im Gegensatz zu dir brauche ich nur ein bisschen kaltes Wasser im Gesicht und schon bin ich fertig. Ich schlage also vor, dass du zuerst ins Bad gehst.«

Kurz darauf machen wir uns auf den Weg in die Montara Suites, wo Steffi schon am Eingang auf uns wartet. Nervös trippelt sie von einem Fuß auf den anderen und winkt uns zu.

Meine Herrchen nennen sie den guten Geist des Hotels. Steffi hilft den beiden beim Putzen und beim Frühstück für die Hotelgäste, wenn sie es alleine nicht schaffen. Manchmal sitzen sie aber auch einfach nur beisammen und reden über seltsame Dinge wie Bauchmuskeln, Schuhe und einen mir unbekannten Mann namens Brad Pitt. Ich mag Steffi sehr gern, denn sie ist immer ganz besonders lieb zu mir und hat mir schon oft ein paar köstliche Leckereien zugesteckt, ohne dass meine Herrchen es mitbekommen haben.

Als Oliver mich ableint, flitze ich sofort los, um sie vor Freude kläffend zu begrüßen. Kaum habe ich Steffi erreicht, bückt sie sich zu mir herab und beginnt zu schluchzen, wobei ihr unzählige Tränen über das Gesicht laufen, die nach und nach auf meinen Rücken tropfen.

»Ach, meine kleine Phoebe, es ist ja so, so schrecklich ...«

Als Oliver bei uns angekommen ist, legt er eine Hand auf ihre Schulter und schaut sie fragend an. »Steffi, um Himmels willen! Was ist denn passiert?«

»Ich ... ich ... weiß gar nicht, wie ich euch das ... das sagen soll.« Während Steffis Körper von einem erneuten Schluchzen geschüttelt wird, reißt Uwe seine Augen weit auf. »Oh mein Gott! Sie ist schwanger! OH MEIN GOTT!« Er fasst sich mit der Hand an die Stirn. »Konnte der Idiot denn keinen Gummi benutzen?«

Steffi steht auf und schaut mein Herrchen kopfschüttelnd an.

»Himmel! So schlimm ist es auch wieder nicht. Natürlich bin ich nicht schwanger – das fehlte mir gerade noch.« Sie nimmt einen Schlüssel aus der Tasche und versucht zitternd die Türe aufzuschließen, was ihr erst beim dritten Versuch gelingt. »Können wir bitte ins Büro gehen? Ich möchte wirklich nicht, dass eure Gäste etwas mitbekommen.«

Gemeinsam betreten wir das Hotel und durchqueren den sogenannten Frühstücksraum. Während sich Layla ganz brav in unseren Hundekorb an der Heizung legt, schleiche ich so unauffällig wie möglich hinter den Menschen her, denn nur ungern möchte ich etwas verpassen. Tatsächlich habe ich Glück und werde nicht bemerkt. Kaum im Büro angekommen, setze ich mich unter den Schreibtisch und spitze aufmerksam meine Ohren.

»Oha, das ist härter als ich dachte!« Steffi wirft meinem Herrchen einen schüchternen Blick zu. »Uwe, hast du noch die Notfall-Flasche Obstler in deinem Versteck hinter den Kassenbüchern? Ich denke, ich brauche jetzt einen Doppelten.«

»Notfall-Obstler? Das glaube ich jetzt nicht!« Oliver schüttelt fassungslos den Kopf.

»Was denn? Mein Job ist stressiger, als du denkst. Ich nehme an, du möchtest nicht!?« Uwe geht zum Schrank und schiebt ein paar Bücher zur Seite, hinter denen sich eine durchsichtige Flasche befindet. Er füllt zwei Gläser und drückt Steffi eins davon in die Hand. Das zweite leert er in einem einzigen Zug. Er verzieht kurz sein Gesicht und setzt sich dann auf einen großen Stuhl, an dem einige Räder befestigt sind. »So, dann fang mal an zu erzählen – so schlimm wird es schon nicht sein.«

»Ach, Uwe ...« Schon wieder sammeln sich Tränen in Steffis Augen, die sie mit einem Papiertuch fortwischt. »Ihr wisst ja, dass ich mit dem Tom sehr glücklich bin. Ich glaube, er könnte wirklich genau der Richtige sein.« Sie nimmt einen Schluck aus dem kleinen Glas, welches von Uwe sofort wieder aufgefüllt wird. »Und der ist ja sowas von zielstrebig, irgendwie ganz anders als die Typen, an die ich sonst immer geraten bin.« Sie stellt das Glas auf den Schreibtisch und schaut meine Herrchen aus ihren verweinten Augen an. »Und genau da liegt mein Problem.«

»Das verstehe ich jetzt nicht so ganz. Ist doch klasse, dass er etwas erreichen will.« Uwe lehnt sich in seinem Stuhl zurück.

»Ja, klar ist das toll. Aber der Tom hat sich hinter meinem Rücken für einen wirklich sehr guten Job bei BMW in München beworben. Er wollte mich nicht beunruhigen, deshalb hat er mir nichts davon gesagt. Und mit einer Zusage hat er ohnehin nicht gerechnet.«

»Die er aber jetzt bekommen hat, nehme ich an?« Olivers Stimme ist bei diesen Worten sehr leise.

Steffi nickt ihm mit geschlossenen Augen zu und beginnt hemmungslos zu schluchzen.

»Was ... was soll ich denn jetzt machen? Ich liebe meine Arbeit hier im Hotel doch so sehr. Und ihr zwei ... ihr zwei ... ihr seid doch meine Familie ... Was soll ich denn jetzt nur machen? Ich kann euch doch nicht einfach so mit der ganzen Arbeit alleine lassen.«

Uwe steht langsam auf und nimmt Steffi in den Arm. Lange Zeit sagt niemand etwas. Verwirrt sitze ich unter dem Tisch und weiß gar nicht, was die ganze Aufregung soll, bis ich Uwes leise Stimme höre.

»Ich sage dir jetzt, was du machen wirst! Du wirst dich verdammt nochmal freuen, dass du endlich einen von den Guten erwischt hast. Wenn Tom nach München gehen muss, um Karriere zu machen, dann solltest du nicht lange überlegen. Pack deine Koffer und gehe mit ihm. Du hast es verdient, auch endlich glücklich zu sein!« Bei seinen letzten Worten muss mein Herrchen schlucken und bekommt ganz glasige Augen.

»Uwe hat völlig recht.« Oliver steht auf und legt einen Arm auf Steffis Schulter. »Ich habe zwar im Moment noch überhaupt keine Ahnung, wie wir hier ohne dich klarkommen sollen, aber was wären wir nur für Menschen, wenn wir deinem Glück im Weg stehen würden? Kleines, ruf deinen Tom an und sage ihm, dass du mit ihm gehen wirst!« Er greift nach der durchsichtigen Flasche. »Wo sind die verdammten Gläser? Ich brauche jetzt auch ganz dringend einen Schluck von eurem Notfall-Zeug.«

Langsam, ganz langsam, werden die Worte der Menschen mit Sinn erfüllt und ich beginne zu verstehen. Meine geliebte Steffi, mit der ich schon so viel erlebt habe, will uns verlassen. Das schwere Gefühl in meinem Bauch kehrt zurück. Traurig und mit eingezogenem Schwanz schleiche ich unter dem Tisch hervor und drücke mich ganz fest an ihre Beine. Als mich Steffi entdeckt, hebt sie mich vorsichtig auf ihren Schoß. Erneut suchen sich Tränen den Weg über ihre Wangen.

»Du kleiner Engel! Was soll ich denn nur ohne dich machen?« Sie drückt mich ganz fest an ihren Bauch. Die nächsten Worte flüstert sie mir leise ins Ohr. »Dich werde ich am allermeisten vermissen.«

Die nächsten Minuten verstreichen, ohne dass die drei Menschen in der Lage sind, irgendetwas zu sagen. Schweigend sitzen sie sich gegenüber und scheinen sich vorgenommen zu haben, die große Flasche komplett leerzutrinken. Steffi wischt sich gerade mit der Hand über ihr noch immer nasses Gesicht, als eine schrille Stimme aus dem Frühstücksraum ertönt, die mich erschrocken zusammenzucken lässt.

»Huhuuu! Wir sind es, die Familie König aus Gelsenkirchen. Ist denn niemand zu Hause?«

»Ach du Scheiße, die habe ich ja total vergessen.« Mein Herrchen springt hektisch auf, beginnt zu schwanken und lässt sich sofort wieder auf den großen Stuhl zurückplumpsen, bevor er weiterspricht. »Wollten die nicht erst am Nachmittag anreisen?«

Oliver mustert Steffi und Uwe kritisch.

»Ich denke, dass ich mich wohl besser um die Königs kümmern werde. So verheult, wie ihr zwei ausseht, kann ich euch beim besten Willen nicht auf die Menschheit loslassen.« Er schnipst mit den Fingern in meine Richtung. »Phoebe, komm mit mir! Wollen wir doch mal schauen, wer uns da ins Haus geschneit ist.«

Zögernd springe ich von Steffis Schoß und folge Oliver durch die Bürotür. Kaum im Frühstücksraum angekommen, stürzt eine kurzhaarige Frau mit ausgestreckten Armen auf uns zu.

»Oliver! Ist das schön, wieder hier zu sein.« Sie fällt meinem Zweitherrchen um den Hals und küsst ihn auf die Wangen. Dabei berührt sie diese jedoch nicht, sondern schmatzt einfach nur lautstark in die Luft. Bevor die stämmige Frau auf die Idee kommt, mich auch noch anzuschmatzen, flitze ich so schnell ich kann zu unserem Hundekorb und quetsche mich ganz nah an Layla heran. Aus sicherer Entfernung beobachten wir gespannt, was als nächstes geschieht.

»Hallo Gundula! Ihr seid aber früh dran. Ich habe noch gar nicht mit euch gerechnet.«

»Du kennst doch meinen Harald. Der wollte unbedingt schon nachts losfahren, damit wir nicht in den Stau geraten. Mir soll es recht sein, so haben wir mehr vom Tag.« Die Frau schiebt ein kleines Mädchen mit langen, blonden Haaren in Olivers Richtung. Das Kind schaut ihn aus großen, blauen Augen ängstlich an.

»Jetzt hab dich nicht schon wieder so, Carolin. Gib dem Oliver die Hand und begrüße ihn ordentlich, so wie es sich gehört.« Die Frau gibt ihrer Tochter einen leichten Schubs nach vorne.

»Hallo Carolin! Ich freue mich sehr, dich wiederzusehen.« Oliver bückt sich zu dem Mädchen, das verlegen auf den Fußboden schaut und nicht so aussieht, als würde es besonders viel reden.

»CAROLIN KÖNIG! Würdest du um Himmels willen deinen Mund aufmachen und den lieben Oliver begrüßen!? Er wird dich schon nicht auffressen.« Die Frau namens Gundula blickt nach oben und schüttelt ungeduldig den Kopf. »Was soll ich nur mit diesem Kind machen?«

Das Mädchen öffnet den Mund, scheint etwas sagen zu wollen, blickt jedoch erneut zu Boden, als es den strengen Blick der Mutter auffängt.

»Das ist doch gar nicht schlimm, Carolin. Du kannst mich ja einfach später begrüßen.« Oliver zeigt mit der Hand auf unseren Hundekorb. »Wie wäre es, wenn du zuerst einmal zu Phoebe und Layla gehst? Die beiden würden sich bestimmt freuen.«

Nach einem fragenden Blick zu ihrer Mutter schleicht Carolin mit hängenden Schultern in unsere Richtung.

Während sich Gundula nun über ihren langsamen Mann Harald auslässt, der scheinbar ewig braucht, um das Gepäck aus dem Auto zu holen, beäuge ich das blonde Mädchen kritisch. Schon einige Male habe ich mit diesen kleinen Menschen unschöne Erfahrungen gemacht, auf die ich lieber verzichtet hätte. Außerdem mag ich es nicht, wenn sie auf ihre schrille Art herumkreischen und in schnellem Tempo auf mich zu stürzen. Ich betrachte das Kind noch immer vorsichtig, als das Unglaubliche geschieht: Layla schleckt zuerst an der Hand des fremden Menschen und legt dann ihren Kopf langsam auf Carolins Schoß. Ein strahlendes Lächeln erhellt das eben noch so traurige Gesicht des blonden Mädchens, das sofort beginnt, Laylas Ohren zu kraulen. Ich mustere die beiden verwundert und kann nicht ganz verstehen, was ich sehe. Das hat Layla, seitdem sie bei uns ist, wirklich noch nie gemacht, obwohl meine Herrchen schon so vieles versucht haben, um ihr Vertrauen zu gewinnen. Ich bin froh, dass Oliver mittlerweile nicht mehr in Sichtweite ist. Ich weiß nicht genau warum, doch denke ich, dass ihn dieses Bild sehr traurig gemacht hätte.

Etwas später, Carolin hat mit ihren Eltern unsere größte Suite bezogen, setzen sich Uwe und Oliver im nun leeren Frühstücksraum an einen Tisch neben unserem Hundekorb. Die beiden sehen nicht besonders glücklich aus.

»Was sollen wir denn jetzt nur machen? Ich freue mich wirklich sehr für Steffi, aber du weißt, wie wichtig sie für uns und unsere Montara Suites ist. Wo sollen wir denn mitten in der Hauptsaison einen geeigneten Ersatz herbekommen?« Mein Herrchen legt den Kopf in die Hände und atmet laut aus.

»Na ja, so schnell ist sie ja nun auch wieder nicht weg. Steffi hat mir versichert, dass sie mindestens noch zwei Monate bleiben wird, damit wir in Ruhe eine Nachfolgerin für sie suchen können.« Oliver legt die Hand auf Uwes Schulter. »Wir schaffen das schon irgendwie. Ich habe bereits mit dem Arbeitsamt telefoniert und zusätzlich eine Stellenanzeige aufgegeben. Sie müsste bereits am Mittwoch im Bayerwald-Boten erscheinen.«

Layla hat das Gespräch unserer Herrchen mit hängenden Ohren verfolgt und schaut mich nun traurig an.

»Ich will nicht, dass Steffi geht. Sie ist doch so gut zu mir und bringt uns immer heimlich die leckeren Schinkenwürfel aus der Küche.«

Beim Gedanken an diese ganz besondere Köstlichkeit läuft mir das Wasser im Maul zusammen und ich kann nur entmutigt seufzen. Langsam rolle ich mich zusammen und beschließe, die nächsten Stunden zu verschlafen. – Was ist das nur für ein schrecklicher Tag?

ZICKENKRIEG

—

Nach einer ruhigen Nacht, in der mich die schrecklichen Träume zum Glück nicht erneut aufgesucht haben, erwache ich auf meinem Platz im Menschenbett. Meine beiden Herrchen sitzen in der Küche und unterhalten sich bei einer Tasse Kaffee. Wenn ich ihre Worte richtig verstanden habe, scheint der neue Tag zum Glück etwas besser für mich zu werden, als der vorherige. Uwe erzählt gerade, wohin die wöchentliche Gästewanderung, die wohl heute stattfindet, gehen soll. Ich liebe diese Wanderungen sehr und bin furchtbar stolz, dass ich die Gruppen mit meinem Herrchen anführen darf und seitdem Layla bei uns ist, sind unsere Wanderungen sogar noch schöner. Gespannt hüpfe ich von meinem Schlafplatz und mache mich auf den Weg in die Küche, wo ich neben meinen Menschen überraschenderweise auch Layla vorfinde. Sie hat ihre Ecke unter dem Tisch verlassen und liegt neben Oliver, der ihr vorsichtig über den Rücken krault.

Nachdem ich zuerst meinen Futternapf geleert habe, springe ich auf Uwes Schoß, wo ich mich

entspannt zusammenrolle und das Menschenge-
spräch verfolge.

»Eigentlich ist eine Gästewanderung bei diesem traumhaften Wetter ja wirklich eine feine
Sache, wenn nicht ausgerechnet Gundula dabei
wäre. Ich weiß gar nicht, was Harald an dieser
furchtbaren Person findet. Er ist doch eigentlich
sehr nett und ein ziemlich attraktiver Bursche.«
Mein Herrchen lässt eine Hand auf meinen Kopf
sinken, um mich dort zu massieren, was ich mit
einem leisen Grunzen belohne.

»Tja, wo die Liebe so hinfällt.« Oliver trinkt
einen Schluck Kaffee und stellt die Tasse zurück
auf den Tisch. »Mir tut die kleine Carolin leid. So
ein verschüchtertes Kind habe ich noch nie gesehen. Irgendwie erinnert sie mich ein bisschen
an unsere Layla. Nicht, dass sie Schlappohren
hätte, aber der traurige Blick ist schon ziemlich
ähnlich.«

Uwe nickt und schaut gedankenverloren aus
dem Fenster. »Das arme Kind ist wirklich nicht
zu beneiden. Ich bin mal gespannt, wie Gundula
und Sabine miteinander klarkommen. Du weißt
ja, dass die liebe Sabine eine ziemlich große Klappe hat und entwaffnend ehrlich ist.« Uwe setzt
mich vorsichtig auf den Boden und steht auf. »Es

hilft alles nichts. Ich mache mich dann mal mit unseren beiden Mädels auf den Weg.« Schwanzwedelnd verfolge ich mein Herrchen in den Hausflur, wo er unsere Hundeleinen vom Haken nimmt und bin gespannt, was wir auf unserer Wanderung erleben werden.

Als wir unser Hotel erreicht haben, höre ich schon aus einiger Entfernung die aufgebrachte Stimme von Gundula, die breitbeinig vor einem der Tische steht.

Dort sitzt Sabine, die mit ihrem Mann Lars schon einige Male bei uns zu Gast war, und beißt genussvoll in einen Apfel. Gundula fuchtelt wild mit ihrer Hand in der Luft herum, die kleine Carolin steht verschüchtert hinter ihr.

»So geht das aber wirklich nicht. Das ist unser Tisch, an dem Sie da sitzen und es wäre wirklich sehr freundlich, wenn Sie sich einen anderen Platz zum Frühstücken suchen würden.«

»Soso, das ist also Ihr Platz?« Sabine legt den Apfel zur Seite. »Und woran genau sollte ich das Ihrer Meinung nach erkennen?«

»Ich habe doch extra meinen Pullover über einen der Stühle gehängt, um diesen Tisch zu reservieren.«

»Sie meinen nicht zufällig das Teil dort hinten?«
Sabine klimpert unschuldig mit den Augen und
zeigt auf eine Fensterbank, auf der zusammenge-
knüllt ein grünes Etwas liegt.

»Das ist ja wohl eine Unverschämtheit! Den
Pullover haben Sie doch weggeräumt, oder wollen Sie das etwa leugnen?« Gundula tritt ein wenig näher an den Tisch heran, wütend stampft sie
mit dem Fuß auf den Boden.

Begeistert beobachte ich das Schauspiel, das die
beiden Menschen mir gerade bieten und auch
Layla scheint nicht ganz uninteressiert zu sein.
Sie hat sich etwas abseits unter einen Stuhl gelegt und mustert die beiden Menschen mit wachen Augen.

»Liebe, gute Frau ...«, setzt Sabine an, wird jedoch jäh unterbrochen.

»Jetzt werden Sie mir mal nicht unverschämt!
Das ist unser Tisch und ich möchte Sie zum letzten Mal bitten, sich umzusetzen! Ansonsten sehe
ich mich gezwungen ...«

Leider schaltet sich genau in diesem Moment
mein Herrchen ein, obwohl es doch gerade so
spannend ist.

»Gundula, Sabine, jetzt seid bitte nett zueinander. Wir werden sicherlich eine friedliche Lösung

finden – ihr seid doch im Urlaub.« Er tritt noch etwas näher an den Tisch heran. »Was ist denn überhaupt das Problem?«

Sabine will gerade antworten, doch wird ihr das Wort erneut abgeschnitten.

»Uwe, gut dass du endlich da bist!« Gundulas Kopf ist mittlerweile rot wie eine Tomate. »Wie du dich sicherlich erinnern kannst, sitzen WIR jedes Jahr zum Frühstück an genau diesem Tisch unter der Markise. Ich habe gestern Abend meinen Pullover extra hier hängen lassen, damit jeder weiß, dass der Tisch besetzt ist. Aber diese impertinente Person ...«

»WIE HABEN SIE MICH GENANNT?« Sabine springt entrüstet auf. »Jetzt hören Sie mir mal ganz genau zu!«

»Nein, jetzt hört ihr beide mir bitte für einen Moment zu!« Mein Herrchen greift nach Sabines Arm und drückt sie sanft zurück auf den Stuhl. »Es ist doch so ein schöner Tag heute – viel zu schade, um herumzustreiten. Und außerdem wollen wir doch gemeinsam wandern gehen. Der Tisch ist sicherlich groß genug für vier Personen. Wie wäre es Gundula, wenn ihr euch einfach dazusetzen würdet?«

»Großer Gott, das fehlt mir noch!« Sabine erhebt sich von ihrem Stuhl und greift nach der Tasse, die vor ihr steht. »Wissen Sie was? Wenn Sie jedes Jahr hier sitzen, dann will ich Ihrem Glück unter gar keinen Umständen im Wege stehen. Bitte sehr – Ihr Platz!«

In diesem Moment erscheint Sabines Mann Lars in der Türe. Verwundert schaut er seine Frau an, die mit der Tasse in der einen und ihrem angebissenen Apfel in der anderen Hand mitten auf der Frühstücksterrasse steht. »Ja, Mausi! Was ist denn hier los? Ich konnte dich ja bis in die zweite Etage schimpfen hören!«

»Gar nichts ist los. Komm mit mir Schatz, wir setzen uns dort drüben hin! Hier ist mir die Luft ein wenig zu dick.«

Während es auf der Terrasse nun langsam wieder etwas ruhiger wird, werden Layla und ich von Uwe in unseren Hundekorb im Frühstücksraum geschickt. Gut gelaunt und voller Vorfreude mache ich mich darin breit und kuschle mich an Laylas weichen Bauch. Das verspricht eine äußerst interessante Wanderung zu werden ...

Nachdem alle Gäste gefrühstückt haben, versammeln sich diejenigen, die heute mit uns wandern möchten, auf unserer großen Terrasse. Die beiden Frauen, die eben noch um einen Tisch gestritten haben, werfen sich böse Blicke zu.

Neben ihren Ehemännern und der kleinen Carolin entdecke ich etwas abseits eine grauhaarige Frau auf einem Stuhl. Sie trägt eine Brille mit dicken Gläsern, die ihre Augen sehr groß erscheinen lassen.

»Hallo, ihr Lieben!« Mein Herrchen schaut in die Runde. »Ich freue mich riesig, dass ihr mich heute ins 537 Seelen Dorf Brandten begleitet. Die Wanderung in unseren idyllischen Nachbarort ist nicht allzu anstrengend. In Brandten selber werden wir eine Rast in einem urgemütlichen Gasthof einlegen. Habt ihr irgendwelche Fragen an mich?« Uwe wartet einen Moment. Als sich niemand meldet, spricht er weiter. »Perfekt! Dann sollten wir das schöne Wetter nutzen und losmarschieren. Carolin, möchtest du vielleicht Laylas Leine nehmen? Du würdest mir einen sehr großen Gefallen damit tun.«

Das Mädchen beginnt über das ganze Gesicht zu strahlen.

»Mama, darf ich?«

»Wenn Uwe nichts dagegen hat. Aber streng dich gefälligst an, damit du es auch richtig machst!«

Carolins Mundwinkel verziehen sich nach unten und beginnen leicht zu zittern. Uwe legt tröstend eine Hand auf ihre Schulter.

»Ich glaube, ich wüsste niemanden, dem ich meine Layla lieber anvertrauen würde. Du wirst das ganz großartig machen, da bin ich mir völlig sicher. Und jetzt sollten wir endlich losgehen. Carolin, du darfst mit Layla ganz nach vorne und unsere Gruppe anführen!«

Unser Weg leitet uns zuerst ein Stück an der Straße entlang, bis wir einen dichten Wald erreichen, in dem das fröhliche Gezwitscher der verschiedensten Vögel die Luft erfüllt. Dort leint uns Uwe ab, damit wir ein wenig herumtoben können. Während Layla nicht von der Seite der kleinen Carolin weicht, springe ich aufgeregt von einem Busch in den nächsten und freue mich über die vielen unterschiedlichen Gerüche, die meine Nase kitzeln. Als ich eine besonders interessante Spur verfolge, überlege ich kurz, einen kleinen Abstecher in den Wald zu machen. Ich entscheide mich jedoch dagegen, als ich den warnenden Blick entdecke, den mein Herrchen mir zuwirft. Ich werde den Ausflug wohl noch etwas aufschieben müssen, bis sich eine bessere Gelegenheit für mich ergibt. Vergnügt flitze ich zwischen den verschiedenen Menschen hin und her und bemerke, dass sich Harald und Lars angeregt miteinander unterhalten.

»Es tut mir wirklich leid, wie meine Frau sich da eben aufgeführt hat. Sie ist nicht immer so, aber irgendwie ist sie zurzeit etwas gestresst.« Harald kickt einen Stein zur Seite, der mit einem Rascheln im Gebüsch landet.

»Das passt schon, mach dir mal keine Sorgen. Meine Sabine ist auch nicht ganz ohne, wie du eben feststellen konntest.« Lars zuckt mit den Schultern und spricht mit einem Grinsen weiter. »Vielleicht sollten wir zwei mal ein Bier zusammen trinken gehen, dann können wir uns gegenseitig ein bisschen über unsere ach so komplizierten Frauen ausheulen.«

»HAAAARAAAALD!« Die beiden Männer zucken zusammen, als Gundulas gereizte Stimme ertönt. »Komm bitte auf der Stelle zu mir! Ich brauche dringend deine Hilfe mit meinem Rucksack.«

Der Angesprochene verdreht die Augen. »Ja, Schatz, ich bin schon auf dem Weg!« Harald schüttelt den Kopf. »Ich bin dann wohl mal weg. Aber unsere Verabredung zum Bier steht, das wird sicher nett.«

Aus dem Augenwinkel sehe ich, dass die grauhaarige Frau mit den dicken Brillengläsern ganz genau aufgepasst hat. Sie mustert Gundula kritisch, was diese jedoch gar nicht mitbekommt.

Ich lasse mich ein wenig zurückfallen und schaue zwischendurch noch einmal bei meinem Herrchen vorbei. Mit meinem allerhungrigsten Blick, der mir schon das ein oder andere Leckerchen aus dem Futterbeutel eingebracht hat, schmachte ich ihn an. Doch ist er so sehr in ein Gespräch mit Sabine vertieft, dass er meine Bemühungen gar nicht mitbekommt.

»Die hat ihren Mann aber ziemlich gut im Griff. Uwe, wie schaffst du es nur, immer so freundlich zu der alten Schnepfe zu sein? Ich hätte die Kuh wahrscheinlich schon längst vor die Türe gesetzt.«

»Ach, Sabine! Jetzt übertreibst du aber wirklich. Gundula ist doch eine, ähm ..., sehr nette Frau. Vielleicht hast du sie einfach auf dem falschen Bein erwischt.«

Sabine schaut mein Herrchen mit einem breiten Grinsen an. »Die soll eine nette Frau sein? Jetzt hör mir aber auf! Ein bisschen kenne ich dich mittlerweile auch schon, schließlich waren wir bereits ziemlich oft hier bei euch zu Gast. Und deine Blicke sprechen Bände – du bist einfach kein besonders guter Schauspieler, mein Lieber.«

»Lass uns bitte nicht über mein Talent als Schauspieler reden, sondern lieber eine kleine Pause einlegen.« Mein Herrchen zeigt mit der Hand nach vorne. »Leute, was ihr dort sehen könnt, ist der Schwellweiher. Ich würde vorschlagen, dass wir uns für einen Moment ins Gras setzen und die Schönheit dieses Fleckchens auf uns wirken lassen.«

Erleichtert lässt sich Sabine mit einem wohligen Stöhnen auf die Wiese fallen, und auch die anderen Menschen lassen sich nach und nach nieder. Nur Gundula steht unschlüssig neben ihrem Mann und scheint etwas zu suchen.

»Kann ich dir helfen, Gundula? Hast du irgendetwas verloren?« Uwe schaut sie fragend an.

»Hier sind ja gar keine Sitzmöglichkeiten. Ich kann mich doch nicht in das Gras hocken, das ist sicher voller Zecken. Ein Baumstamm oder so etwas in der Art würde mir schon völlig ausreichen.« Während die Frau noch immer die Wiese inspiziert, höre ich ein leises Flüstern, das aus Sabines Richtung kommt.

»Da muss die dumme Nuss keine Angst haben. Ich bin sicher, dass die kleinen Blutsauger auch ihren Stolz haben.«

In diesem Moment frage ich mich nicht zum ersten Mal, was die Menschen nur immer mit diesen winzigen Tierchen haben. Meine beiden Herrchen werden jedes Mal völlig panisch, wenn eine dieser sogenannten Zecken auf ihnen herumkrabbelt. Erst gestern ist Uwe durch das ganze Haus geflitzt und hat *Oh mein Gott, es hat mich erwischt! Wo ist denn nur diese verdammte Zeckenzange?* gebrüllt. Dabei ist er mit seinem Fuß ordentlich vor den Couchtisch gestoßen und hat anschließend noch viel lauter gejault. Ein bisschen seltsam finde ich das schon, denn schließlich ist er doch so viel größer als eine kleine Zecke. Aber verstehe einer diese Menschen ...

Vergnügt laufe ich zum Rand des kleinen Weihers und schaue mein Herrchen hechelnd an, doch scheint der überhaupt nicht zu verstehen, was ich von ihm will. Ich wedle mit meinem Schwanz und beginne auffordernd zu kläffen, bis er endlich begreift und einen Stock im hohen

Bogen in das kristallklare Wasser wirft. Ich mache einen Satz hinterher, schwimme durch den halben Weiher und bringe meinem Herrchen die tropfende Beute, um sie gegen ein Leckerchen aus meinem Futterbeutel einzutauschen. Wir machen dieses Spiel noch ein paar Mal, bis mein Herrchen den Stock irgendwann zur Seite legt und sich wieder den Hotelgästen widmet. Ich schüttle mir das Wasser aus dem Fell und trotte zu Layla und Carolin, die etwas abseits nebeneinander im Gras sitzen. Das Mädchen scheint sich sehr zu freuen, dass ich mich zu ihr lege, und streckt die Hand aus, um mich zu streicheln. Sie plappert fröhlich vor sich hin und erzählt Layla die Geschichte von irgendeiner Prinzessin, die einen Kamin sauber machen muss, später dann jedoch einen Prinzen heiratet, der ihr einen Kürbis hinterherträgt, weil sie nur einen Schuh hat. Zufrieden lausche ich der kindlichen Stimme und schließe die Augen, um ein wenig vor mich hinzudösen.

Als wir etwas später aufbrechen und unseren Weg fortsetzen, springe ich immer wieder in den plätschernden Bach, der uns am Wegesrand begleitet, um mich abzukühlen. Es dauert nicht mehr lange, bis wir den Wald verlassen und in der Ferne einige Häuser erblicken können.

»So, ihr Lieben! Den Hinweg hätten wir geschafft. Was ihr vor euch sehen könnt, ist der Ort Brandten und gleich das erste Haus dort am Ende des Feldweges ist der Gasthof Zum Knödlesser, wo ich einen Tisch für uns reserviert habe. Also, mir nach!«

Ich lege ein wenig Tempo zu und auch Layla stellt die Ohren auf. Sie beginnt zaghaft an der Leine zu ziehen, die sich in Carolins Hand befindet, denn der Knödlesser ist unser absolutes Lieblingsrestaurant. Der Chef kommt jedes Mal, wenn wir sein Lokal besuchen, aus der Küche, um uns zu begrüßen. Dabei hat er zufällig immer etwas von dem guten Menschenfutter dabei, das er uns dann abwechselnd vor die Nase hält. Bei unserem letzten Besuch haben wir ein paar ganz besonders köstliche Fleischbrocken von ihm bekommen. Danach hat mir mein normales Futter zu Hause für ein paar Tage seltsamerweise nicht mehr so gut geschmeckt wie vorher.

Mein Herrchen führt unsere Gruppe an einen großen Tisch auf der Terrasse, an dem sich die Menschen nach und nach niederlassen. Die grauhaarige Frau, die während der gesamten Wanderung so gut wie gar nichts gesagt hat, setzt sich auf einen Stuhl, der am äußersten Ende des Tisches steht. Ihr Blick bleibt dabei auffällig oft an Gundula haften, die gerade dabei ist, ihre Tochter lautstark zu maßregeln.

»Jetzt schau sich einer dieses Kind an! Dein Kleid ist ja vollkommen verdreckt. Wie soll ich das denn jemals wieder sauber kriegen? Und deine Schuhe, nein, wie sehen deine Schuhe nur wieder aus?«

Harald öffnet den Mund, wohl um seiner Tochter beizustehen, erstarrt jedoch, als ihn der eisige Blick seiner Frau trifft. Langsam schleiche ich unter dem Tisch zu der kleinen Carolin, um mich ganz fest an ihre Beine zu drücken. Sie soll wissen, dass sie in diesem Moment nicht alleine ist.

Etwas später, die Menschen haben ihr Essen schon vor einiger Zeit bei der Kellnerin bestellt, werden die ersten Teller zu unserem Tisch gebracht. Der köstliche Duft, der meine Nase erreicht, sorgt dafür, dass mir das Wasser im Maul zusammenläuft. Während die Menschen nach und nach beginnen, mit ihrem Besteck zu klappern, rolle ich mich hungrig zusammen. Ich beschließe mich ein wenig zu bemitleiden, als eine unangenehme Stimme meine Ohren erreicht.

»Carolin, um Himmels willen! Nun setz dich gefälligst gerade hin und quetsche mit den Kartoffeln nicht so unappetitlich in der Soße herum – das ist ja ekelerregend.«

Das Kind schaut zu Boden, ein paar Tränen tropfen auf ihr buntes Kleid, als Sabine ihre Hand krachend auf den Tisch niedersausen lässt. Für ein paar Sekunden wird es ganz ruhig auf der Terrasse, auf der eben noch ein fröhliches Stimmgewirr herrschte. Die stämmige Frau holt tief Luft und öffnet ihren Mund.

»Jetzt habe ich aber die Nase wirklich voll! Können Sie das arme Kind nicht endlich einmal in Ruhe lassen?« Sie nickt mit dem Kopf in Carolins Richtung. »Sie sehen doch, was Sie Ihrer Tochter da gerade angetan haben.«

Gundula reißt die Augen auf und fasst sich mit der Hand an die Brust. »Was fällt Ihnen ein, sich in meine Erziehung einzumischen? Sie wissen doch gar nicht, wovon Sie da reden. Soweit ich weiß, haben Sie gar keine Kinder, also sollten Sie lieber schön den Mund halten und ganz kleine Brötchen backen!«

Harald ist mittlerweile aufgestanden und streichelt seiner Tochter eine Haarsträhne aus dem Gesicht. »Was denkst du, mein Schatz? Sollen wir mit Layla ein bisschen auf die Wiese gehen und schauen, ob sie mit einem Stock spielen mag?«

Dankbar schaut Carolin ihren Vater an und nickt mit dem Kopf. Zusammen mit Layla verlassen sie den Tisch, vergessen jedoch zum Glück, dass ich auch noch da bin. So kann ich mit aufgestellten Ohren verfolgen, was als nächstes passiert.

Der lautstarke Krach zwischen Gundula und Sabine geht noch eine ganze Zeit weiter. Ich sitze aufmerksam auf meinem Platz unter dem Tisch und versuche zu verstehen, worüber die beiden genau streiten, als die grauhaarige Frau mit den dicken Brillengläsern aufsteht. Sie legt ihre Serviette auf den Tisch und beginnt leise zu sprechen.

»Ich bitte Sie, meine Damen!« Seltsamerweise verstummen die beiden sogleich und starren die alte Frau verwundert an, die gefasst weiterspricht. »Haben Sie denn nicht schon genug angerichtet? Schauen Sie sich das Kind doch nur an! Das arme Ding weiß doch überhaupt nicht mehr, was hier eigentlich los ist.« Die Frau legt ihre Brille auf den Tisch und räuspert sich. »Wenn Sie mir für einen Moment zuhören würden, möchte ich Ihnen eine Geschichte erzählen.« Sie schaut Gundula dabei sehr tief in die Augen. »Wissen Sie, ich habe selber eine Tochter und wollte immer, dass sie alles perfekt und möglichst fehlerfrei macht. Sie sollte es einmal besser im Leben haben als ich. Ständig habe ich an ihr herumgenörgelt und sie kritisiert, sehr häufig auch, wenn andere Menschen in der Nähe waren. Damit habe ich sie dann eines Tages aus dem Haus getrieben.« Sie wirft einen traurigen Blick zu der kleinen Carolin, die nicht weit entfernt erfolglos versucht, Layla das Stöckchenholen beizubringen. »Ich habe meine Tochter seit fast 20 Jahren nicht gesehen. Mittlerweile habe ich sogar zwei Enkelkinder, doch habe ich die Kleinen niemals kennengelernt.« Tränen sammeln sich in den Augen der Frau, als sie ganz leise weiterspricht. »Möchten Sie wirklich, dass Ihnen das auch passiert?«

Einen Moment lang ist es völlig ruhig am Tisch, bis Gundula aufspringt und schluchzend wegläuft. Zu meiner Überraschung steht ausgerechnet Sabine auf und folgt der Frau, mit der sie doch eben noch so sehr gestritten hat. Verwundert schaue ich ihr hinterher und frage mich wie so oft, was die Menschen doch für komplizierte Wesen sind.

In den nächsten Tagen verbringen die beiden Frauen sehr viel Zeit miteinander, während Layla und ich die kleine Carolin und ihren Vater bei einigen schönen Wanderungen begleiten dürfen. Dabei bekommen wir unzählige Streicheleinheiten von dem Kind und auch das ein oder andere Leckerchen fällt unterwegs für uns ab.

Als wir uns an einem besonders sonnigen Tag gemeinsam ein schattiges Plätzchen gesucht haben, krault uns Carolin verträumt hinter den Ohren.

»Wisst ihr, meine Mama hat mir versprochen, dass sie in Zukunft ein bisschen mehr Geduld mit mir hat. Diese Frau, die so mit ihr geschimpft hat, hat sie zum Nachdenken gebracht. Und wenn meine Mama wieder einmal zu streng mit mir ist, werde ich einfach an euch denken – dann geht es mir bestimmt gleich viel besser.« Sie drückt sich an Layla und gibt ihr einen Kuss auf die Nase. Als ich die beiden anschaue, erreicht ein wohliges Gefühl meinen Bauch. Voller Zuneigung schlecke ich Carolin über die kleinen Finger und hoffe, dass sie in der Zukunft nicht allzu oft an uns denken muss.

AUSGETRICKST

—

Einige Tage später, Carolin und ihre Eltern haben unser Hotel schon wieder verlassen, treffen wir uns an einem sommerlichen Nachmittag mit Hector und seinem Frauchen Anna auf einen Spaziergang im Wald. Ich freue mich riesig, denn ich habe meinen Freund schon seit einiger Zeit nicht gesehen und bin sehr gespannt zu erfahren, ob er seine Zwangsdiät immer noch einhalten muss. Als wir den vereinbarten Treffpunkt erreicht haben, entdecke ich die beiden schon von weitem. Aufgeregt renne ich los, um Hector mit einem lauten Bellen zu begrüßen. Layla trottet langsam hinter mir her und scheint ebenfalls so etwas wie Freude zu empfinden, was ich am leichten Zucken ihrer Schwanzspitze erkennen kann.

Ich renne ein paar Mal um Hector herum und fordere ihn so auf, mich zu verfolgen. Er gibt sein Bestes, bleibt jedoch nach ein paar Runden schnaufend und mit heraushängender Zunge stehen.

»Phoebe, du weißt doch, dass ich nicht so schnell bin wie du. Außerdem ist mein Körper von dem ganzen gesunden Knabberzeug sehr geschwächt.« Mein Freund setzt sich erschöpft neben Layla, die seinen kugelrunden Mopsbauch interessiert mustert.

»Das weiß ich doch! Aber genau deshalb macht es mir ja solchen Spaß.« Vergnügt stupse ich Hector mit meiner Nase an und hocke mich zu ihm ins kühle Gras.

Mittlerweile ist auch mein Herrchen bei uns angekommen.

»Ist das schön, dass wir uns endlich noch einmal treffen. Ihr habt mir richtig gefehlt, ihr zwei!« Er drückt Anna kurz an sich, um dann Hector den Kopf zu tätscheln. »Na, du alter Haudegen! Scheucht Phoebe dich schon wieder durch die Gegend?«

»Es ist wirklich viel zu lange her, dass wir uns gesehen haben. Es gibt ja so viel zu erzählen – ich weiß gar nicht so recht, wo ich anfangen soll.« Anna hakt sich unter und so spazieren die beiden Menschen Arm in Arm los. Während Layla ganz brav neben unserem Herrchen herläuft, lasse ich mich unauffällig mit Hector ein paar Schritte zurückfallen. Die Nasen sind dabei immer wieder schnüffelnd am Boden, um keine interessante Fährte zu verpassen.

»Es ist so schön zu beobachten, wie eure Layla sich langsam weiterentwickelt. Stell dir nur vor, sie hat eben sogar mit dem Schwanz gewedelt, als sie Hector gesehen hat.« Anna blickt zu uns herab.

»Wir freuen uns auch jeden Tag über ihre kleinen und großen Fortschritte. Mittlerweile hat die Süße wirklich schon ein wenig mehr Lebensfreude entwickelt. Das hätten wir lange Zeit nicht für möglich gehalten ...« Uwe lächelt seine Freundin, die immer noch bei ihm untergehakt ist, an. »Aber jetzt will ich mal ein bisschen was von dir hören! Wie geht es unserer zukünftigen Gemeinderätin?«

»Ach, hör bloß auf!« Anna deutet mit dem Kopf zu einer Bank, die etwas erhöht auf einem Hügel steht. »Lass uns da vorne eine kurze Pause einlegen. Dann kann ich mich ein bisschen bei dir ausheulen!«

Kaum an der Bank angekommen, schiebt sich Anna die Sonnenbrille in ihre blonden Locken und gibt den Blick auf ein paar übermüdete Augen frei. »Ich kann dir sagen, der Haussegen hängt ordentlich schief bei uns. Josef unterstützt mich überhaupt nicht und hält meine Kandidatur für eine total bescheuerte Idee.

Und meine Schwiegerleute! Uwe, du glaubst ja nicht, wie die sich aufführen. Die stehen natürlich voll und ganz hinter ihrem Prachtstück von Sohn. Meine Schwiegermutter behauptet doch tatsächlich, dass eine Frau immer noch am besten im Haus und am allerbesten in der Küche aufgehoben ist. Was kann ich dafür, dass die alte Krähe nie aus dem Kuhstall rausgekommen ist?«

Mein Herrchen öffnet den Mund, um etwas zu sagen, doch Anna scheint noch lange nicht fertig zu sein.

»Zu allem Überfluss haben die Kandidaten, die bei der Gemeinderatswahl bisher eigentlich überhaupt keine Chance hatten, ordentlich aufgeholt. Es ist ja so eine bodenlose Unverschämtheit, was die zum Teil treiben, um ein paar Wählerstimmen zu bekommen! Stell dir nur vor: Diese blöde Lützenhuber Lotte, die ja im ganzen Ort total unbeliebt wie nur etwas ist, klappert doch tatsächlich sämtliche Baustellen in der Umgebung ab und verteilt Leberkassemmeln an die Handwerker. LEBERKASSEMMELN!!! Das ... das ... das ist ja fast schon so etwas wie Wahlbetrug!« Anna greift hektisch nach der Sonnenbrille, die ihr vor lauter Kopfschütteln aus dem Haar gerutscht ist und schnauft wütend aus.

»Tja, weißt du …«, mein Herrchen kratzt sich am Kopf, »ich erinnere mich daran, dass du diese köstlichen kleinen Muffins in der Hundeschule verteilt hast, um die Leute dort zu beeindrucken. Das kann man ja schon irgendwie miteinander vergleichen, fürchte ich.«

»Ach, das ist doch etwas ganz anderes! Ich wollte einfach nur nett sein und meinen Mitmenschen eine Freude machen. Aber das, was diese Person da im Moment abzieht, ist wirklich eine bodenlose Frechheit.«

Während Anna noch ein bisschen weiterschimpft und mein Herrchen versucht, sich ein Grinsen zu verkneifen, wird Hector, der neben mir im Gras liegt, mit einem Mal ganz unruhig.

»Phoebe, siehst du auch, was ich da sehe?« Hektisch zuckt seine platte Mopsnase auf und ab. Ich folge Hectors Blick und entdecke, was meinen Freund so nervös macht. Sein praller Futterbeutel liegt unbeachtet neben der fluchenden Anna auf der Bank und verströmt einen ungewöhnlichen, aber durchaus schmackhaften Duft.

»Das ist die Chance endlich eine ordentliche Mahlzeit zu bekommen, bevor ich nur noch aus Haut und Knochen bestehe. Phoebe, du musst unsere Menschen ablenken, damit ich mir den Beutel schnappen kann!«

»Ich glaube nicht, dass mein Herrchen darauf reinfällt. Wenn es ums Futter geht, passt er auf wie ein Schießhund.« Unentschlossen schaue ich von dem Beutel zu Hector und wieder zurück und denke kurz nach. Eigentlich würden mir ein paar Extraleckerchen schon ganz gut gefallen und vielleicht ist Hectors Plan ja auch gar nicht so dumm. Während Layla das Geschehen ängstlich beobachtet, schlendere ich also zu der Bank und baue mich schwanzwedelnd vor den beiden Menschen auf. Dabei lenke ich ihre Blicke weg von dem Beutel, der immer noch völlig einsam neben Anna liegt. Die lässt ihre Hand auf meinen Kopf sinken und beginnt mich zu kraulen.

»Ach, was bist du heute aber wieder ein niedlicher Wonneproppen. Gut, dass wir dich haben, kleine Maus.« Sie dreht sich zurück in Uwes Richtung, lässt ihre Hand jedoch auf meinem Kopf verweilen. Hector beobachtet sein Frauchen mit zusammengekniffenen Augen. Langsam schleicht er zu der Bank, wirft mir einen verstohlenen Blick zu und schnappt sich ganz vorsichtig den Futterbeutel, den er lautlos hinter einen großen Busch trägt. Layla, die immer noch neben der Bank liegt, verfolgt meinen Freund dabei mit fassungslosem Blick.

Kaum ist Hector aus meinem Sichtfeld verschwunden, schlecke ich Anna noch einmal kurz über die Finger und mache mich dann auf den Weg, um mir meinen Teil der köstlichen Beute zu sichern, bevor mein hungriger Freund diese komplett verputzt hat. Hinter dem Busch entdecke ich Hector, der mit seinen scharfen Zähnen versucht, den Beutel aufzureißen. Aus dem Augenwinkel sehe ich auch Layla, die langsam auf uns zu schleicht und die angeknabberte Tasche entsetzt mustert.

»Ich weiß wirklich nicht, ob ihr das tun solltet – ihr werdet einen Riesenärger bekommen.« Hektisch schaut sie sich um. »Phoebe, du musst das sofort zurückbringen! Vielleicht hat unser Herrchen noch nichts bemerkt ...«

In diesem Moment zerplatzt der Futterbeutel und sein Inhalt ergießt sich auf dem Waldboden. Kurz meldet sich mein schlechtes Gewissen, doch ist es nun ohnehin zu spät, und wenn wir schon Ärger bekommen, dann kann ich diesen wenigstens mit vollem Bauch über mich ergehen lassen. Layla beobachtet uns noch immer kritisch. Sie blickt sich ängstlich um, doch sitzen unsere beiden Menschen nach wie vor plaudernd auf der Bank und beachten uns überhaupt nicht. Vorsichtig schiebe ich einen besonders köstlich aussehenden Futterbrocken mit der Nase in Laylas Richtung. Sie versucht die Leckerei zu ignorieren und schaut verkrampft zur anderen Seite. Der Sabber, der in langen Fäden aus ihrem Maul zu Boden tropft, spricht jedoch eine andere Sprache. Layla schielt ein paar Mal zu dem runden Brocken hin, zögert noch einen Moment lang, um schließlich doch nach dem Futter zu schnappen, welches sie genüsslich verspeist. Einmal auf den Geschmack gekommen, suchen wir Seite an Seite mit unseren drei Hundenasen den Boden ab, bis auch das letzte Krümelchen vertilgt ist.

Zufrieden lässt sich Hector ins Gras sinken und schleckt sich über den vollgefressenen Bauch. Ich mache es mir neben ihm gemütlich und will mich ebenfalls ein wenig meiner Körperpflege widmen, als Uwes Stimme meine Ohren erreicht.

»Layla, Phoebe, hierher! Wo steckt ihr denn schon wieder?«

Mit einem Schlag ist die Gemütlichkeit verflogen und ich beginne zu ahnen, dass nun eine ordentliche Strafpredigt auf uns wartet. Ich schleiche mit eingezogenem Schwanz und tief herabhängenden Ohren zu unseren Menschen zurück. Ein kurzer Blick über meine Schulter zeigt mir, dass Laylas Ohren sogar noch tiefer herunterhängen und ihr Schwanz überhaupt nicht mehr zu sehen ist. Lediglich Hector stolziert mit hoch erhobenem Kopf zu der Bank, auf der Anna und mein Herrchen noch immer gut gelaunt sitzen, und hechelt die beiden mit seinem treuherzigsten Blick freundlich an.

»Hectorlein, was hast du wieder brav gehört. Nein, was bist du doch für ein folgsamer Hund. Da bekommst du ausnahmsweise eine besonders schöne Belohnung, mein Schatz.« Anna greift nach hinten, dreht sich jedoch verwirrt um, als ihre Hand nicht den erwarteten Futterbeutel zu fassen bekommt. »Seltsam, ich habe die Tasche doch eben noch gesehen.« Sie tastet ihre Jacke ab, bückt sich und sucht den Boden unter der Bank ab. »Wo habe ich das dumme Ding nur wieder hingetan? Uwe, hast du Hectors Futtertasche irgendwo gesehen?«

»Vielleicht hast du sie gar nicht mitgenommen und sie liegt gut gefüllt in deinem Auto?« Mein Herrchen greift in seine Tasche und hält Anna ein paar runde Futterkugeln vor die Nase, mit denen Layla und ich normalerweise von ihm belohnt werden, wenn wir besonders brav gewesen sind. »Hier, nimm solange etwas von mir – das Ding wird schon irgendwo auftauchen.«

Während Hector sich nun von seinem Frauchen mit meinem Futter verwöhnen lässt, versucht Layla sich unter der Bank so unsichtbar wie möglich zu machen. Ich hingegen schaue schuldbewusst zur Seite und hoffe, dass mein Herrchen mir das furchtbar schlechte Gewissen nicht ansieht.

Wenig später nehmen wir den Rückweg zum Parkplatz in Angriff. Die Gewissensbisse sind längst verflogen und ich bin heilfroh, dass uns die erwartete Strafpredigt erspart geblieben ist. Während ich mir mit Hector eine kleine Verfolgungsjagd liefere, die ich natürlich haushoch gewinne, trottet Layla mit hängendem Kopf neben den beiden Menschen her. Das schlechte Gewissen strömt ihr noch immer aus allen Poren, doch bemerkt mein Herrchen dies zum Glück nicht. Als wir an einem besonders wohlriechenden Ast vorbeikommen, der mitten auf dem Weg liegt, hebt Hector sein dickes Beinchen und markiert die Stelle. »Phoebe, los! Du musst auch noch drüberpinkeln, damit die anderen Hunde wissen, dass wir hier gewesen sind und sie in unserem Revier nichts verloren haben.«

Ich hocke mich über den Ast und quetsche mir ein paar Tropfen heraus, was mein Freund mit einem anerkennenden Blick zur Kenntnis nimmt. Layla hingegen mustert mich verständnislos und lässt den Kopf noch ein Stück weiter nach unten sinken.

Wir haben unsere Autos schon fast erreicht, als uns eine blonde Frau, die ihr Gesicht mit ganz viel Farbe angemalt hat, entgegenkommt. Auf ihrem Arm entdecke ich einen kleinen schwarzen Hund mit riesigen Ohren, der sich vertrauensvoll an ihre Brust drückt. Mein Herrchen schaut den Hund bewundernd an.

»Das ist aber ein schöner kleiner Kerl!«

Die blonde Frau tätschelt dem Knirps über den Kopf. »Der war auch nicht gerade billig, das kann ich Ihnen aber sagen.« Eine seltsam quäkende Stimme verlässt ihren rotbemalten Mund. »Mein Hubert ist eine französische Bulldogge und hat einen adeligen Stammbaum, müssen Sie wissen.«

Uwe streckt dem Hund die Hand entgegen, welche sogleich inbrünstig abgeschleckt wird. Während die Frau mit der seltsamen Stimme nun noch ein wenig von irgendeinem Baron erzählt, schaue ich mir diesen Hubert ganz in Ruhe an und wundere mich sehr. Dieser Hund ist nun wirklich keine Schönheit und einen besonders cleveren Eindruck macht er auch nicht auf mich, wie er da sabbernd an Uwes Fingern herumnuckelt. Warum er wohl so teuer gewesen ist? Ich begutachte seine riesengroßen Ohren und sein plattes Gesicht kritisch. In dem Tierheim, in dem ich für eine lange Zeit gelebt habe, gab es viel schönere Hunde – und die waren sogar völlig umsonst.

Nachdem sich die Menschen noch für einen Moment über den adeligen Hubert unterhalten haben, laufen wir weiter und erreichen wenige Minuten später den Parkplatz. Seltsamerweise kann Anna die Futtertasche nicht in ihrem Auto finden, obwohl sie jede Ecke äußerst gründlich absucht.

Abends liege ich auf meinem Platz im Menschenbett und kann lange Zeit nicht einschlafen – zu viele Gedanken kreisen in meinem Kopf umher.

Ich frage mich, warum einige Hunde für die Menschen mehr Wert besitzen, als andere. Haben wir nicht alle vier Pfoten, eine feuchte Nase

und einen Schwanz, mit dem wir hin- und herwe-
deln können, wenn wir zufrieden sind? Ich denke an die vielen Hunde, die noch immer in dem
schrecklichen Tierheim, das ich zum Glück verlassen konnte, auf ihren Menschen warten und
schaue zu meinen beiden Herrchen. Voller Liebe
erwidert Uwe meinen Blick und krault mir zärtlich über den Kopf, was meine Gedanken sogleich
ein wenig leichter werden lässt.

IST ALTES RUSSENWITZ

—

Der nächste Tag verspricht sehr aufregend zu werden. Gemeinsam mit Layla und unseren Herrchen sind wir auf dem Weg zur Arbeit und schon fast am Hotel angekommen, als ich einige Frauen vor der Eingangstüre entdecke, die schon auf uns zu warten scheinen. Es wird geplaudert, gekichert und ich sehe einige dieser stinkenden Stäbchen, aus denen weißer Qualm in die Luft steigt. Die Menschen nennen sie Zigaretten und so sehr ich auch darüber nachdenke, ich komme einfach nicht dahinter, warum diese dampfenden Stangen in der Menschenwelt so beliebt sind.

Als wir die Gruppe beinah erreicht haben, bleibt Uwe überrascht stehen.

»Ich hätte nicht gedacht, dass sich so viele Frauen um Steffis Job bewerben.« Er schaut auf seine Armbanduhr, die locker an seinem Handgelenk baumelt. »Und dass die alle so pünktlich sind, hätte ich auch nicht wirklich erwartet.«

»Naja, pünktlicher als du sind die Damen in jedem Fall. Du hättest dich schon ein bisschen mehr beeilen können – schließlich wusstest du, dass heute die Vorstellungsgespräche sind.« Oliver angelt einen Schlüssel aus seiner Hosentasche und schaut mein Herrchen vorwurfsvoll an.

»Was kann ich dafür, dass deine Mutter am Telefon nie ein Ende findet? Beim nächsten Mal lasse ich mir den Hörer nicht von dir unterjubeln, nur weil du keine Lust auf ein Gespräch mit ihr hast!«

Oliver will gerade etwas erwidern, als sich eine riesige, rothaarige Frau aus der schnatternden Gruppe löst. Sie wirft ihre Zigarette zur Erde, pustet noch ein paar Rauchkringel in die Luft und stöckelt dann auf ihren hohen Schuhen zielstrebig auf uns zu. Dabei zieht sie ihren Pullover etwas nach unten, der sich beängstigend um ihre stämmigen Hüften spannt.

»Ihr müssen sein Chefs von diese wunderschöne Hotel hier. Ich seien Daschjenka, aber darfst du mich nennen Dascha.« Sie schüttelt meinen verdutzten Herrchen die Hände. Nachdem sie mit einem Blick über die Schulter kontrolliert hat, dass die anderen Frauen sie nicht hören können, wird ihre Stimme zu einem verschwörerischen Flüstern. »Kannst du ruhig schicken andere Frauen nach Hause. Ganz bestimmt nix können gut putzen, so wie Dascha. Du mir glauben: Russische Frau seien saubere Frau.«

»Ähm, ja, also ...«, Uwe schaut die große Dascha erschrocken an und weiß scheinbar nicht, was er zu ihr sagen soll. Oliver eilt ihm jedoch wie so oft zu Hilfe.

»Jetzt, wo die anderen Damen schon einmal hier sind, werden wir uns selbstverständlich mit jeder von ihnen unterhalten. Aber vielen Dank, dass Sie sich so freundlich vorgestellt haben – ich freue mich schon sehr, Sie später etwas besser kennenzulernen.«

»Du werden sehen, fleißige Daschjenka seien genau, was du hier brauchen.« Die rothaarige Frau dreht sich auf dem Absatz um und schlendert gemütlich zu der Gruppe zurück, die sie voller Misstrauen beäugt.

Nach einer kurzen Begrüßung betritt die Menschentraube, die von meinen Herrchen angeführt wird, die Montara Suites. Während Uwe die Frauen im Haus herumführt, stellt Oliver ein paar Getränke bereit und setzt sich an den großen Schreibtisch im Büro. Ich bin mir sicher, dass es hier gleich ziemlich interessant werden wird und stupse Layla aufgeregt mit meiner Nase an.

»Komm schnell, wir legen uns dort neben den Schreibtisch in die Ecke. Wenn wir ganz leise sind und uns nicht rühren, dürfen wir vielleicht bleiben und zuschauen.« Ich quetsche mich neben den Tisch auf den Fußboden, rücke jedoch soweit es geht zur Wand, damit Layla auch noch genügend Platz findet. Sie legt ihren Kopf auf die Vorderpfoten und blickt mich fragend an.

»Was wollen diese ganzen lauten Frauen hier? Ich weiß nicht, ob mir das besonders gut gefällt.«

»Lass uns einfach abwarten, was passiert. Ich bin nicht ganz sicher, aber ich glaube, unsere Menschen suchen jemanden, der Steffis Arbeit machen soll.« Ich drücke mich ganz eng an Layla, was ihr ein leises Brummen entlockt und schon betritt Uwe mit einer blonden Frau das Büro. Sie trägt ein Kleid, dessen grelle Farben zu leuchten scheinen, die Haare sind zu vielen kleinen Zöpfen gebunden, die wild von ihrem Kopf abstehen.

»Nehmen Sie doch bitte Platz und erzählen Sie uns ein bisschen was über sich!« Mein Herrchen deutet auf einen Stuhl, der vor dem Schreibtisch steht.

»Also, ich bin die Jenny, bin 21 Jahre alt und ...« In diesem Moment schrillt eine laute Melodie auf, die aus der Hosentasche der blonden

Frau zu kommen scheint. Sie angelt ein pinkes Handy heraus und schaut meine Herrchen entschuldigend an. »Da muss ich mal kurz rangehen – sorry!« Kaum hat sie das Telefon am Ohr, beginnt sie auch schon in den Hörer hineinzumeckern. »Was ist denn jetzt schon wieder? Ich hab dir doch gesagt, dass ich in diesem Hotel in Bodenmais bin ...« Sie hört einen Moment lang zu, dann weiten sich ihre Augen. »Sag mal, hast du den Arsch offen, oder was? Ich bin doch wohl nicht dein Dienstmädchen. Hol deinen Scheiß gefälligst selber ab ...« Während sie erneut in den Hörer hineinlauscht, sehe ich die Blicke, die sich meine Herrchen heimlich zuwerfen und bin ganz gespannt, wie es wohl weitergeht.

Die Frau mit dem bunten Kleid klappt das Handy zusammen und stopft es fluchend zurück in ihre Hosentasche. Gerade holt Oliver Luft, um etwas zu sagen, als sie es sich anders überlegt und das Telefon erneut herausfischt. »Einen Moment bitte, ich muss noch schnell eine Whatsapp schreiben ... so eine dämliche Bitch, so eine seltendämliche!«

Sie tippt auf ihrem Telefon herum und noch bevor sie es wieder zuklappen kann, gibt das pinke Gerät einen dumpfen Ton von sich. »Kacke, da muss ich eben drauf antworten.« Und so schreibt die Frau mit den wilden Zöpfen noch einige Nachrichten, bis das Telefon endlich Ruhe gibt und in der Hosentasche verschwindet. »So, wo waren wir stehengeblieben?« Sie wirft meinen Herrchen einen unschuldigen Blick zu.

Uwe findet als erster die Sprache wieder. »Nun, ich denke, wir haben ja bereits alle notwendigen Informationen von Ihnen und sollten das Gespräch an dieser Stelle beenden. Vielen Dank, dass Sie sich heute die Zeit für uns genommen haben – wir melden uns dann in den nächsten Tagen.«

Die Frau steht auf und noch bevor sie sich verabschieden kann, beginnt ihr Telefon erneut zu schrillen. Sie zuckt mit den Schultern und winkt meinen Herrchen zum Abschied kurz zu, bevor sie erneut in das pinke Kästchen hineinschimpft.

»Was denn jetzt noch? Ja hast du sie noch alle, ich soll tatsächlich ...«

Uwe schließt die Türe und atmet tief aus. »Na, das war ja mal ein Früchtchen.« Er grinst Oliver an und tippt mit den Fingern in der Luft herum. »Ich denke, ich schreibe der Kleinen dann später eine Whatsapp.« Meine beiden Herrchen beginnen zu kichern und bitten die nächste Kandidatin gutgelaunt ins Büro. Die dürre Frau, die nun in der Türe erscheint, ist mir sehr unheimlich und ich beginne leise zu knurren. Der strenge Blick, den mein Herrchen mir zuwirft, lässt mich jedoch sofort verstummen. Ich spüre, dass sich Laylas Körper anspannt, während sie die Frau ängstlich beobachtet. Noch bevor meine Herrchen irgendetwas sagen können, öffnet sie ihren Mund, und eine strenge Stimme erfüllt den Raum.

»Guten Tag, die Herren! Von Schwarzenbach mein Name, Hedwig von Schwarzenbach. 56 Jahre alt und ledig.« Sie schüttelt meinen Herrchen, die etwas überrumpelt aussehen, die Hände und setzt sich.

»Ja, liebe Frau von Schwarzenbach! Sie möchten sich also um den ausgeschriebenen Job bei uns bewerben. Vielleicht erzählen Sie uns gerade ein bisschen etwas über sich!« Oliver lehnt sich zurück und schaut die grauhaarige Frau interessiert an.

»Nun gut! Ich bin bereits in einigen sehr guten Häusern tätig gewesen, zuletzt in einem namhaften Vier Sterne Superior Hotel, wo ich mich um viele Belange des täglichen Geschäftes gekümmert habe.« Die unheimliche Frau verschränkt die Hände, die sie auf ihren Schoß sinken lässt.

»Darf ich fragen, warum Sie dort aufgehört haben?« Uwe schlägt die Beine übereinander. »Ich meine, in diesem namhaften Hotel.«

»Nun, es gab so etwas wie persönliche Differenzen zwischen der Geschäftsleitung und meiner Wenigkeit.« Die Frau schüttelt langsam den Kopf. »Manche Menschen sollten einfach keine Führungsposition übernehmen. Das habe ich mit den Jahren leider mehrfach erleben müssen.«

Oliver möchte etwas sagen, doch wird ihm das Wort abgeschnitten.

»Ich würde vorschlagen, dass Sie mir nun etwas über meinen Tätigkeitsbereich und die Aufstiegschancen in Ihrem Unternehmen erzählen.« Die Frau schaut meinen Herrchen in die Augen. »Außerdem wäre es sicherlich hilfreich, nun auch die beiden Damen des Hauses kennenzulernen.«

»Die Damen des Hauses?« Uwe scheint verwirrt.

»Ich spreche von Ihren Gattinnen. Die müsste ich selbstverständlich auch erst kennenlernen, bevor ich mich für eine Anstellung in Ihrem Haus entscheide.«

»Hören Sie, liebe Frau von Schwarzenbach! Mit einer Gattin kann ich Ihnen beim besten Willen nicht dienen. Aber mein Mann hier ...«, Oliver legt seine Hand auf Uwes Knie, der daraufhin knallrot anläuft, »ist wirklich sehr umgänglich.«

Die Frau schaut verständnislos von einem zum anderen, bis so etwas wie Verstehen in ihren Augen aufblitzt. Sie fixiert die Hand, die noch immer auf Uwes Knie ruht und wirft meinen Herrchen einen angewiderten Blick zu. In diesem Moment verlässt ein leises Knurren meine Kehle, was dazu führt, dass sich Layla noch ein Stück weiter in die Ecke verkriecht.

»Nun, Sie müssen ja wissen, wie Sie Ihr Leben führen.« Die Frau steht langsam auf und greift nach ihrer Handtasche. »Ich denke jedoch, dass eine Beschäftigung in *so einem Haus* für mich unmöglich in Frage kommt. Guten Tag, die Herren!«

Kaum hat sich die Türe hinter der seltsamen Frau geschlossen, atmet Uwe erleichtert aus.

»Was um Himmels willen war das denn? Ich dachte, dass diese Art schon längst ausgestorben ist.«

»Leider nicht ...« Oliver lässt die Schultern sinken und sieht mit einem Mal viel kleiner aus, als er eigentlich ist. Seine nächsten Worte sind fast nicht zu verstehen. »Und ich fürchte, dass von dieser Sorte noch sehr viele Menschen in unserem Land herumlaufen ...«

Nachdenklich mustere ich meine beiden Herrchen, die bedrückt nebeneinandersitzen und sich
einfach nur an den Händen halten. Ein lautes
Klopfen beendet die Stille und die nächste Frau
betritt das Büro.

So geht es dann noch ziemlich lange weiter, bis
irgendwann die letzte Bewerberin vor dem großen Schreibtisch Platz nimmt. Layla liegt bereits
seit einiger Zeit leise schnarchend neben mir und
auch ich kann die Augen kaum noch offenhalten.
Als ich jedoch die rothaarige Frau wiedererkenne, bin ich mit einem Schlag hellwach, denn zum
Abschluss scheint es noch einmal etwas lebhafter
zu werden. Gespannt spitze ich die Ohren und
selbst Layla öffnet verschlafen ihre Augen.

»Guten Tag noch einmal, Fräulein Dascha! Bitte
entschuldigen Sie, dass Sie so lange warten mussten.« Uwe deutet auf ein paar Gläser, die auf dem
Tisch stehen. »Darf ich Ihnen ein kühles Getränk
anbieten?«

»Danke, gerne! Nehme ich eine doppelte Wodka
auf Eis!«

Als Dascha die entsetzten Blicke meiner beiden
Herrchen sieht, bricht sie in schallendes Gelächter aus. Eine Träne kullert ihr über das runde

Gesicht, die sie mit dem Handrücken fortwischt. »Ist altes Russenwitz. Nur Witz, du verstehen? Nehme ich ein Cola aber ohne Zucker.« Sie zeigt auf ihren molligen Bauch. »Muss Dascha aufpassen auf Figur, sonst fett werden wie Matrjoschka.«

Uwe gießt das gewünschte Getränk in ein Glas, dabei huscht ein freundliches Lächeln über sein Gesicht.

»Dann erzählen Sie uns doch bitte ein wenig. Haben Sie bereits Hotelerfahrung als Zimmermädchen oder Frühstückskraft gesammelt?«

»Oh ja, habe ich viele Jahre gearbeitet in kleines Hotel in Nachbarort. Dascha haben ganzes Hotel immer gut in Ordnung gehalten. War sehr schönes Zeit dort. Chefin sehr gute Frau, immer gelacht viel über Daschas Russenwitz.«

»Aber, warum sind Sie denn nicht in dem Hotel geblieben, wenn es Ihnen so gut dort gefallen hat?« Oliver gießt sich ebenfalls etwas von der sogenannten Cola in ein Glas.

»Das sehr traurige Geschichte, sehr, sehr traurige Geschichte ...« Die Frau, die eben noch so fröhlich war, greift nach einer Serviette, die auf dem Tisch liegt und tupft sich damit die Augen ab. »Chefin immer stark und gesund wie Pferd, doch eines Tages ist geworden sehr krank. Hat bekommen böses Krebs. Dascha bei ihr gewesen bis zum Ende, habe Chefin gewaschen, gefüttert und getröstet, wenn hatte schlimme Schmerzen.« Sie blickt mit feuchten Augen nach oben. »Nun liebe Chefin seien an besseres Platz und ohne Schmerzen. Ich mich freue, wenn ich sehe sie eines Tages wieder, oben in Himmel.«

Für einen Moment sind die drei Menschen ganz still, sie scheinen in ihren Gedanken nicht mehr hier in diesem Raum zu sein, als Uwe tief Luft holt.

»Könnten Sie sich vorstellen, hier bei uns und unseren beiden Damen für Ordnung zu sorgen?« Er deutet mit dem Finger neben den Schreibtisch, wo Layla und ich mittlerweile gespannt nebeneinanderhocken. »Ich für meinen Teil habe da ein ziemlich gutes Gefühl.«

Die kräftige Frau schaut uns aus großen Augen an, dann sinken ihre Mundwinkel nach unten. »Oh, nein! Wie bin ich traurig jetzt! Bin ich sicher, seien gute Männer und ich gerne hier arbeiten. Aber wenn Hunde hier in Hotel ich nix gesund. Habe schlimmes Allergie für Hundehaare.« Sie scheint einen Moment zu überlegen. »Die zwei Schönen seien einziges Hund oder Gäste bringen auch mit?«

»Wir sind ein sehr hundefreundliches Haus und haben schon einige Gäste, die nicht ohne ihren Vierbeiner zu uns kommen möchten.« Oliver zuckt mit den Schultern.

»Oh nein! Ist so schade, ich so gerne arbeiten hier bei zwei liebe Männer ... aber nix gehen. Wenn ich mit viele Hundehaare, ich nix bekomme Luft und sehe aus wie russisches Zupfkuchen. Ist nix schönes Anblick für Gäste, du mir glauben.«

Dascha steht langsam auf. »Ich wirklich sehr traurig. Aber leider alles nix helfen. Wünsche ich euch ganz viel Glück, ganz bestimmt haben verdient.« Sie drückt meine beiden überraschten Herrchen an ihren wuchtigen Busen.

Als sich Uwe aus der Umarmung befreit hat, greift er nach dem Telefon. »Dascha, bitte warten Sie noch einen Moment! Ich habe da eine Idee.«

Er tippt ein paar Nummern in den Hörer und hält ihn sich ans Ohr.

»Hallo, Gudrun! Du suchst doch noch ein Zimmermädchen für dein Hotel, habe ich das richtig im Kopf?« Er lauscht für einen Moment. »Und

Hunde nehmt ihr immer noch nicht, ist doch auch richtig?« Er schaut Dascha an und nickt ihr aufmunternd zu. »Gott, nein! Das ist total in Ordnung, aber jetzt hör mir doch bitte mal zu! Ich habe hier eine unglaublich liebenswerte Dame im Büro sitzen und ich glaube, sie könnte genau die Richtige für dich sein.« Erneut hört er zu, was das Telefon zu erzählen hat. »Ist gebongt! Ich schicke sie dir sofort vorbei. Du hast doch sicherlich eine Flasche Wodka im Haus, nehme ich an?« Mein Herrchen grinst die überraschte Dascha schelmisch an und hält mit der Hand den Hörer zu. »Ist altes Russenwitz ...«, flüstert er leise, woraufhin die drei Menschen in gackerndes Gelächter ausbrechen.

ALLEIN ZU HAUSE

—

Am Abend sitzen meine beiden Menschen auf dem Sofa und lassen die Ereignisse des Tages Revue passieren. Layla und ich liegen auf dem Teppich und genießen eine Kaustange, die uns mein Herrchen gegeben hat. Er hat gesagt, dass von diesen besonders harten Rollen unsere Zähne gesund bleiben. Ich weiß zwar nicht, wie das funktionieren soll, aber einen leckeren Geschmack haben sie in jedem Fall.

»Was für ein Pech, dass ausgerechnet diese Dascha eine Hundeallergie hat. Ich glaube, die hätte wirklich ganz gut zu uns gepasst. Sie hatte einen herrlichen Humor, der mir echt gut gefallen hat.« Uwe greift nach einem Kissen und stopft es sich in den Rücken.

»Ich denke auch, dass wir sehr viel Spaß mit ihr gehabt hätten, aber leider können wir da wohl nichts machen. Dascha war aber auch wirklich die einzige Bewerberin, die ich auf unsere Gäste losgelassen hätte. Unglaublich, was sich da so vorgestellt hat.« Oliver schüttelt den Kopf. »Ich habe das Inserat noch einmal zum Bayerwald-Boten geschickt – schauen wir mal, was uns dann bei der nächsten Bewerbungsrunde ins Haus schneit.« Er lehnt sich zurück und streckt seine Beine aus. »Wann holt uns Barbara noch gleich zum Kino ab?«

»Ich denke so gegen 18:00 Uhr, plus minus 20 Minuten – du weißt ja, wie unpünktlich sie ist.«

»Und du bist ganz sicher, dass wir uns ausgerechnet diesen Film reinziehen müssen? Mir wird immer schon ganz anders, wenn ich den furchtbaren Titelsong im Radio höre – ein schreckliches Gewimmer ist das!«

»Heute kommst du mir nicht davon, mein lieber Oliver. Du hast versprochen, dass ICH den Film dieses Mal aussuchen darf. Außerdem steht Barbara ganz genauso wie ich auf Liebesschnulzen und auf den Hauptdarsteller mit seinen unglaublichen Brustmuskeln natürlich auch!«

»Das kann ja heiter werden! Hoffentlich gibt es genug Bier im Kino, damit ich den Film auch ein wenig genießen kann. Gibst du mir gerade mal die Wasabi-Nüsse?« Oliver greift nach der angereichten Schale und lässt sich noch ein bisschen weiter in das Polster sinken, als die Türglocke schrillt. Sofort lasse ich meine Kaustange fallen, egal wie gesund auch immer sie für meine Zähne ist, und beginne lautstark zu kläffen. Dabei renne ich völlig planlos von rechts nach links und nehme mir vor, den sicherlich hochgefährlichen Eindringling in die Flucht zu schlagen. Während ich langsam zu Hochtouren auflaufe, knabbert Layla in aller Ruhe und völlig unbeeindruckt weiter auf ihrer Kaustange herum.

»PHOEBE! VERDAMMT NOCHMAL!« Uwe brüllt in meine Richtung, was mich nur noch lauter bellen lässt. Oliver schüttelt den Kopf und verlässt den Raum in Richtung Hausflur. Als ich von dort Barbaras Stimme höre, beruhige ich mich wieder. Ich wedele freudig mit dem Schwanz und springe zur Türe, als mir meine Kaustange wieder einfällt. Also laufe ich zurück zu meinem Platz auf dem Teppich und widme mich wieder dem gesunden Leckerbissen.

»Schatz, beeilst du dich? Barbara steht im Halteverbot!« Olivers Kopf erscheint in der offenen Türe.

»Einen Moment noch, ich muss mich doch von meinen beiden Goldstücken verabschieden.«

Uwe bückt sich herab und beginnt auf uns einzureden. »Und dass ihr mir schön brav seid, ihr Süßen. Wir sind auch ganz bestimmt nicht lange weg. Und wenn das Herrchen wieder da ist, gibt es noch ein feines Leckerchen.«

Während er weiterspricht, verdreht Oliver genervt seine Augen. »Uwe, bitte! Wir sind höchstens für drei Stunden weg. Ich denke, dass Phoebe und Layla das psychisch verkraften werden.«

»Ja verdammt, ich komme ja schon.« Mit einem letzten Blick in meine Richtung steht mein Herrchen auf und verlässt das Wohnzimmer. Als ich höre, wie die schwere Eingangstüre zuschlägt, blicke ich Layla begeistert an.

»Jetzt sind wir alleine im Haus! Wollen wir doch mal schauen, wie wir uns den Abend vertreiben ...«

Hastig verschlinge ich den Rest meiner Kaustange und stehe mit einem Satz auf den Beinen, was Layla mit einem besorgten Blick zur Kenntnis nimmt. Zuerst flitze ich ins Schlafzimmer und springe auf das Menschenbett – und zwar mitten auf die weichen Kopfkissen, auf denen ich normalerweise nichts zu suchen habe. Ich wälze mich knurrend hin und her, wobei ich mit meinen Pfoten wild in der Luft herumzapple. Unglaublich, wieviel Spaß das macht, und meinen Geruch kann ich so auch noch auf den Kissen hinterlassen. Layla schaut vorsichtig in das Schlafzimmer hinein und beobachtet mich fassungslos. »Phoebe, bist du wahnsinnig geworden? Hast du vergessen, dass dein Platz ganz unten im Bett ist?« Sie schleicht ins Zimmer und wirft mir einen ängstlichen Blick zu. »Komm schnell wieder runter, dann bemerken unsere Herrchen vielleicht nicht, was du getan hast!«

»Das werde ich ganz sicher nicht machen – der Spaß fängt doch gerade erst an!« Ich lasse ein Knurren verlauten, bei dem Layla ganz große Augen bekommt. »Los jetzt! Hier ist genug Platz für uns beide und gemütlicher als der Teppich unter dem Tisch ist es allemal.« Vergnügt schaue ich von Layla zum Menschenkissen und wieder zurück. Sie hat sich ganz flach auf den Boden gelegt und zuckt unsicher mit der Schwanzspitze. Ich befürchte schon, dass Layla das Schlafzimmer jeden Moment verlassen wird, als sie mit einem verzweifelten Jaulen Anlauf nimmt und plötzlich neben mir im Bett sitzt. Für einen Moment scheint sie von ihrem eigenen Mut überrumpelt zu sein, bis sie beginnt, ebenfalls ein wenig herumzurollen. Zwar nur ganz zaghaft und auch nur am unteren Ende des Bettes, aber immerhin.

Als wir uns ordentlich ausgetobt haben und das Bett aussieht, als hätte eine ganze Bärenfamilie darin geschlafen, nehmen wir Kurs auf das Wohnzimmer. Dort entdecke ich die Schale mit den seltsamen, grünen Nüssen, die meine Herrchen vergessen haben in den Schrank zu stellen, bevor sie das Haus verlassen haben.

Meine Nase beginnt wie von selbst zu schnüffeln, als ich zu dem Tisch spaziere, auf dem die Nüsse ihren eigenartigen Geruch verströmen. Ich spüre Laylas tadelnden Blick in meinem Rücken, doch werde ich auf mir unerklärliche Weise magisch angezogen. Ich schnüffle ein letztes Mal an den grünen Kugeln und werde von einem plötzlichen Heißhunger übermannt. Gierig schnappe ich in die Schüssel hinein ... – ... als mir schwarz vor Augen wird. Mein Maul brennt wie Feuer und ich spucke die widerlichen Nüsse entsetzt zu Boden. Tränenblind stoße ich dabei gegen die Schale, die vom Tisch fällt und ihren Inhalt über den Wohnzimmerteppich ergießt. Während die grünen Kugeln nun fröhlich über die Erde kullern, kann ich nur noch daran denken, so schnell wie möglich zu meinem Wassernapf zu flitzen.

Als das Brennen endlich ein wenig nachgelassen hat, schaue ich mich erleichtert um und entdecke Layla, die mir einen schadenfrohen Blick zuwirft, den ich ihr ehrlich gesagt gar nicht zugetraut hätte.

Da unsere Herrchen immer noch nicht zu Hause sind, überlege ich nun, was als nächstes zu tun ist. Mit hoch erhobenem Schwanz stolziere ich durch das Wohnzimmer, wo ich den guten Ohrensessel entdecke, der für Layla und mich strengstens verboten ist. Der Sessel scheint etwas ganz Besonderes zu sein, denn meine Herrchen streiten sich häufig, wer dort sitzen darf. Wenn Olivers Eltern zu Besuch sind, ist der gute Sessel allerdings immer für seine Mutter reserviert. Meine Herrchen nennen sie heimlich Queen Mum, wobei ich mir nicht ganz sicher bin, ob das als Kompliment gemeint ist.

Noch bevor ich weiß, was ich tue, lande ich mit einem beherzten Sprung mitten in der verbotenen Zone und mache es mir dort gemütlich. Diesmal muss ich Layla nicht besonders lange überzeugen und kaum habe ich mich auf dem großen Sessel zusammengerollt, macht sie einen Satz und liegt auch schon neben mir. Zufrieden grunzend kuscheln wir uns aneinander und sind schon bald im Reich der Hundeträume verschwunden.

Ein lautes Grollen weckt mich nur wenig später. Verschlafen öffne ich die Augen und stelle fest, dass der Platz neben mir leer ist. Während dicke Regentropfen an die Fensterscheibe klopfen, erhellt ein Blitz das Wohnzimmer. Ich springe auf den Boden und lasse meinen Blick langsam umherschweifen, kann Layla jedoch nirgends entdecken. Als das Grollen für einen Moment etwas leiser wird, höre ich ein Hecheln, das aus der Küche zu kommen scheint. Mit eingezogenem Schwanz verfolge ich das Geräusch und entdecke Layla, die unter der Eckbank liegt und ihren zitternden Körper fest an die Wand drückt. Ihre Augen sind weit geöffnet und ich sehe eine Pfütze, die sich unter ihrem Bauch gebildet hat. Ein ängstliches Wimmern verlässt Laylas Kehle, als sie mich erblickt. Vorsichtig lege ich mich zu ihr und schmiege meinen kleinen Körper ganz nah an das unangenehm feuchte Fell. Als ein lauter Donner ertönt, zuckt Layla panisch zusammen und ich kann nichts anderes machen, als einfach nur bei ihr zu sein. Für eine lange Zeit liegen wir dicht beieinander, bis das Gewitter endlich leiser wird, um sich kurz darauf komplett zu verziehen.

Langsam beginne ich über Laylas Augen zu schlecken, weil ich weiß, wie sehr sie das jedes

Mal beruhigt. Als ich mich anschließend auch ihren Schlappohren widmen will, schaut sie mich traurig an und atmet tief aus.

»Jedes Mal, wenn ein Gewitter aufzieht, habe ich diese schrecklichen Erinnerungen in meinem Kopf. Sie sind einfach da, ohne dass ich etwas dagegen tun kann.« Erneut erzittert Laylas Körper, diesmal jedoch nicht mehr so heftig, wie noch kurz zuvor. »Ich habe viele Jahre auf der Straße gelebt, in einem fernen Land, in dem es den meisten Hunden nicht so gut geht wie hier. Doch war ich trotzdem glücklich, denn ich hatte meine kleinen Welpen, mit denen ich in einem Schuppen Unterschlupf finden konnte. Ach, wenn du die drei nur gesehen hättest – sie waren so wunderschön.« Layla blickt traurig zu Boden, ihr Körper wirkt mit einem Mal furchtbar klein und schutzlos, als sie den Kopf langsam hebt. »Wir hatten alles, was wir brauchten – wir hatten ja einander. Doch eines Tages, ein schreckliches Gewitter tobte vor den Türen unserer sicheren Scheune, kamen diese Männer, diese schrecklichen Männer ...« Während Layla den Blick erneut sinken lässt, traue ich mich kaum zu atmen und weiß nicht, ob ich erfahren möchte, was als nächstes geschehen ist.

»Wir lagen gerade zusammengekuschelt auf unserem Lager aus Stroh, da kamen sie hereingestürmt. Als sie mir meine Welpen entreißen wollten, habe ich wirklich alles versucht, sie daran zu hindern. Ich habe gebellt, geknurrt, um mich gebissen, doch hatte ich keine Chance.« Layla beginnt unruhig zu hecheln, ihre Augen werden immer größer. »Plötzlich hatte einer der Männer eine Eisenstange in der Hand, die er auf mich niedersausen ließ ... immer und immer wieder. Ich hörte die ängstlichen Schreie meiner Welpen, doch konnte ich ihnen nicht mehr helfen.« Mit leerem Blick starrt Layla an die Wand. »Als ich irgendwann wieder zu mir kam, lag ich ganz alleine in dem Schuppen und meine Welpen waren verschwunden! Ich habe sie danach niemals wiedergesehen ...«

In diesem Moment erfüllt mich ein geradezu unerträglicher Schmerz. Traurig schaue ich in Laylas große Augen.

»Was ist dann geschehen?«

»Mit letzter Kraft habe ich mich durch die Straßen geschleppt, habe nach den Kleinen gesucht und dort irgendwann jede Hoffnung verloren. Eine Urlauberin entdeckte mich und brachte mich zu einem Tierarzt. Es hat sehr lange gedauert, bis ich wieder richtig laufen konnte, doch hat mich der Doktor nicht aufgegeben. Eines Tages ist die Urlauberin zurückgekehrt und nahm mich mit nach Deutschland, in das Tierheim, in dem ihr mich schließlich gefunden habt ...«

Ich drücke mich eng an Laylas Bauch, will ihr beistehen, doch weiß ich in diesem Moment einfach nicht, was zu tun ist. Ich denke an unsere beiden Herrchen, die schon so viel unternommen haben, um Laylas Vertrauen zu erobern und beginne langsam zu verstehen ...

»Weißt du Layla, nicht alle Menschen sind schlecht. Hier bist du endlich in Sicherheit und es wird dir ganz bestimmt nichts geschehen.«

Layla legt den Kopf zu Boden und schaut mich dankbar an.

Lange liegen wir dicht an dicht unter der Eckbank, als sich ein Schlüssel in der Eingangstüre dreht. Normalerweise veranstalte ich ein riesiges Theater, wenn meine Herrchen nach Hause kommen, doch kann ich Layla in diesem Moment einfach nicht alleine lassen. Als unsere Menschen das Haus betreten, höre ich zuerst Uwes verwunderte Stimme. »Phoebe, Layla! Wo steckt ihr denn? Wir sind wieder zu ... Ach du Scheiße, was ist denn hier passiert?« Ich vermute, er hat gerade die Nüsse entdeckt, die im ganzen Wohnzimmer verteilt sind.

»Oliver, komm schnell her! Hier stimmt irgendetwas nicht!«

Ich höre hektische Schritte, die sich nähern, um sich kurz darauf wieder aus der Küche zu entfernen. Leise beginne ich zu winseln, damit unsere Menschen wissen wo wir sind, und tatsächlich erscheinen ihre Beine schon kurz darauf in der Türe.

Oliver geht als erster in die Knie und entdeckt uns in unserem Versteck.

»Ja, was macht ihr zwei denn hier?« Seine Stimme ist ganz ruhig, nur die Augen verraten seine Unsicherheit, als er die Pfütze entdeckt, die sich mittlerweile einen Weg in die Küche gesucht hat. »Schatz, bringst du mir bitte ein großes Handtuch?« Als er hochschaut, schüttelt er den Kopf und legt einen Finger an seine Lippen. Leise, sehr leise spricht er weiter mit uns. »Es ist ja alles in Ordnung. Ihr müsst keine Angst haben – wir sind jetzt wieder bei euch.« Zu gerne möchte ich meine beiden Menschen begrüßen, ihnen über die Finger schlecken, doch kann ich mich einfach nicht von Layla lösen. Einen Moment lang weiß ich nicht, was ich machen soll, als Layla aufsteht und mit langsamen Schritten in Olivers Richtung schleicht. Sie drückt ihren Kopf an seinen Bauch und lässt sich dann mit einem Wimmern der Erleichterung in seine Arme sinken. In der Türe entdecke ich mein Herrchen Uwe. Er hält ein Handtuch fest umklammert und beobachtet das Geschehen bewegungslos. Eine einzelne Träne kullert aus seinem Auge, während Oliver seine Hände zärtlich über Laylas Fell gleiten lässt.

Ich betrachte mein kleines Rudel vom Platz unter der Eckbank und genau in diesem Moment weiß ich ganz sicher, dass irgendwann doch noch alles gut werden wird.

DER WILDE LIEBSTÖCKEL

—

Die nächsten Tage ziehen ins Land und ich muss sehr oft daran denken, was Layla widerfahren ist, bevor sie den Weg zu uns gefunden hat. Immer wieder ertappe ich mich dabei, sie noch stärker beschützen zu wollen als bisher, obwohl ich doch immerhin drei Hundeköpfe kleiner bin als sie.

Auch unsere beiden Menschen bemühen sich, noch geduldiger mit ihr zu sein, was sich langsam auszuzahlen beginnt. Immer öfter sucht Layla ihre Nähe und gestern wäre sie sogar um ein Haar zum Kuscheln zu uns aufs Sofa gesprungen. Leider hat sie im letzten Moment der Mut verlassen und so ist sie dann doch wieder zurück auf ihren Platz unter dem Tisch geschlichen.

Heute will mein Herrchen seine Freundin Barbara besuchen, während sich Oliver in den Montara Suites um die Gäste kümmert. Zum Glück dürfen Layla und ich ihn begleiten, denn selbst die besten Hotelhunde brauchen auch einmal einen freien Tag.

Oliver bringt uns zum Auto und während wir bereits unseren Platz auf der Rückbank eingenommen haben, mustert er das Wageninnere kritisch.

»Sag mal Uwe, wie sieht es denn hier schon wieder aus? Du bist wirklich in einer wandelnden Müllhalde unterwegs.«

»Ich weiß auch nicht, wie das immer passiert.« Mein Herrchen zuckt mit den Schultern. »Selbst wenn mein Auto frisch geputzt ist – kaum habe ich zweimal darin gesessen, sieht es wieder so aus. Ich bin da irgendwie machtlos.«

»Na, mir soll es egal sein. Solange es die Hunde nicht stört und ich es nicht saubermachen muss.« Oliver beugt sich in das Auto hinein und krault zuerst Layla und dann mir kurz über den Kopf. »Ich wünsche euch ganz viel Spaß und richte liebe Grüße aus!«

Nachdem er die Autotüre vorsichtig geschlossen hat, beginnt der Motor zu brummen und wir fahren los. Während Layla zusammengerollt auf der Rückbank liegt und nur ab und zu die Augen öffnet, schaue ich aufgeregt aus dem Fenster und versuche, nichts zu verpassen. Als ich ein Eichhörnchen in einem Baum entdecke, kann ich mein Glück kaum fassen und springe kläffend hin und her. Mein Herrchen will schon anfangen mit mir zu schimpfen, doch als er Layla neben mir sitzen sieht, die ein vorsichtiges Brummen von sich gibt, huscht ein Lächeln über sein Gesicht. So dreht er das Radio einfach ein wenig lauter und konzentriert sich wieder auf die Straße.

Wenige Minuten später erreichen wir das Haus, in dem Barbara mit ihrem Angelo wohnt. Sein Bellen dringt lautstark ins Innere des Autos, obwohl die Türen noch fest verschlossen sind. Uwe verdreht die Augen und steigt aus. Barbara, die wie so oft in ein paar bunte Tücher gehüllt ist, öffnet schimpfend das Gartentor.

»Angelo, verdammt nochmal! Jetzt halte doch endlich deine vorlaute Klappe, bevor ich dir deinen dürren Hals herumdrehe!« Sie versucht Angelo mit dem Fuß zurückzudrängen, doch der ist bereits hindurchgeflutscht und steht nun kläffend vor meinem Herrchen.

»Um Himmels willen, friss mich bloß nicht zusammen!« Uwe grinst den mageren Hund unbeeindruckt an und lässt uns aus dem Auto heraus. Nur ganz kurz wedelt Angelo mit dem Schwanz, um sein Kläffkonzert dann fortzusetzen. Als er wild knurrend vor Layla auf und ab hüpft, gehe ich sofort dazwischen und ziehe meine Lefzen warnend in die Höhe. Tief beeindruckt tritt Angelo den Rückzug in Richtung Garten an, nicht ohne noch ein letztes Knurren von sich zu geben. Mit stolz erhobenem Schwanz folge ich ihm durch das Tor und sehe aus dem Augenwinkel Layla, die mit einem dankbaren Blick in den Augen hinter mir her trabt.

Im Garten angekommen, scheuche ich Angelo ein wenig durch die Büsche, bis ich einen köstlichen Geruch wahrnehme. Barbara wedelt mit ein paar dunklen Stangen in der Luft herum, die so unglaublich gut duften, dass ich ganz nervös werde. Sofort unterbreche ich meine Jagd und springe zu unseren Menschen. Ich setze mich vor Barbaras Füße und schaue sie mit einem Blick an, als hätten meine Herrchen seit drei Wochen vergessen, meinen Hundenapf mit Futter zu füllen. Layla und Angelo scheinen die gleiche Idee gehabt zu haben und so hocken wir schon bald zu dritt vor der lächelnden Frau und hecheln sie schwanzwedelnd an.

»Ich hasse diese stinkenden Ochsenziemer! Aber ihr drei Racker scheint ja ganz verrückt danach zu sein.« Barbara hält zuerst Layla eine der Stangen vor das Maul, doch traut sie sich nicht, nach der Leckerei zu schnappen. Erst als ich sie mit der Nase anstupse, nimmt sie den Festschmaus vorsichtig aus der Menschenhand und trägt ihn zu einem schattigen Platz unter einem Baum.

Angelo und ich sind bei der Übergabe unserer Kaustangen nicht ganz so zaghaft und gesellen uns zu dem Futterplatz, den Layla ausgesucht hat.

Eine Zeit lang widme ich mich meiner köstlichen Ausbeute und vergesse die Welt um mich herum. Angelo jedoch schielt aus dem Augenwinkel immer wieder herüber zu Layla, die zufrieden schmatzend im Gras liegt. Als er unauffällig in ihre Richtung robbt, wohl um ihr die Kaustange abzuluchsen, entweicht meiner Kehle ein Knurren, das mich selber erschrecken lässt. Mit einem grimmigen Blick rutscht Angelo zurück auf seinen Platz und widmet sich widerwillig seinem eigenen Leckerchen.

Nicht weit von uns entfernt steuern unsere beiden Menschen einen Tisch an, auf dem bereits ein Teller mit Kuchen auf sie wartet.

»Und, wie läuft es mit Angelo?«, will mein Herrchen wissen.

»Ach, Uwe, wenn du nur wüsstest ...«, Barbara lässt sich auf einen Stuhl sinken und schüttelt mit dem Kopf, wobei ihre großen Ohrringe klimpernd hin- und herschaukeln. »Ich weiß einfach nicht mehr weiter. Stell dir nur vor, erst gestern ist die Edeltraud von gegenüber auf einen Sprung vorbeigekommen, um mir ein paar Gläser ihrer selbstgemachten Marmelade zu bringen.« Sie zeigt mit der Hand in unsere Richtung und atmet tief aus. »Dieses kleine Mistvieh hat in allen Tonlagen geknurrt und sie vom Grundstück vertrieben. Die arme Frau hat einen Schrecken fürs Leben bekommen und die leckere Marmelade ist ihr zu guter Letzt dann auch noch auf den Boden gekracht. Das war vielleicht eine Sauerrei kann ich dir sagen.«

Uwe beginnt zu lachen, verstummt jedoch sofort, als ihn der strenge Blick seiner Freundin trifft.

»Das ist nicht lustig! Er ist hinter meiner Nachbarin hergejagt und hat sie durch die halbe Siedlung verfolgt. Uwe, die Frau ist 82 Jahre alt!« Barbara streicht sich eine Haarsträhne hinter ihr Ohr. »Allerdings habe ich die Edeltraud noch nie so schnell rennen sehen. Ich könnte mir vorstellen, dass sie ihre Knieprobleme zumindest für ein paar Minuten vergessen hat.« Sie grinst mein Herrchen schelmisch an. »Noch Kaffee?«

»Barbara, ich habe es dir schon einmal gesagt: Es gibt ganz sicher einen Grund dafür, dass ausgerechnet Angelo bei dir gelandet ist. Und sagst du schließlich nicht auch immer, dass Zufälle eine dumme Erfindung von uns Menschen sind?«

»Ja schon, aber ich weiß trotzdem nicht, was ich mit diesem Teufel noch anstellen soll. Ich habe bereits mit Doktor Paulus gesprochen, ob eine Kastration eventuell etwas ändern könnte.«

Bei Barbaras letzten Worten huscht ein schmerzverzerrter Blick über das Gesicht meines Herrchens. »Bist du sicher, dass du dem armen Kerl das antun möchtest? Ich meine, er hat doch nur diese zwei kleinen Bällchen. Und wer weiß, am Ende braucht er sie irgendwann einmal.«

Barbara lehnt sich schmunzelnd zurück und legt eine Hand auf Uwes Knie.

»Du kannst wieder durchatmen! Doktor Paulus denkt nicht, dass eine Kastration viel verändern würde.« Sie schüttelt den Kopf. »Dass ihr Kerle bei diesem Thema aber auch immer zusammenhalten müsst.«

Erleichtert greift mein Herrchen nach einem großen Messer und lädt sich noch ein Stück Kuchen auf den Teller.

Während die beiden nun einen Moment lang schweigend nebeneinandersitzen und das Menschenfutter genießen, frage ich mich, von welchen Bällchen sie da gerade gesprochen haben. Wie sollen Bälle dafür sorgen, dass Angelo weniger Unsinn anstellt? Und was hat Doktor Paulus mit der ganzen Sache zu tun? Ich bin noch ganz in meine Gedanken vertieft, als Barbara ihre Gabel zur Seite legt und mein Herrchen mit ernstem Blick anschaut. »Uwe, es gibt da übrigens eine Neuigkeit, von der ich dir eigentlich noch nichts erzählen wollte. Aber ich kann es einfach nicht für mich behalten.«

Interessiert richtet sich mein Herrchen auf. »Na, da bin ich aber mal gespannt. Schieß einfach los, ich bin ganz Ohr!«

»Weißt du, ich habe in der letzten Zeit sehr intensiv meditiert, wirklich sehr intensiv und habe dabei meine weibliche Seite wiederentdeckt, die ich in der Vergangenheit doch sehr sträflich vernachlässigt habe.« Barbara wickelt eine Haarsträhne um ihren Finger und klimpert mit den Augen. »Deshalb habe ich beschlossen, einen sinnlichen Roman zu schreiben, der in unserer wunderschönen Heimat angesiedelt ist. Weißt du, so etwas wie Fifty Shades of Bayerwald ...«

Für einen kurzen Moment starrt Uwe seine Freundin sprachlos an, dann ist er nicht mehr zu halten.

»Mensch Barbara, ich wusste ja gar nicht, welche Talente in dir schlummern! Einen sinnlichen Roman – ich glaube es ja nicht! Hast du denn schon etwas geschrieben, das du mir zeigen kannst? Bitte, bitte, bitte! Ich bin ja sowas von gespannt.«

Barbara ziert sich zwar ein wenig, macht sich dann aber doch auf den Weg ins Haus, um kurz darauf mit einem dicken Heft in der Hand zurückzukehren.

»Viel habe ich ja bis jetzt noch nicht zu Papier gebracht, aber ein bisschen was kann ich dir schon vorlesen. Bevor ich loslege, erkläre ich dir aber noch kurz, worum es in meinem Roman genau geht.« Sie setzt ihre Brille auf und blättert ein paar Seiten um. »Also, im Prinzip handelt die Geschichte von der drallen Gisela, einer Wanderführerin aus Unterschlauersbach, die in die Jahre gekommen ist. Ihr Mann Hubert hat schon lange das, ... sagen wir mal, *körperliche Interesse* an ihr verloren und hockt lieber mit seinen versoffenen

Kumpanen im Wirtshaus herum. Ach, das arme, arme Ding ...« Barbara greift nach ihrer Kaffeetasse und nimmt einen großen Schluck. »Nun ja, in jedem Fall begegnet ihr eines Tages im Gartencenter der schweigsame Alois, ein Fachverkäufer in der Abteilung für Freilandpflanzen. Und genau hier steigen wir jetzt ein!« Uwes Freundin rückt ihr Sitzkissen zurecht und beginnt mit tiefer Stimme vorzulesen.

»Sie schlenderte durch das gutsortierte Gartencenter und bewunderte die vielen schönen Dinge, die sich ihren smaragdgrünen Augen offerierten. Eine beeindruckende Bananenstaude, die ihren Weg aus dem fernen Costa Rica ins beschauliche Unterschlauersbach gefunden hatte, erregte ihre besondere Aufmerksamkeit. Die Form der appetitlichen Früchte erinnerte sie an längst vergangene Freuden, die sie mit ihrem Mann Hubert vor viel zu langer Zeit erleben durfte, wobei ihr die gelbe Farbe dabei doch ein wenig befremdlich vorkam. Aufgeregt ließ sie die Finger über einen gut geölten Terrassentisch aus dem Sonderverkauf für reduzierte Gartenmöbel gleiten, als sie ihn erblickte. Der hünenhafte Mann stand breitbeinig vor einem Regal mit Gartenkräutern, die er mit dem Wasser seiner roten Sprühflasche vorsichtig, fast zärtlich, benetzte. Gisela konnte in diesem Moment

nur daran denken, selbst eine der zierlichen Pflanzen zu sein und erschauderte. Ihr Blick glitt tastend am Körper des Mannes hinab, verweilte für einen Augenblick an seinem strammen Bierbäuchlein, um dann weiter nach unten zu wandern, wo sie sein prächtiges Liebstöckel vermutete. Langsam machte sie ...«

»LIEBSTÖCKEL? Wie jetzt?« Während mein Herrchen die Augenbrauen verwirrt nach oben zieht, kauen Layla, Angelo und ich begeistert auf unseren Ochsenziemern herum und versuchen, kein Wort zu verpassen.

Barbara setzt ihre Brille ab und fächert sich mit der Hand Luft zu. »Ganz schön heiß, nicht wahr? Oder denkst du, das mit dem Liebstöckel ist schon zu viel des Guten? Ich möchte schließlich meinen anständigen Ruf in der Nachbarschaft nicht verlieren, wenn der Roman irgendwann veröffentlicht wird.«

»Ich glaube nicht, dass sie dich wegen einem heißblütigen Küchenkraut gleich lynchen werden.« Uwe schaut seiner Freundin in die Augen. »Aber hey, die Nummer mit der Sprühflasche ist wirklich mal etwas ganz anderes. Sonst fuchteln die in solchen Büchern ja am liebsten mit Handschellen und Straußenfedern in der Gegend herum. Ich wünsche dir alles Glück der Welt und hoffe, dass du mir nicht abhebst, wenn du erst einmal berühmt geworden bist.«

»Ach, darum geht es mir doch gar nicht.« Barbara faltet die Hände auf dem Tisch zusammen. »Es ist nur so, dass ihr alle irgendetwas Besonderes macht. Anna strebt eine Karriere in der Politik an. Oliver und du, ihr habt euer wunderschönes Hotel. Doch was ist mit mir? Ich gebe ein paar Gitarrenstunden und braue irgendwelche Kräutertränke zusammen, aber das war es dann auch schon.«

Nur kurz sitzen die beiden Menschen schweigend am Tisch, bis Uwe nach Barbaras Hand greift.

»Kleines, du gibst den Menschen um dich herum so viel mehr als ein paar Musikstunden. Du musst kein Buch schreiben, um ein ganz besonderer Mensch zu sein.«

»Lieb, dass du das sagst, Uwe! Aber versuchen will ich es trotzdem, schließlich muss ich doch wissen, wie es mit der drallen Gisela weitergeht!« Ein Grinsen huscht über Barbaras Gesicht, als sie das Heft zuklappt und neben ihren leergegessenen Teller legt.

Ich habe meine Kaustange schon längst verputzt und halte gerade einen kleinen Verdauungsschlaf, als ich das Geräusch meiner Hundeleine höre. Mit einem Satz stehe ich auf den Pfoten und renne zu meinem Herrchen, weil ich ziemlich genau weiß, was die Leine in seiner Hand zu bedeuten hat. Auch Layla macht sich auf den Weg in unsere Richtung und scheint sich auf den nun bevorstehenden Spaziergang zu freuen. Nur Angelo erweckt nicht den Eindruck, als wäre er besonders wild darauf, mit uns Gassi zu gehen. Er gähnt herzhaft und streckt sich in alle Richtungen, doch verrät ihn seine Schwanzspitze, die unkontrolliert auf den Boden klopft. Scheinbar gelangweilt schlendert er zu seinem Frauchen und lässt sich die Leine anlegen.

Kaum haben wir jedoch den Garten verlassen, wird Angelo mit einem Mal lebendig. Er zerrt die fluchende Barbara von links nach rechts und es sieht wirklich so aus, als würde der langbeinige Hund mit seinem Frauchen spazieren gehen und nicht umgekehrt. Layla mustert die beiden aus ihren kugelrunden Augen, während sie ganz brav neben unserem Herrchen herläuft. Ich flitze nach vorne und stupse Angelo ziemlich unsanft in Barbaras Richtung. Als er sein Tempo nicht verringert, stupse ich ihn erneut an, wobei ich dieses Mal ein leises Knurren verlauten lasse. Für ein paar Schritte bemüht er sich, Barbara nicht durch die Gegend zu ziehen, als eine grauhaarige Frau um die Ecke biegt. Ihre Augen werden riesengroß und ihr schmächtiger Körper versteift sich bei unserem Anblick augenblicklich. Angelo plustert sich auf und beginnt in den wildesten Tonlagen zu kläffen, was ich beim besten Willen nicht ernst nehmen kann – für die grauhaarige Frau scheint seine Vorstellung jedoch völlig auszureichen. Während Barbara versucht das knurrende Fellbündel zu beruhigen, macht die schockierte Frau auf dem Absatz kehrt und tritt mit einer ziemlich bleichen Gesichtsfarbe die Flucht an.

»Das war übrigens meine Nachbarin Edeltraud, von der ich nun wohl endgültig keine Marmelade mehr zu erwarten habe ...« Barbara schüttelt traurig den Kopf. »Ach, Uwe! Was habe ich nur verbrochen?«

Mein Herrchen will gerade antworten, als Angelo mir einen verschlagenen Blick zuwirft und mit einem Sprung laut bellend losläuft. Die Leine gleitet der überraschten Barbara aus der Hand und schon ist Angelo aus ihrer Reichweite verschwunden.

Während sich Layla ganz eng an Uwes Beine drückt, nehme ich die Verfolgung auf und versuche, ihm den Weg abzuschneiden, doch ist Angelo mit seinen langen Beinen einfach zu schnell für mich. Er biegt um die Ecke, seine Leine schnellt zischend hinterher und ... verfängt sich in einem Gartenzaun. Unsanft wird die Flucht abgebremst und es dauert nicht lange, bis Barbara ihren Schützling erreicht hat. Dieser hängt jaulend in seiner Leine und schnappt wahllos um sich. Mit aufgestelltem Rückenfell laufe ich zu dem zappelnden Bündel und hebe meine Lefzen bedrohlich an. Doch erst als ein warnendes Knurren meine Kehle verlässt, versteht Angelo, dass ich keinen Spaß mache, auch wenn ich noch so klein und unschuldig aussehe.

Nachdem Barbara die völlig verknotete Leine endlich vom Zaun entfernt hat, wickelt sie sich die Schlaufe mehrfach um die Hand und zieht den leise vor sich hin grummelnden Ausreißer unsanft mit sich.

Schweigend gehen unsere beiden Menschen nebeneinander her und selbst Angelo scheint zu bemerken, dass er den Bogen dieses Mal überspannt hat. Als wir an einer Bank vorbeikommen, die auf einer Wiese in der Sonne steht, seufzt Barbara laut auf. »Lass uns eine kleine Pause einlegen. Irgendwie ist mir die Lust auf unseren

Spaziergang gehörig vergangen.« Sie streift ihre Schuhe ab und stellt die Füße auf das kühlende Gras. »Ich stoße mit diesem Hund wirklich an meine Grenzen. Was soll ich denn nur machen? Jetzt ist der kleine Teufel doch schon so lange bei mir und irgendwie geht es nicht voran mit ihm. Ich habe keine Ahnung, wie lange meine Nerven das noch mitmachen.« Barbara lässt den Kopf in ihre Hände sinken und beginnt hemmungslos zu schluchzen.

Während Uwe den Arm um seine Freundin legt, scheint in Angelo irgendetwas vorzugehen. Er schaut unsicher von mir zu seinem Frauchen und dann wieder zurück in meine Richtung. Langsam, mit eingezogenem Schwanz schleicht er zu der Bank, auf der unsere beiden Menschen noch immer betrübt nebeneinandersitzen und legt den Kopf auf Barbaras Schoß. Ein paar Tränen purzeln auf Angelos Fell, was ihn jedoch nicht zu stören scheint. Barbara lässt ihre Hände sinken und als sich die Blicke der beiden treffen, geschieht etwas Seltsames: Die Zeit scheint für einen Moment stillzustehen, als ein zaghaftes Lächeln das Gesicht von Barbara erobert. Gebannt schaue ich zu Angelo und entdecke so viel Liebe in seinen Augen, dass ich kurz vergesse, Luft zu holen.

Wir verweilen noch sehr lange auf der kleinen Wiese, und als wir später aufbrechen, um unseren Spaziergang zu beenden, erkenne ich ein zartes Band zwischen Angelo und seinem Frauchen, das für die meisten Menschen völlig unsichtbar ist.

WAT EINE ÜBERRASCHUNG

—

In der nächsten Zeit treffen wir Angelo und Barbara noch sehr häufig und tatsächlich versucht er, seinen Unsinn ein wenig im Zaum zu halten.

Er stellt zwar immer noch genug Schabernack an, bei dem Layla teilweise die Ohren vor lauter Fassungslosigkeit schlackern, doch bemüht er sich wirklich.

Heute werden wir die beiden wohl nicht sehen, denn mein Herrchen hat gesagt, dass wir sehr viel Arbeit im Hotel haben und jede Hand gebraucht wird. Auf dem Weg in die Montara Suites schaut Uwe immer wieder nervös auf seine Uhr. Mit einem Mal bleibt er stehen.

»Oliver, du musst mir versprechen, dass du gleich nicht böse mit mir bist! Egal was passiert, du musst bitte ganz ruhig bleiben!«

»Verdammt, Uwe! Was hast du denn nun schon wieder angestellt? Ist irgendetwas mit dem Auto?«

»Keine Panik, zu der Beule, die ich letzten Monat reingefahren habe, ist keine mehr dazugekommen. Aber ich habe da etwas organisiert und weiß mittlerweile nicht mehr, ob das so eine besonders gute Idee gewesen ist.«

Olivers Augen verengen sich zu ganz kleinen Schlitzen. »Du willst mir doch hoffentlich keinen dritten Hund aufschwatzen? Zweimal hast du das ja ziemlich clever eingefädelt, aber irgendwann muss auch mal Schluss sein.«

Erschrocken blicke ich meine beiden Herrchen an und warte auf Uwes Antwort.

»Himmel nein, das ist es nicht. Aber weißt du, wir hatten doch so viel Stress in den letzten Monaten und irgendwie habe ich das Gefühl, dass wir zwei dringend nochmal eine Abwechslung brauchen. Na, und da habe ich … da habe ich …«

»Uwe, spuck es einfach aus, ich garantiere sonst für nichts!«

»Na schön! Ich habe da letztens diesen Prospekt vom ALDI mitgenommen und die haben da eine total günstige Minikreuzfahrt durch das Mittelmeer angeboten.«

»Minikreuzfahrt? Mittelmeer? Ich verstehe nur Bahnhof.« Oliver zuckt mit den Schultern.

»Um es kurz zu machen: Unser Flug startet Donnerstagnachmittag in München und dann geht es in Barcelona auf die MS Alibaba – ÜBERRASCHUNG!«

»Sag mal, bist du jetzt komplett durchgedreht? Wir können doch nicht einfach im Mittelmeer herumschippern und Steffi hier mit der vielen Arbeit ganz alleine lassen. Was hast du dir dabei denn nur wieder gedacht?«

»Nun, da habe ich mir schon auch etwas überlegt, aber wie gesagt weiß ich jetzt gar nicht mehr, ob meine Idee wirklich so ...«

In diesem Moment biegt ein gelbes Auto, auf dem das Dach fehlt, laut hupend um die Ecke. Ich erkenne die Frau mit den vielen bunten Farben im Gesicht sofort und beginne aufgeregt mit meinem Schwanz zu wedeln. Auch Oliver scheint gleich zu wissen, wer da in dem Auto sitzt, doch scheint er sich über den Besuch nicht so sehr zu freuen wie ich.

»MARILYN? Sag mir jetzt bitte, bitte nicht, dass Marilyn uns hier vertreten soll! Verdammt! Was hast du nur getan?« Er schlägt sich mit der Hand vor den Kopf.

»Ach, Schatz! Es ist doch nur für ein paar Tage. Und du weißt doch, wie hilfsbereit meine Cousine ist. Sie hat sofort zugesagt, als ich sie angerufen habe.« Uwe winkt der gelockten Frau zu. »Und außerdem haben deine Eltern versprochen, auch ab und zu vorbeizukommen, um nach dem Rechten zu schauen.«

»Meine Eltern mischen auch noch mit? Scheiße, das wird ja immer besser!«

Noch bevor Uwe etwas erwidern kann, hält das gelbe Auto quietschend an. Erleichtert eilt er auf seine Cousine zu und schließt sie fest in die Arme.

»Ne, wat is dat schön. Ich hab euch ja sowat von vermisst.« Marilyn drückt meinem Herrchen mit einem lauten Schmatzen einen Kuss auf die Wange. Seltsamerweise kann man die roten Lippen dort immer noch erkennen, als sie schon längst in Olivers Armen liegt. Ich springe wild kläffend vor Uwes Cousine auf und ab. Als sie mich endlich entdeckt, bückt sie sich zu mir herab, um auch mir meine Streicheleinheiten zu verpassen. »Ne Phoebe, du bist ja immer noch so ein leckeret Zuckerschnütgen. Wat bin ich froh, dat ich endlich wieder bei euch bin.« Marilyn blickt an mir vorbei und bekommt ganz große Augen. »Ach du lieben Jott! Dat muss dann wohl dat Layla sein!«

Uwe lächelt seine Cousine freundlich an. »Sie ist leider noch sehr schüchtern, aber mit der Zeit wird sie sich ganz bestimmt an dich gewöhnen. Sie braucht einfach für alles noch sehr viel …«

Bevor er seinen Satz beendet hat, ist Layla bereits zu der Frau geschlichen und drückt ihren Kopf mit einem wohligen Brummen an ihre Brust. Meine Herrchen und ich sind gleichermaßen überrascht, nur für Marilyn scheint dieser unerwartete Vertrauensbeweis völlig selbstverständlich zu sein. Mit ihren bemalten Augen strahlt sie uns an. »Dat passiert mir andauernd – da kannste nix machen! Die Viecher lieben mich halt einfach.« Sie umfasst Laylas Kopf und krault ihr die Ohren, was ihr ein noch zufriedeneres Brummen entlockt.

Als die drei Menschen etwas später an einem Tisch im Hotel sitzen und dort ein Glas Sekt trinken, liege ich mit Layla auf unserem Platz an der Heizung und mustere Marilyn. Wie bei ihrem letzten Besuch bei uns trägt sie einen sehr kurzen Rock und ein paar ziemlich hohe Schuhe, auf denen sie vorhin etwas ungeschickt über den Parkplatz gewackelt ist. Ich mag Marilyn wirklich sehr, auch wenn sie manchmal ziemlich laut ist. Uwe hat einmal gesagt, dass seine Cousine aus dem tiefsten Ruhrpott stammt und für manche Menschen etwas gewöhnungsbedürftig ist. Er weiß jedoch, was für ein großes Herz in Marilyns Brust schlägt und würde sie deshalb gegen keine andere Cousine auf dieser Welt eintauschen. Ich habe zwar keine Ahnung, was das genau bedeuten soll, doch hoffe ich, dass mein Herz mindestens genauso groß ist, damit auch ich für immer bei ihm bleiben darf.

Die Zeit schreitet voran. Layla liegt leise schnarchend neben mir und auch ich habe eine gemütliche Schlafposition eingenommen, als ein trauriges Schluchzen unseren Platz erreicht. Aufmerksam setze ich mich wieder auf und versuche zu ergründen, was an dem Menschentisch gerade vor sich geht.

»Elende Kacke, verfluchte! Dabei wollt ich euch doch nich mit meiner Plärrerei auf den Senkel gehen. Es is nur wegen den Dieter.«

Als ich den Namen von Marilyns Mann aufschnappe, spitze ich meine Ohren.

»Ich hab den blöden Sauhund verlassen, den dreimal blöden. Sowat kann ich mir doch nich bieten lassen! Ich hab ja schließlich auch sowat wie Stolz!« Marilyn legt ihren Kopf in die Hände und beginnt erneut zu schluchzen.

»Ja, aber warum hast du mir denn nichts gesagt? Ich hätte dich doch niemals um Hilfe gebeten, wenn ich gewusst hätte, was da gerade bei euch los ist.« Uwe legt seinen Arm um die weinende Frau und streichelt ihr sanft über die Schulter.

»Ne, dat war schon dat beste, wat mir passieren konnte. Ich bin ja so froh, dat ich von zu Hause weg bin. Diesen Kerl is ja sowat von mies, ihr könnt euch ja gar nich vorstellen, wat der mit mir abgezogen hat.« Wütend lässt Marilyn eine Faust auf den Tisch sausen. Meine Herrchen blicken erschrocken auf und auch Layla ist schlagartig hellwach.

»Was hat der Dieter denn angestellt? Ist er etwa ... fremdgegangen?« Uwe schaut seiner Cousine voller Mitleid in die Augen.

»Ach, wenn es dat doch nur wäre. Gegen ein anderet Weibsbild würd ich schon irgendwie ankommen. Aber bei dem Dieter seine Mutter, da bin ich machtlos. Dat Brunhilde, dat is wirklich ein Monster.« Marilyn strafft ihre Schultern bevor sie weiterspricht. »Ständig mischt dat Brunhilde sich in allet ein. Nix mach ich den alten Drachen gut genug für sein Dieterlein: Die doofen Hemden bügel ich nich glatt genug, den Scheiß Fußboden is nich blitzeblank und meine schönen Acrylnägel sind dat Brunhilde sowieso schon mal viel zu lang. Dat war von Anfang an so. Aber letzte Woche, da hat dat den Bogen endgültig überspannt.«

»Was hat sie dir denn Schlimmes angetan?« Oliver klebt an Marilyns Lippen.

»Wat dat Schlimmes getan hat, willst du wissen? Dann hör mir mal gut zu: Den Dieter hat mal wieder die Männergrippe erwischt. Nix ernstet, nur so ein bisschen die Schnupperei hat den gehabt. Und da hab ich doch extra meine berühmte Hühnersuppe gekocht. Drei Stunden hab ich dafür in der Küche gestanden und gewerkelt.« Marilyn schüttelt den Kopf, wobei ihre Locken wild herumtanzen. »Aber die Suppe hat den gnädigen Herrn nich geschmeckt. Den wollte doch tatsächlich lieber die Plörre von dat Brunhilde, weil dat doch sooo toll kochen kann.«

»Und dann?« Uwe schaut seine Cousine gespannt an.

»Dann hab ich den alten Sauhund rausgeworfen und zu dem seiner Mutter geschickt. Sollen die beiden doch glücklich zusammen werden.«

»Wegen einer Hühnersuppe hast du deinen Mann vor die Türe gesetzt?« Mein Herrchen zuckt fragend mit den Schultern.

»Von wegen Hühnersuppe! Dat geht da ums Prinzip! So einfach is dat.« Marilyn legt die Hände übereinander und schaut trotzig aus dem Fenster. »Dat Beste wär, wenn ich gar nich mehr zurückgehen und hier bei euch Jungens bleiben würd.«

Bei diesen Worten reißt Oliver seine Augen voller Panik auf und rudert hinter Marilyns Rücken wild mit den Armen herum. Noch bevor er etwas sagen kann, ergreift jedoch mein Herrchen das Wort. »Ach Liebes, du darfst natürlich so lange hierbleiben wie du möchtest. Unser Haus ist auch dein Haus. Wofür hat man denn schließlich die Familie?«

»Dat is lieb von dir, kleiner Cousin, aber ihr habt euer eigenet Leben und da hat dat Marilyn nix verloren.« Sie schiebt ihren Stuhl zurück und steht auf. »Und jetzt lass uns mal dat Steffi suchen, damit dat mir erklären kann, wat ich die nächsten Tage hier machen muss. Wir wollen ja, dat ihr ohne Sorgen auf dem Schiff gehen könnt.«

In den nächsten Tagen erklären meine Herrchen und Steffi unserer Besucherin alles, was zu der Arbeit in einem Hotel dazugehört und Marilyn scheint ihre Sache ziemlich gut zu machen. Selbst Oliver ist zufrieden – und der meckert häufig herum, wenn es nicht so läuft, wie er sich das vorstellt.

Am Abend vor der Schiffsreise packen meine Herrchen ihre Koffer, die weit geöffnet auf dem Bett liegen. Während Layla und ich gespannt auf dem Schlafzimmerteppich sitzen, versuchen unsere Herrchen unglaublich viele Kleidungsstücke in die beiden Koffer hineinzustopfen.

»Die hier muss auch noch mit – Himmel, ich liebe diese Jacke!« Uwe hält sich ein buntes Stück Stoff vor den Körper und schaut in den großen Spiegel, der an der Wand hängt.

»Bitte verbessere mich, falls ich mich täusche, aber ich habe diese Jacke noch nie angezogen gesehen.« Oliver greift nach einem Stapel Hemden, die er in einen der Koffer legt.

»Ja, aber doch nur, weil diese Farben für Bodenmais ein bisschen zu gewagt sind. Ich habe immer gewusst, dass wir irgendwann einmal auf ein Schiff gehen würden.« Erneut wirft mein Herrchen einen Blick in den Spiegel. »Und das ist einfach die perfekte Kreuzfahrerjacke. Die nehme ich in jedem Fall mit.«

»Dann gib das Teil schon her.« Oliver legt die Jacke zusammen und mustert den Inhalt der beiden Koffer. »Wie kommt es, dass dein halber

Kleiderschrank bereits eingepackt ist, aber außer ein paar T-Shirts kann ich von mir noch nichts entdecken?«

»Vielleicht brauchst du ja nicht so viel? Es soll zu dieser Jahreszeit ja sehr warm im Mittelmeer sein, da reicht der Stapel Shirts vielleicht ...« Bevor Uwe den Satz beenden kann, trifft ihn ein Paar Socken am Kopf. Grinsend wirft er sie in einen der Koffer. »Siehst du, die gehören auch noch zu deiner Garderobe – es gibt also gar keinen Grund sich zu beschweren. Aber du hast recht, ich habe wirklich schon genug Zeug eingepackt. Der restliche Platz gehört ganz dir. Ich wollte ohnehin noch schnell unter die Dusche springen.«

Während Uwe das Zimmer verlässt, schüttelt Oliver den Kopf und schaut ihm lächelnd hinterher.

Nachdenklich betrachte ich die Koffer, in die mittlerweile nicht mehr besonders viel hineinpassen dürfte.

»Wir müssen jetzt ganz besonders aufmerksam sein.« Ich setze mich aufrecht hin und stupse Layla mit meiner feuchten Nase an. »Wenn unsere Futternäpfe auch mit im Koffer landen, dann ist das gut.«

»Warum ist das gut, Phoebe? Was hat das zu bedeuten?« Layla wirft mir einen kritischen Blick zu.

»Das ist ganz einfach: Wenn unsere Herrchen die Näpfe einpacken, dürfen wir gemeinsam mit ihnen in den Urlaub fahren.«

Laylas Schwanzspitze klopft voller Vorfreude auf den Teppich. Ich glaube zwar nicht, dass sie weiß was ein Urlaub ist, doch freut sie sich trotzdem sehr. Mit einem Mal stoppt ihr Schwanz jedoch auf halber Höhe. Langsam hebt sie ihren Kopf und mustert Oliver, der leise vor sich hin pfeifend ein paar Unterhosen in einen der Koffer wirft. »Und was passiert, wenn die Näpfe nicht mit eingepackt werden?«

»Das ist dann auch gut.« Entspannt lege ich mich auf den Teppich und strecke meine Vorderpfoten aus. »Dann machen wir zwei nämlich Urlaub bei Elfriede.«

Als ich Laylas ängstlichen Blick auf mir spüre, kuschle ich mich ganz nah an sie und erzähle ihr von der stämmigen Menschenfrau Elfriede, die immer ein paar Hunde in ihrem Haus hat, auf die sie aufpasst. Auch lasse ich meinen lieben Freund Alfons nicht unerwähnt, der seine letzten Tage im Tierheim verbringen sollte, dann aber ein gutes Zuhause bei Elfriede gefunden hat.

Die Angst weicht aus Laylas Blick und ihr Schwanz zuckt zaghaft hin und her, als ich bei Elfriedes Hühnern angekommen bin, die ich so gerne durch ihren Stall jage.

Gerade will ich ihr die Geschichte von dem Chihuahua Pedro, den ich in meinem letzten Urlaub bei Elfriede ordentlich ausgetrickst habe, erzählen, als ein schrilles Kreischen aus dem Badezimmer ertönt.

Neugierig flitze ich los, um dem Lärm auf den Grund zu gehen. Als ich das Zimmer mit der großen Dusche erreiche, erblicke ich Uwe. Er steht vor dem Spiegel und jammert in einer Tonlage, die ich von ihm noch gar nicht kenne. Als ich ihn genauer betrachte, entdecke ich unzählige rote Beulen, die sich über seinen gesamten Körper verteilen. In diesem Moment erreicht auch Oliver das Badezimmer. Layla schielt vorsichtig durch seine Beine, um nichts zu verpassen.

»Ach du Schreck! Was ist denn mit dir passiert? Du siehst ja aus wie ein gerupftes Huhn.« Er berührt vorsichtig eine der roten Beulen, woraufhin Uwe zischend einatmet.

»Ich wollte doch am Pool gut aussehen und da hat mir Marilyn dieses Zeug hier besorgt.« Er reicht Oliver eine zusammengedrückte Tube.

»Oha! Pilla Enthaarungscreme – das erklärt einiges. Ich glaube, ich kenne fast niemanden, dem das noch nicht passiert ist. Nächstes Mal nimmst du vielleicht lieber einen Nassrasierer?«

»Vielen Dank für den guten Tipp«, kommt es giftig aus Uwes Mund. »Aber das bringt mir jetzt auch nichts. Wir fahren doch schon morgen in den Urlaub.« Als er einen erneuten Blick in den Spiegel wirft, verlässt ein Kreischen seinen Mund. »Scheiße, das werden ja immer mehr Flecken! Oliver, du musst irgendetwas unternehmen! So kann ich mich doch unmöglich auf dem Pooldeck sehen lassen.«

»Trockne du dich vorsichtig ab und ich fahre schnell rüber zu Barbara. Die hat ganz bestimmt irgendein Zaubermittelchen in ihrer Kräuterapotheke.« Oliver streckt die Hand vorsichtig nach vorne, zieht diese jedoch zurück, als er den schmerzverzerrten Blick meines Herrchens sieht.

Als die Haustüre kurz darauf zugeschlagen wird, füllen sich Uwes Augen mit Tränen. »Ach Phoebelein, ich habe mich doch so auf unseren Urlaub gefreut.«

Tröstend schlecke ich über seine Finger, auf denen zum Glück keine roten Flecken zu sehen sind. In diesem Moment kann ich nur daran denken, dass mein Herrchen unglücklich ist. Ob unsere Futternäpfe mit in die Koffer gepackt werden oder nicht, ist mir überhaupt nicht mehr wichtig.

PICASSO

—

Nachdem Uwe die Flecken mit einer ziemlich übelriechenden Salbe eingeschmiert hat, geht es ihm schnell besser. Zum Glück ist das Lachen, das ich so sehr an ihm mag, wieder in sein Gesicht zurückgekehrt und dem Urlaub scheint nichts mehr im Weg zu stehen. Am Abreisetag flitzen meine beiden Herrchen aufgeregt durch das Haus. Während sie die Treppen hinauf- und hinabbrennen, mustere ich die beiden Koffer, die an der Haustüre stehen und so aussehen, als würden sie jeden Moment auseinanderplatzen. Uwe hat in einem unbeobachteten Moment noch ein paar Kleidungsstücke hineingeschmuggelt und hatte große Schwierigkeiten, die Koffer danach wieder zu schließen. Auf der Treppe entdecke ich einen Karton, in dem sich einige Dosen von meinem Lieblingshundefutter und unsere Näpfe befinden – wir werden unseren Urlaub demnach bei Elfriede verbringen. Beim Gedanken an ihre Hühner, die ich schon so oft durch den Garten gescheucht habe, beginnt mein Schwanz wie von selbst zu wedeln. Aufgeregt laufe ich zu Layla, der die hektische Stimmung überhaupt nicht zu gefallen scheint. Sie liegt auf ihrem sicheren Platz unter dem Esszimmertisch und beobachtet unsere Herrchen mit großen Augen.

»Was liegst du hier rum? Beeil dich, wir machen Urlaub und dürfen zu Elfriede! Bald lernst du meinen Freund Alfons kennen und wir können gemeinsam mit ihm die Hühner erschrecken.« Voller Vorfreude flitze ich unter den Tisch und lasse mich auf den Teppich plumpsen.

»Ich will aber gar keinen Urlaub machen. Ich will lieber, dass alles genauso bleibt wie es ist.« Layla schaut betrübt zu Boden.

»Aber ich bin die ganze Zeit bei dir und werde gut auf dich aufpassen, das weißt du doch!«

In diesem Moment läuft Uwe an uns vorbei. Er bleibt mit dem Fuß am Tischbein hängen und schreit vor Schmerz auf. »Verdammt nochmal, so ein elender Mist! Scheiße, tut das weh!« Er humpelt in Richtung Küche. »Hast du die Tasche mit den Reisepässen gesehen? Ich habe sie doch hier auf den Schrank gelegt.«

»Ich glaube, die ist schon eingepackt. Ich schaue schnell nach.« Oliver macht sich an den Koffern zu schaffen. »Bingo, hier ist sie!« Er schaut auf seine Armbanduhr. »Jetzt müssen wir aber so langsam in die Spur kommen, sonst verpassen wir noch unseren Flug.«

Mit wissendem Blick drehe ich mich zu Layla. »Du siehst ja, was hier los ist. Also komm schon mit mir, am Ende vergessen die uns noch.« Laut kläffend springe ich zwischen meinen Herrchen auf und ab und auch Layla krabbelt widerwillig unter dem Tisch hervor.

Als etwas später das Auto komplett beladen und zum Glück auch noch ein kleines Eckchen auf der Rückbank für Layla und mich freigeblieben ist, geht es endlich los.

Obwohl ich die Strecke mittlerweile schon fast auswendig kenne, schaue ich während der Fahrt aus dem Fenster, um nichts Interessantes zu verpassen. Als wir an einer gestreiften Katze vorbeikommen, die sich faul am Straßenrand räkelt, versuche ich sie zu erschrecken, doch seltsamerweise scheint sie mein lautes Kläffen gar nicht wahrzunehmen. Mit einem entrüsteten Schnauben setze ich mich auf meinen Hundehintern und ärgere mich über das unverschämte Verhalten der Katze.

Neben mir hat sich Layla zusammengerollt und quetscht sich an eine Reisetasche, die neben uns auf dem Rücksitz Platz gefunden hat. Ihre Augen sind weit geöffnet und ich spüre das leichte Zittern ihres Körpers. Ich will mich gerade ein wenig an sie kuscheln, um sie zu beruhigen, als Uwe sich nach hinten beugt und seine Hand nach ihr austreckt. »Was hat Layla denn nur? Sie vibriert ja geradezu. Ich glaube fast, sie weiß, dass wir sie in eine Hundepension bringen!« Vorsichtig streichelt er über ihren Kopf und schaut sie voller Sorge an.

»Ach Uwe, woher soll sie das denn wissen? Ich denke sie spürt einfach nur, dass irgendetwas anders ist als sonst.« Oliver dreht an einem Knopf, woraufhin die Musik im Auto sofort leiser wird. »Nun mach dir mal nicht zu viele Sorgen um unsere Kleine.«

»Aber vielleicht ist es ja doch noch zu früh für sie. Wer weiß, ob sie sich bei Elfriede überhaupt wohlfühlen wird.« Uwes Stimme zittert ein wenig, was sehr häufig vorkommt, wenn er über Layla spricht.

»Den Hund, der sich bei Elfriede unwohl fühlt, möchte ich sehen. Du weißt doch ganz genau, was für ein Händchen sie gerade für ängstliche Hunde hat ... und natürlich auch für Hundepapas, die sich einfach nicht trennen können.« Oliver zwinkert meinem Herrchen lächelnd zu.

»Jaja, ich weiß schon worauf du anspielst. Aber zu meiner Verteidigung möchte ich nicht unerwähnt lassen, dass ich beim letzten Mal nicht geheult habe, als wir Phoebe in der Pension zurückgelassen haben.« Uwe dreht sich wieder nach vorne und schaut aus dem Fenster. »Ich kann doch auch nichts dafür, dass ich so sehr an den beiden hänge. Sie sind halt so etwas wie meine Kinder.«

»Mein Herz haben sie doch auch längst erobert, aber trotzdem müssen wir lernen auch mal loszulassen.« Oliver legt eine Hand auf Uwes Bein. »Elfriede wird sich sehr gut um die zwei kümmern. Und denke daran, dass Susanne dir gesagt hat, der Aufenthalt in gerade dieser Hundepension könnte durchaus einen therapeutischen Nutzen für Layla haben. Sie als Hundetrainerin wird schon wissen, wovon sie spricht.«

Als wir Elfriedes Haus endlich erreichen, springe ich begeistert durch die geöffnete Türe auf den Parkplatz. Oliver legt Layla die Leine an und zieht sie vorsichtig aus dem Auto. Mit kritischem Blick lässt sie dies geschehen und schleicht geduckt hinter ihm her.

Plötzlich kommt ein winziger Hund ans Tor geschossen und kläfft in einem dermaßen schrillen Ton, dass meine Herrchen zusammenzucken.

Er ist noch viel kleiner als ich es bin, hat einen nackten, mageren Körper, dafür jedoch ein seltsames Büschel Fell, das wild von seinem Kopf absteht. Ich glaube, dass ich in meinem ganzen Leben noch nie so einen hässlichen Hund gesehen habe. Aus dem Garten höre ich die strenge Stimme von Elfriede.

»Picasso, jetzt mach nicht so einen Lärm und komm sofort her!«

Doch der winzige Kerl denkt gar nicht daran, auf sie zu hören. Immer höher und immer schriller bellt er uns an. Langsam gehe ich zum Tor, um diesem hässlichen Furz ein wenig Respekt einzuflößen. Voller Inbrunst knurre ich und hebe dabei bedrohlich die Lefzen an, was bisher noch bei jedem Hund gewirkt hat, doch scheint Picasso davon völlig unbeeindruckt zu sein. Breitbeinig steht er vor mir und faucht mich wild an. Ich sehe kleine, spitze Zähne in seinem Maul aufblitzen, die mich einen Schritt zurückweichen lassen. In diesem Moment kommt Elfriede auf uns zu und schiebt den kleinen Hund vorsichtig mit dem Fuß zur Seite, was ihr einen giftigen Blick einbringt.

»Schön, dass ihr da seid! Kommt nur herein und ignoriert den Winzling. Das ist Picasso und er überschätzt sich gerne ein wenig.«

Als sich das Gartentor hinter uns schließt, bückt sich Elfriede zu mir herunter. Ihre Finger, mit denen sie mir über den Rücken streichelt, verströmen einen wundervollen Geruch, der meine Schwanzspitze voller Vorfreude zucken lässt. Meine Nase erkennt den Duft von Elfriedes wirklich ganz hervorragenden Kaustangen und dem Hühnerfutter, von dem eigentlich immer etwas an ihrer Kleidung klebt. Als sie Layla hinter mir erblickt, geht Elfriede noch ein wenig tiefer in die Hocke und streckt ihr die Hand entgegen. Angespannt beobachten meine beiden Herrchen die Begrüßung, doch als Layla ihren Kopf vorsichtig an die Beine der stämmigen Frau drückt, um sich ein wenig kraulen zu lassen, atmen sie erleichtert aus.

»Du bist aber wirklich ein bildhübsches Mädchen, kleine Layla.« Elfriedes Stimme ist ungewohnt leise und hat einen warmen Klang angenommen. »Deine Herrchen können jetzt beruhigt in den Urlaub fahren, denn ich werde ganz besonders gut auf dich aufpassen.«

Bei den letzten Worten schluchzt Uwe leise auf. »Verdammter Mist! Dabei habe ich mir doch fest vorgenommen, dieses Mal nicht zu heulen!«

Schmunzelnd legt Oliver den Arm um seine Schulter. »Na komm schon, meine kleine Heulboje! Lass uns das Hundefutter aus dem Auto holen und dann sollten wir uns so langsam auf den Weg zum Flughafen machen!«

Während meine beiden Herrchen zurück zum Parkplatz gehen, mustere ich unauffällig den kleinen Picasso, der leise vor sich hin grummelnd unter einer Bank liegt und mich nicht aus den Augen lässt. In diesem Moment humpelt ein abgemagerter, mir sehr wohl bekannter, Riesenschnauzer um die Ecke. Kurz bleibe ich bei seinem Anblick erschrocken stehen, denn der einstmals so kräftige, schwarze Hund ist nur noch ein Schatten seiner selbst. Doch als ich den schelmischen Ausdruck in seinen Augen entdecke, renne ich schwanzwedelnd los, um ihn zu begrüßen. »Alfons, Alfons, ich bin wieder da!« Aufgeregt hüpfe ich auf und ab. »Und schau nur, wen ich mitgebracht habe!« Schnell flitze ich zu Layla und stupse sie mit meiner Nase an. Alfons kommt auf wackeligen Beinen zu uns und lässt sich erschöpft auf den Boden fallen. Kaum hat Layla meinen Freund erblickt, macht sie ein paar Schritte in seine Richtung, um sich dann langsam zu ihm ins Gras sinken zu lassen. Sofort beginnt sich ihr Körper zu entspannen und obwohl sie sich gerade zum ersten Mal begegnet sind, habe ich das Gefühl, Layla und Alfons wären bereits alte Freunde. Zufrieden quetsche ich mich zwischen die beiden und freue mich einmal mehr, dass wir unseren Urlaub bei Elfriede verbringen dürfen.

Ich habe den garstigen Picasso schon fast vergessen, als ich ein bedrohliches Brummen höre, dass aus seinem Versteck unter der Bank kommt. Genervt verdreht Alfons seine Hundeaugen.

»Unseren reizenden Neuzugang habt ihr wohl schon kennengelernt? Ihr glaubt ja gar nicht, wie der Zwerg sich hier aufspielt. Fast so, als würde ihm der ganze Laden gehören. Ich glaube, dass selbst Elfriede manchmal Angst vor ihm hat.«

Verwundert schaue ich zu dem sonderbaren Knirps, was mir sogleich ein böses Knurren einbringt – erneut fällt mein Blick auf seine messerscharfen Zähne.

»Krieg dich wieder ein, du kleine Ratte!« Das kehlige Bellen meines großen Freundes verfehlt seine Wirkung nicht und Picasso tritt leise brummend den Rückzug an.

»Was hat sich Elfriede nur dabei gedacht, diesen Teufel ins Haus zu holen?« Alfons schüttelt seinen abgemagerten Kopf. »Seit drei Monaten ist er jetzt schon bei uns und versucht die Ordnung, die ich hier mühevoll hineingebracht habe, auf den Kopf zu stellen. Elfriede liebt dieses Biest heiß und innig, aber glaubt mir: Picasso würde sie für ein Leberwurstbrot sofort und ohne nachzudenken an die Organmafia verkaufen ... Menschen können ja so blind sein.«

»Vielleicht ist Picasso ja gar nicht so schlimm, wie du denkst. Und bei seiner Größe, was kann er da schon ausrichten?« Freundschaftlich stupse ich meinen Freund in die Seite und bin erschrocken, wie dünn er geworden ist.

»Ihr solltet in den nächsten Tagen sehr vorsichtig sein, denn mit diesem Biest ist wirklich nicht zu spaßen.« Alfons wirft mir einen bedeutungsschweren Blick zu. »Glaubt mir, Picasso nimmt keine Gefangenen ...«

Etwas später, unsere Herrchen sind bereits aufgebrochen, mache ich mit Layla im Schlepptau eine ausgedehnte Führung durch Elfriedes Garten. Während Alfons ein kleines Schläfchen unter einem Apfelbaum hält, stolziere ich mit hoch erhobenem Schwanz über das Grundstück und präsentiere der vorsichtig hinter mir herschleichenden Layla meine Lieblingsplätze. Zuerst führe ich sie natürlich zum Hühnerstall und zu den gackernden Hühnern, die wie immer auf der Suche nach Futter im Dreck herumscharren. Danach geht es weiter zum Schuppen, zur Garage und zu dem kleinen Busch, den ich seit dem ersten Besuch bei Elfriede zu meinem privaten Hundeklo auserkoren habe. Layla verliert mich dabei nicht aus den Augen und nimmt die neuen Eindrücke interessiert in sich auf.

Nachdem es im Garten nicht mehr viel anzuschauen gibt, betreten wir als nächstes das sogenannte Wohnhaus, wo Elfriede bereits auf uns wartet.

»Na Phoebe, hast du deine Schwester ein wenig herumgeführt? Schaut nur, ich habe einen schönen Platz für euch dort hinten in der Ecke vorbereitet.« Sie zeigt mit der Hand auf einen gemütlich aussehenden Hundekorb, den ich von meinem letzten Besuch noch sehr gut in Erinnerung habe. Damals hat mein Freund Alfons versucht, sich mit mir dort hineinzuquetschen, doch war der Riesenschnauzer viel zu groß. So hingen seine Beine ständig aus dem Korb heraus, während ich mich zufrieden an seinen Bauch kuscheln konnte. Unser seltsamer Anblick hat Elfriede nicht nur einmal ein gütiges Lächeln entlockt.

Layla schleicht vorsichtig auf den Korb zu und schaut mich unsicher an. Sie scheint nicht zu wissen, ob sie sich hineinlegen darf. Kurzerhand bin ich ihr behilflich, indem ich mich in eine Ecke des Korbes setze und ihr einen ermutigenden Blick zuwerfe. Nach einem kurzen Zögern klettert sie langsam hinein und legt sich entspannt schnaufend nieder. Just in diesem Moment humpelt Alfons durch die Türe und kommt auf uns zu. Vorsichtig versucht er mit in den Korb zu steigen, in dem Layla und ich es uns bereits gemütlich gemacht haben. Und tatsächlich schafft er es, zumindest einen Teil seines Hundekörpers in den Korb zu quetschen. Seine Beine hängen zwar weit über den Rand hinaus und berühren den Boden, doch macht Alfons einen sehr zufriedenen Eindruck. Glücklich, meinen großen Freund in der Nähe zu wissen, bette ich meinen Kopf auf seinen knochigen Rücken. Ich entdecke Elfriede, die in der Türe steht und sich mit einem Tuch eine Träne aus dem Augenwinkel wischt, als sie uns betrachtet.

Nicht weit von uns entfernt hockt Picasso, der uns grimmig mustert. Er beginnt leise zu knurren, verstummt jedoch sogleich, als er Elfriedes strengen Blick auffängt. »Ach Picasso, was mache ich denn nur mit dir? Jetzt bist du schon so lange bei mir und immer noch kannst du keinen Frieden mit den anderen Bewohnern schließen. Du müsstest doch längst wissen, dass dir hier niemand etwas Böses antut.« Sie geht zu dem kleinen Hund und streichelt ihm über das zerzauste Fellbüschel auf dem Kopf. »Wenn du nicht so ein süßer, kleiner Fratz wärest, hätte ich dich wahrscheinlich schon längst zum Teufel gejagt.« Mit einem Grinsen klopft sie auf seinen mageren Hundehintern, was Picasso sich mit einem zufriedenen Grunzen gefallen lässt.

Nach einem ausgedehnten Schläfchen werde ich von einem klappernden Geräusch geweckt, das an meine Ohren dringt. Als ich die Augen öffne, sehe ich Elfriede, die an einem hohen Tisch steht und einige Futternäpfe von links nach rechts schiebt – es ist also Zeit für ihr berühmtes Abendessen. Ich weiß wirklich nicht, wie Elfriede es anstellt, doch schmeckt mir das Futter hier in ihrer Küche noch viel besser als zu Hause. Ich vermute, dass sie irgendeine besonders köstliche Zutat unter das Essen mischt. Hoffentlich teilt sie ihr Geheimnis irgendwann mit meinen beiden Herrchen.

Schwanzwedelnd stehe ich neben Alfons und werfe Elfriede einen ausgehungerten Blick zu, als sie die Futternäpfe nach einer gefühlten Ewigkeit endlich auf den Boden stellt. Hungrig mache ich mich über den Inhalt meiner Schüssel her und beginne diesen laut schmatzend zu vertilgen. Auch Layla scheint Elfriedes Abendessen zu munden – sie steckt mit der Nase so tief in ihrem Napf, dass es aussieht, als wolle sie komplett hineinkriechen. Aus dem Augenwinkel entdecke ich Picasso, der langsam auf Layla zu schleicht. Bedrohlich beginne ich zu knurren, denn ich möchte nicht, dass er ihr das Futter streitig macht. Doch zeigt sich Picasso auch dieses Mal völlig unbeeindruckt von mir. Ich kann beim besten Willen nicht verstehen, was hier schiefläuft, denn mein Knurren und Zähnefletschen wirkt sonst bei jedem Hund wahre Wunder. Als Picasso mit drohendem Blick immer näher an Laylas Futternapf herantritt, schaut sie mich verzweifelt an und verlässt ihren Platz. Entrüstet stelle ich mich zwischen den Futternapf und den diebischen kleinen Furz, der mich nun böse anfaucht. »Verschwinde sofort! Ich hole mir jetzt meinen Teil aus dieser Futterschüssel und du wirst mich ganz sicher nicht daran hindern!«

»Das kannst du vergessen! Das ist Laylas Futter, und das wird sie auch ganz alleine fressen.« Auf meinem Rücken stellt sich das Fell bedrohlich auf.

Picasso wirft einen Kontrollblick zu Elfriede, die gerade die Küche verlassen hat, um die Haustüre zu schließen. So schnell, dass ich es gar nicht richtig mitbekomme, schnappt er nach mir und bohrt seine spitzen Zähne tief in meinen Hinterlauf. Entsetzt quieke ich auf und lecke mir über die schmerzende Stelle. Ich wundere mich noch immer über diesen teuflischen Winzling von Hund, als Picasso bereits dabei ist, in Laylas Futterschüssel herumzuschmatzen, um sich die besten Stücke herauszufischen. In diesem Moment humpelt Alfons schwerfällig auf uns zu. Er schaut Picasso von ganz weit oben böse an und lässt ein furchteinflößendes Grollen ertönen. Picasso reckt seinen Kopf in die Höhe und schaut meinem großen Freund in die Augen. Ich erkenne einen Anflug von Angst in seinem Blick, doch dann gewinnt sein Pokerface wieder Überhand.

»Mein Futter schmeckt mir sowieso viel besser!« Er schaut Layla, die ängstlich in unseren Korb zurückgeklettert ist, mit einem verächtlichen Blick an. »Das Zeug da kannst du selber fressen.«

Mit hoch erhobenem Haupt stolziert er zurück zu seinem eigenen Napf, um nun diesen zu leeren. Ich gehe zu der völlig verunsicherten Layla und schaue sie ermutigend an. »Es ist gut! Du kannst jetzt wieder zu deinem Futter. Ich bin sicher, dass Picasso dich nun in Ruhe lassen wird.« Nachdenklich gehe auch ich zurück zu meinem Abendessen und überlege, was ich gegen diesen unverschämten Kerl unternehmen kann. Alfons, der scheinbar nicht besonders hungrig ist, lässt den Kopf hängen und trottet traurig zu unserem Korb. »Dieses verfluchte Biest wird sich wohl niemals ändern!« Er rollt sich umständlich zusammen und schließt seine Augen, um kurz darauf in einen unruhigen Schlaf zu fallen.

Die nächsten Tage vergehen ohne nennenswerte Zwischenfälle. Picasso wird mir zwar nicht unbedingt sympathischer, doch lässt er uns wenigstens in Frieden, was sicherlich nicht zuletzt daran liegt, dass sich Alfons meistens in unserer Nähe aufhält. An einem sonnigen Nachmittag, Elfriede ist mit dem Riesenschnauzer zum Tierarzt gefahren, trippelt Picasso auf seinen dürren Beinchen auf mich zu. Sofort versteift sich Laylas Körper und sie zieht sich ein paar Schritte zurück.

»Na, Phoebe! Willst du mit mir kommen? Ich werde mir jetzt eines dieser dämlichen Hühner zum Nachtisch schnappen. Elfriede ist ja leider nicht da, um die Viecher zu beschützen.« Er klimpert unschuldig mit seinen Augen.

Panisch laufe ich hinter ihm her. »Nein Picasso, das kannst du doch nicht tun! Klar, Hühner erschrecken ist etwas Feines, aber du kannst doch keins davon essen!« So schnell ich kann, laufe ich hinter Picasso her, der bereits Kurs auf den Stall genommen hat. Er nimmt Anlauf und stürzt sich auf eines der unschuldig umherpickenden Hühner. Ich springe ihm in die Seite und kann ihn so im letzten Moment bremsen.

»Was soll das, du mieses Biest?« Picasso funkelt mich böse an und nimmt erneut Anlauf, um eine braune Henne zu packen.

»Das sind Elfriedes heißgeliebte Hühner, das kannst du doch nicht machen. Sie wird stinksauer sein, wenn du ihnen auch nur eine Feder krümmst!« Ich versuche, ihn von den mittlerweile ängstlich gackernden Vögeln abzulenken, was mir jedoch nur ganz kurz gelingt. Als er schließlich nach einer weiteren Attacke eines der Tiere an den Schwanzfedern erwischt, kann ich nicht länger untätig bleiben. Ich stürze mich knurrend auf Picasso und schon sind wir in einen unerbittlichen Kampf um das unschuldige Hühnerleben verwickelt. Wir fauchen, bellen und rollen uns durch den Dreck, während das arme Federvieh hektisch um uns herumflattert. Als Elfriedes Stimme durch den Garten dröhnt, reißt Picasso seine Augen voller Panik auf. Er löst sich von mir, nimmt Anlauf und stößt mich mit einer Kraft, die ich ihm gar nicht zugetraut hätte, in den großen Misthaufen, der sich gleich neben dem Stall stinkend auftürmt. Noch bevor Elfriede bei uns angekommen ist, hat sich Picasso hinter einem Strauch versteckt, während ich mit dem Kopf zuerst in dem Misthaufen hänge und ärgerlich mit meinen Beinen in der Luft herumstrample.

Als sie mich entdeckt verengen sich ihre Augen zu kleinen Schlitzen. »Was machst du denn in Gottes Namen mit meinen Hühnern? Das darf doch wohl nicht wahr sein! Du wirst jetzt sofort mit mir kommen – wir zwei haben eine Verabredung mit der Hundedusche.«

Noch bevor ich mich wehren kann, hat Elfriede mich aus dem Misthaufen herausgezogen und hält mich mit gerümpfter Nase in die Höhe. Wutschnaubend schleppt sie mich zu der gefürchteten Dusche in der Garage, aus der nur eiskaltes Wasser herausfließt.

Als ich eine gefühlte Ewigkeit später endlich wieder trocken bin und nicht mehr vor Kälte zittere, versuche ich mich ein wenig aufzuwärmen. Ich habe mir hierfür ein besonders sonniges Plätzchen neben Elfriedes Hollywoodschaukel ausgesucht, wo ich gemeinsam mit Layla und Alfons im saftigen Gras liege. Ich denke gerade an nichts Böses, als Picasso mit hoch erhobenem Schwanz und einem Blick, der triumphierender nicht sein könnte, an uns vorbeistolziert. In diesem Moment geschieht etwas Seltsames mit mir und ein brodelndes, heißes Gefühl erobert meinen Bauch. »Jetzt ist es endgültig genug! Das wirst du mir büßen!« Mit wildem Kampfgebrüll springe ich auf und jage hinter dem überraschten Picasso her.

Aus dem Augenwinkel sehe ich Layla, die mir entsetzt hinterherstarrt, entdecke Alfons, der den Kopf schüttelt und höre Elfriedes wütende Stimme. Doch all das ist mir völlig egal, denn ich werde mir dieses kleine Mistvieh jetzt schnappen und wenn es das Letzte ist, was ich tue ...

Kläffend verfolge ich Picasso durch den riesigen Garten, hetze ihn durch dichte Sträucher und habe ihn fast erwischt, als es ihm gelingt, durch ein kleines Loch im Zaun zu entkommen. Ich halte die Luft an, um mich ganz dünn zu machen, und zwänge mich ebenfalls durch die winzige Lücke.

Gleich hinter dem Zaun beginnt ein dichtes Waldstück, in dem ich Picasso für einen Moment aus den Augen verliere. Ich schaue mich um, drehe den Kopf in alle Richtungen, doch kann ich ihn nirgends entdecken. Mit angehaltenem Atem und weit aufgestellten Ohren lausche ich in den Wald hinein. Wütend darüber, dass Picasso mich erneut überlistet hat, schleiche ich über den staubigen Boden und versuche seine Spur mit meiner empfindlichen Nase zu verfolgen. Ich denke schon darüber nach, zurück zum Haus zu laufen, als ich ein Rascheln höre, das aus einem vertrockneten Gestrüpp zu kommen scheint. Ich setze alles auf eine Karte, springe kopfüber in den Busch und lande tatsächlich auf dem zitternden Picasso. »Hab ich dich, du kleine Ratte!« Nun bin ich nicht mehr zu halten. Ich belle und knurre, renne hinter dem fliehenden Winzling her, bis ich ihn in eine Ecke gedrängt habe. Kurz schauen wir uns tief in die Augen und gehen dann wutschnaubend aufeinander los. Wie ein tobendes Wollknäuel rollen wir durch den Dreck, schmecken das Fell des jeweils anderen und spüren die schmerzhaften Bisse, die wir uns gegenseitig zufügen.

Als wir fest ineinander verkeilt einen Abhang hinunterkullern und von einem matschigen Tümpel abgebremst werden, verweilen wir für einen Moment schnaufend nebeneinander. Als ich Picassos mageren Körper betrachte und seinen unsicheren Blick wahrnehme, wird meine Wut mit einem Mal sehr viel schwächer.

»Was soll eigentlich der ganze Unsinn, den wir hier veranstalten?« Ich mache einen vorsichtigen Schritt in Picassos Richtung. Er wirft mir einen kritischen Blick zu, weicht jedoch nicht zurück. »Sollen wir das hier nicht einfach beenden und versuchen Frieden zu schließen?«

Picasso schaut zu Boden. Als er den Kopf wieder hebt, entdecke ich eine unendliche Traurigkeit in seinen Augen. »Aber ich habe doch keine Ahnung, wie das geht! Weißt du, ich hatte elf Geschwister, als ich zur Welt kam. Von Anfang an war ich der Kleinste von allen und leider nicht unbedingt der Schönste. Alle anderen Welpen haben mich beim Fressen vertrieben und ständig auf mir herumgehackt.« Picasso wirkt plötzlich sehr zerbrechlich. »Da habe ich es dann wohl nie gelernt, ein Hund zu werden, der Freunde finden kann.«

Ich betrachte den winzigen Rüden für einen langen Moment, dann fasse ich einen Entschluss. »Das ist gar nicht so schwierig, wie du vielleicht denkst. Wenn du möchtest, kann ich es dir zeigen, solange ich noch hier bei Elfriede bin.«

Lange sitzen wir gemeinsam auf dem steinigen Boden und sind froh, nicht alleine zu sein. Als es bereits zu dämmern beginnt, treten wir den Rückweg an, um uns Elfriedes Strafpredigt abzuholen, die sicherlich gleich auf uns niederprasseln wird. Als wir den Gartenzaun erreicht haben, quetschen wir uns nacheinander durch das Loch und sehen sofort Elfriede, die mit einer Taschenlampe über die große Wiese läuft. Als uns der grelle Strahl der Lampe erfasst, entdecke ich eine Mischung aus Sorge und Erleichterung auf dem

Gesicht der stämmigen Frau. »Um Himmels willen, wie seht ihr denn aus?« Elfriede eilt auf uns zu. Sie wirft die Lampe zur Seite und geht in die Hocke. »Ach, das ist ja nun auch egal! Ich bin so froh, dass ihr wieder bei mir seid. Macht so etwas nie, nie wieder mit mir!« Sie drückt uns an ihren weichen Bauch und vergräbt das tränennasse Gesicht in meinem Fell.

Die Tage vergehen und tatsächlich bemüht sich Picasso sehr, ein wenig freundlicher zu den anderen Hunden zu sein. Einmal hat er zwar noch versucht, etwas aus Laylas Futternapf zu stibitzen, doch hat bereits mein warnender Blick ausgereicht, ihn davon abzuhalten. Jetzt, wo ich den winzigen Kerl ein bisschen besser kennengelernt habe, genieße ich es sogar, mit ihm durch den Garten zu toben. Zu schön wäre es, wenn mein Freund Alfons auch mit dabei sein könnte, doch liegt der die meiste Zeit im Schatten und ruht sich aus. Layla weicht in diesen Momenten nur selten von seiner Seite – sie mag den Riesenschnauzer sehr und liebt es, seinen Schlaf zu bewachen.

An einem bewölkten Nachmittag, Picasso und ich haben uns gerade gegenseitig durch die Büsche gejagt, hält ein mir unbekanntes Auto auf dem Parkplatz. Als die Türe geöffnet wird, quetschen sich zwei riesige Labradore heraus und bleiben bellend vor dem Gartentor stehen. Da Elfriede nirgends zu sehen ist, übernehme ich gemeinsam mit Picasso die Begrüßung. Wir bauen uns auf der anderen Seite des Zaunes breitbeinig auf und fletschen die Zähne, während wir wild in die Luft schnappen. Picasso wächst in diesem Moment schauspielerisch geradezu über sich hinaus. Er zieht seine Lefzen gekonnt nach oben und zeigt seine spitzen Zähne. Während ein bedrohliches Knurren sein Maul verlässt, schaue ich ihn bewundernd an und denke mir nicht zum ersten Mal, dass ich mir von diesem kleinen Schlitzohr noch einiges abschauen könnte. Unsere Blicke treffen sich und in diesem Moment sind wir uns darüber einig, dass diese beiden tollpatschigen Hunde dringend ein wenig Erziehung benötigen – und wer sollte als Lehrer dafür besser geeignet sein, als Picasso und ich?

ALLE LIEBEN MARILYN

—

Die Zeit vergeht rasend schnell und ehe ich mich versehe, ist unser Urlaub bei Elfriede leider schon wieder beendet. Als unsere Herrchen den Garten betreten, um uns mit nach Hause zu nehmen, wird Layla von einer mir bis dahin unbekannten Energie erfasst. Kaum hat sie die beiden erblickt, beginnt sie mit dem Schwanz zu wedeln und rennt wimmernd auf sie zu. Als sich der verblüffte Oliver zu ihr hinabbückt, schmiegt sich Layla ganz eng an ihn und schleckt ihm voller Zuneigung über die Finger.

In diesem Moment erobert ein wundervolles Strahlen sein Gesicht und auch Uwe, der mich auf den Arm gehoben hat, um meinen Kopf mit Küssen zu bedecken, könnte kaum glücklicher aussehen.

Als Elfriede aus dem Haus kommt, um die beiden zu begrüßen, bleibt sie lächelnd stehen. »Na, da sollte aber jemand viel öfter in den Urlaub fahren, wenn ich mir diese Begrüßung so anschaue!«

Oliver steht auf und drückt die stämmige Frau kurz an seine Brust. »Was soll ich nur sagen? Vielen, vielen Dank für alles, liebe Elfriede. Ich weiß ja nicht, wie du das angestellt hast, aber mit so einer Begrüßung von unserem Sorgenkind habe ich nun wirklich nicht gerechnet.«

»Manche Dinge brauchen halt einfach eine gewisse Zeit, doch am Ende finden die meisten Hunde ihren Weg.« Sie klopft Oliver auf die Schulter und blickt zu Picasso, der ungewohnt brav neben uns sitzt und mit seinem knochigen Schwanz wedelt.

Nach einer herzlichen Verabschiedung und dem Versprechen, bald noch einmal bei Elfriede vorbeizuschauen, machen wir uns auf den Weg zurück nach Bodenmais.

Ich liege mit Layla auf der Rückbank des Autos und freue mich schon sehr darauf, meinen besten Freund Hector wiederzusehen. Wie es ihm in den letzten Tagen wohl ergangen ist?

Als ich die Straße, in der wir wohnen, wiedererkenne, werde ich ganz nervös. Ich springe mit den Vorderpfoten ans Fenster und beginne vor Aufregung zu wimmern und zu jaulen.

»Na, Phoebe! Freust du dich, wieder daheim zu sein?« Uwe greift nach hinten und tätschelt mir über den Rücken. »Einen Moment wirst du dich aber schon noch gedulden müssen, denn wir fahren erst einmal zum Hotel. Mal schauen, was die liebe Marilyn alles angestellt hat.«

»Hör bloß auf!« Oliver schüttelt den Kopf. »Sie ist ja wirklich ein liebes Ding, deine Cousine, aber schon sehr speziell. Ich hoffe nur, dass sie einigermaßen mit Steffi klargekommen ist.«

»Und natürlich auch mit Renate, meiner lieben Schwiegermutter. Die hast du wohl vergessen?«, wirft Uwe ein.

»Nicht wirklich! Dass meine Eltern auch noch im Hotel mit herumgeturnt sind, habe ich wohl eher verdrängt.«

»Wenn man vom Teufel spricht ...« Mit einem Grinsen deutet Uwe mit dem Kopf nach vorne. »Da ist der ganze Verein ja schon und wartet auf uns. It's Showtime!«

Kaum auf dem Hotelparkplatz angekommen, springe ich aus dem Auto und begrüße die Menschen, die sich dort versammelt haben. Ich weiß gar nicht, bei wem ich anfangen soll, weshalb ich aufgeregt zwischen Marilyn, Steffi und Olivers Eltern hin- und herspringe. Layla, die mittlerweile ebenfalls aus dem Auto herausgeklettert ist, wird genau wie ich mit Streicheleinheiten verwöhnt, doch sind die Menschen bei ihr viel vorsichtiger, um sie nicht zu verschrecken.

Auch unsere beiden Herrchen werden überschwänglich begrüßt. Besonders Marilyn scheint sich sehr zu freuen, dass wir wieder zu Hause sind.

»Ne, wat hab ich euch vermisst. Jetzt schau sich einer die beiden Jungens an! Ihr seid ja lecker braun geworden.« Sie zwickt meinem Herrchen in den Oberarm. »Richtig zum Anknabbern!«

»Oh ja, ihr seht wirklich sehr erholt aus, ihr zwei.« Oma Renate drängt sich unsanft an Marilyn vorbei, die auf ihren hohen Schuhen ins Wanken gerät. »Uwe, du hast ja eine richtige kleine Wampe bekommen! War das Essen auf dem Schiff so gut?«

»Treffer und versenkt, würde ich sagen!« Steffi spricht diese Worte ganz leise, Oliver hat sie aber trotzdem verstanden, wie mir sein breites Grinsen verrät. Er hakt sich bei seiner Mutter unter. »Charmant wie immer! Komm, lass uns hineingehen, bevor wir hier draußen Wurzeln schlagen!« Er zwinkert in Uwes Richtung, der gerade den Bauch einzieht und völlig verunsichert an sich herabschaut.

Gemeinsam gehen wir zum Hoteleingang. Layla weicht auf dem Weg ins Haus nicht von Oma Renates Seite, worüber die sich sehr zu freuen scheint. Es wundert mich immer wieder, dass Layla so einen Narren an Olivers Mutter gefressen hat, denn ich hatte es in meiner Anfangszeit nicht gerade leicht mit der rothaarigen Frau. Doch irgendetwas verbindet die zwei miteinander und das scheint beiden sehr gut zu bekommen. Opa Karl, Olivers Vater, trottet wie immer ein paar Schritte hinter seiner Frau her. Ich mag den kleinen Mann furchtbar gerne und es gibt für mich fast nichts Schöneres, als auf seinem Schoß zu sitzen und meinen Kopf an seinen runden Bauch zu kuscheln. Im letzten Jahr gab es eine Zeit, als mein Opa sehr krank war und Oma Renate große Angst um ihn hatte. Mittlerweile geht es ihm schon wieder viel besser, doch ihre Angst ist geblieben.

Als wir den Gastraum betreten, erblicke ich einen Tisch, der über und über mit Kuchen und anderen Leckereien gedeckt ist, die den Menschen so gut schmecken. Marilyn nimmt mein Herrchen in die Arme. »Uwe schau nur, ich hab den ganzen Tag in der Küche gestanden und dat allet für euch gebacken. Ich freu mich ja so sehr, dat ihr wieder bei mir seid!«

Oliver lässt sich ein wenig zurückfallen, seine Stimme ist nur ein leises Flüstern. »Steffi, was ist hier los? Hat sie irgendetwas genommen?«

»Ich habe wirklich keine Ahnung! Sie ist schon die ganze Zeit so, seitdem sie bei uns ist. Ich fürchte, sie hat mit der Arbeit hier im Hotel ihre Berufung gefunden.« Auch Steffi bemüht sich, ganz leise zu sprechen. »Ich muss gestehen, dass ich anfangs meine Zweifel hatte. Aber hey, du kannst dir ja gar nicht vorstellen, wie sehr die Gäste der guten Marilyn aus der Hand fressen. Sogar deine Mutter kommt einigermaßen mit ihr klar.« Sie blickt zu der gelockten Frau, die aufgeregt um den Tisch herumtänzelt. »Sie ist aber auch ein ganz besonderes Goldstück, wenn man sie erst einmal ein wenig kennengelernt hat.«

Während sich die Gruppe gutgelaunt niederlässt und Marilyn unaufhörlich plaudernd Kuchen verteilt, lege ich mich mit Layla in unseren Hundekorb an der Heizung. Ein wohliges Gefühl macht sich in mir breit, als ich die Menschen, die nun gemeinsam am Tisch sitzen, verträumt anschaue.

»Marilyn Liebes, kannst du mir bitte ein großes Stück von der Buttercremetorte geben? Die sieht einfach zu köstlich aus.« Opa Karl reicht seinen Teller über den Tisch, wird jedoch von seiner Frau gebremst.

»Karl, du erinnerst dich doch daran, was der Arzt gesagt hat? Keine fetten Speisen und immer viel trinken.« Sie zeigt auf eine Schüssel, in der ein paar farblose Häufchen liegen. »Nimm doch lieber von den Hafer-Bananen-Keksen! Die habe ich extra für dich aus dem Reformhaus mitgebracht.«

»Dieses Zeug soll ich essen? Du kannst dein Glück ja bei Layla und Phoebe versuchen – vielleicht bekommen die beiden das ja mit ausreichend Wasser runter.«

Als ich meinen Namen höre, setze ich mich gespannt auf. Ich wäre durchaus bereit, ein paar dieser Häufchen zu probieren, wenn sie sonst niemand haben möchte.

Erneut hebt Opa Karl seinen Teller in die Höhe. »Ich werde jetzt ein schönes Stück von dieser Torte essen, ob es dir nun passt oder nicht.«

»Dieser Mann macht mich noch wahnsinnig!« Oma Renate rudert mit den Armen in der Luft herum, wobei sie um ein Haar die Kaffeekanne vom Tisch fegt.

»Mutter, warum regst du dich denn so auf? Es ist doch nur ein Stück Kuchen.« Oliver schaut seine Eltern fragend an.

»Wenn es das doch nur wäre!« Meine Oma lässt die Hände auf den Tisch sinken. »Dein Vater nimmt sich nichts von dem an, was ich oder die Ärzte sagen. Wirklich gar nichts! Stattdessen schlägt er über die Stränge, wo es nur geht. So als wäre diese Sache mit dem Herzinfarkt niemals geschehen.«

»RENATE! Muss das denn jetzt schon wieder sein? Können wir das nicht zu Hause besprechen?« Opa Karl schlägt mit der Faust auf den Tisch.

Steffi, die ihn dabei mit erschrockenem Blick mustert, steht langsam auf. »Marilyn, kommst du gerade mal mit mir in die Küche?! Wir sollten schauen, ob wir noch irgendetwas für das Frühstück vorbereiten müssen.«

»Keine Angst, dat habe ich eben schon gemacht – is allet fertig.« Marilyn schiebt ihren Stuhl nach hinten und schlägt die Beine entspannt übereinander. »Ich will lieber hierbleiben. Am Ende verpass ich noch irgendwat.«

»Gut, wie du meinst. Ich werde trotzdem schauen, ob ich noch etwas machen kann. Du kannst ja nachkommen, wann immer du es für richtig hältst.«

Während sich Steffi noch ein Stück Kuchen auf ihren Teller lädt und den Raum verlässt, hat Olivers Gesicht einen sehr besorgten Ausdruck angenommen. »Also noch einmal von vorne: Was ist hier los? Ich dachte, deine Untersuchungsergebnisse waren alle in Ordnung.«

»Waren sie ja auch! Deine Mutter übertreibt mal wieder maßlos.«

»So, tue ich das?« Oma Renate zieht ihre Augenbrauen in die Höhe. »Die Blutwerte waren alles andere als optimal und von deinem Bluthochdruck will ich gar nicht erst anfangen.«

»Aber ich kann doch nicht leben wie eine Nonne im Kloster. Ich will einfach noch ein wenig Spaß haben.« Karl greift nach der Hand seiner Frau. »Renate, Schatz ...«

»Von wegen Renate Schatz!« Meine Oma zieht ihre Hand wütend zurück. »Wenn ihr wüsstet, was dieser Kerl alles treibt, seitdem er wieder einigermaßen auf dem Damm ist. Seit neuestem hängt er ständig mit diesem Friedhelm Schmitz aus unserer Straße rum. Das ist kein besonders guter Umgang, sage ich euch.«

»Ich kenne den alten Knaben. Der ist aber doch eigentlich recht nett, habe ich zumindest immer gedacht.« Oliver legt seine Gabel zur Seite und schaut seine Eltern aufmerksam an, während Opa Karl leise seufzt.

»Der ist alles andere als nett. Dieser Friedhelm stiftet deinen Vater zu allem möglichen Unsinn an. Sie gehen bis spät abends in irgendwelche zwielichtigen Kneipen ...«

»Wir spielen Skat in der Kirchenschenke, Renate, was soll daran zwielichtig sein?« Opa Karl schüttelt den Kopf.

»Und was ist mit dem neuen Auto, das du dir gekauft hast?«

»Du hast ein neues Auto, Karl? Das ist ja mal eine Neuigkeit! Was hast du dir denn gegönnt?« Gespannt wartet Uwe auf eine Antwort, als Oma Renate dazwischenfährt.

»Ja, mein lieber Schatz! Was steht denn da nur für ein schicker neuer Flitzer in unserer Garage?« Sie deutet hektisch mit dem Zeigefinger auf meinen Opa, der auf seinem Stuhl sitzt und plötzlich immer kleiner zu werden scheint. »Ein funkelnagelneues, knallgrünes Cabrio hat er sich aufschwatzen lassen. Und das in seinem Alter. Es ist mir ja so peinlich, wenn er mit seinem mintfarbenen Käppi samt passendem Schal durch die Gegend fährt und sich begaffen lässt.«

Für einen kurzen Moment ist es ganz ruhig am Tisch, bis Marilyn das Wort ergreift.

»Bei meinen Vater war dat ganz genau dat Gleiche. Der is mit seine Kumpels rumgehangen, hat sich so einen tiefergelegten Schlitten gekauft und all so ein Zeug. Ich glaube, dat nennt man den zweiten Frühling oder so in der Art. Dat is völlig normal, da kannste nix machen. Is sowat wie die Wechseljahre bei uns Frauen.« Sie legt meiner Oma die Hand auf den Arm. »Irgendwann hat der aber angefangen mit irgendwelchen billigen Flittchen rumzuhängen, und dat war für meine Mutter dann doch zu viel. Die hat sich den zur Brust genommen und ich kann euch sagen: Da hatte dem sein Arsch aber Kirmes.«

Meine Oma ist bei Marilyns Worten kreidebleich geworden. »Karl, das würdest du mir doch nicht etwa auch antun! Du lässt doch hoffentlich die Finger von solchen Damen?«

Mein Opa richtet sich auf und schaut seiner Frau ganz tief in die Augen. »Wie könnte ich jemals auf so eine Idee kommen? Ich bin doch sehr glücklich mit dir. Aber bitte, lass mir ein wenig Freiraum und sei nicht immer so furchtbar ängstlich!« Er streichelt meiner Oma zärtlich über die Wange und greift nach seinem Teller. »So, und jetzt möchte ich unbedingt ein Stück von deiner leckeren Torte, liebe Marilyn. Außerdem haben unsere beiden Jungs noch überhaupt nichts von ihrer Kreuzfahrt berichtet.«

Während sich die Stimmung am Tisch nun langsam entspannt und meine Herrchen erzählen, dass sie eine Woche lang eigentlich nur gegessen und getrunken haben, liege ich neben Layla und beschließe, ein wenig vor mich hinzudösen.

In meinem Traum stellt Marilyn mir gerade ein riesiges Stück selbstgebackener Schinkensahnetorte vor die Nase – als sich die Türe öffnet und Steffi den Raum betritt. Noch bevor ich mit meiner Schnauze ganz tief in die Torte hineintauchen kann, löst sich diese in Wohlgefallen auf und ich öffne verschlafen meine Augen.

»Entschuldigt bitte die Störung, aber Lotte und Herrmann aus der Bergblick-Suite lassen fragen, ob Marilyn die morgige Gästewanderung zum Mittagsplatzl begleitet, weil sie dann in jedem Fall auch mitgehen möchten.«

Mit einem Mal bin ich hellwach und zucke mit dem Schwanz von links nach rechts. *Gästewanderung* ist eines dieser Menschenworte, bei denen ich einfach nicht anders kann. Ich spitze meine Ohren und versuche, die Antwort nicht zu verpassen.

»Ne, dat is aber süß von die beiden! Ich bin auf jeden Fall dabei, wenn mein Cousin mich mitnimmt.« Marilyn schaut zu meinem Herrchen und klimpert mit den Augen.

»Bist du sicher, dass du das wirklich willst? Die Tour ist nicht so ganz ohne. Das ist schon etwas anderes als dein wöchentlicher Einkaufsbummel durch die Dortmunder Innenstadt.« Uwe knufft seiner Cousine grinsend in die Seite.

»Haha, dat war ja mal echt ein Klopper. Du wirst dich wundern, wat deine Cousine für Talente hat.« Marilyn dreht sich zur Seite und schaut zu Steffi, die immer noch in der Türe steht und auf eine Antwort wartet. »Du kannst die beiden sagen, dat ich morgen mit von die Partie bin.

»Oliver Schatz, ob ich wohl auch einmal auf eine dieser Wanderungen mitgehen dürfte? Ein wenig Bewegung würde mir sicherlich nicht schaden – und frische Luft ist ja bekanntlich auch nie verkehrt.« Oma Renate schaut ihren Sohn mit fragendem Blick an.

»Da musst du wohl Uwe fragen, der ist bei uns der Wanderführer.«

Der reißt panisch seine Augen auf, als Marilyn sich auf die Knie klatscht!

»Uii, Renate, wir gehen zusammen wandern – dat wird bestimmt ein Riesenspaß!«

TRAUMJOB
WANDERFÜHRER?

—

Am nächsten Morgen bin ich schon sehr früh wach und kann nicht mehr einschlafen, zu sehr freue ich mich auf unsere Gästewanderung. Ich springe aus dem Menschenbett und tapse auf leisen Pfoten in die Küche, um dort zuerst einmal meinen Futternapf zu kontrollieren. Da in diesem wie erwartet gähnende Leere herrscht, krieche ich als nächstes unter den Esstisch, um dort ein wenig mit Layla zu schmusen. Die schnarcht leise vor sich hin und hebt nur kurz ein Augenlid, als ich mich neben sie auf den Teppich fallen lasse. Ich kuschle mich an ihr warmes Fell und versuche noch einmal einzudösen, doch will mein kleiner Hundekopf einfach nicht müde werden. Ich wälze mich noch ein paarmal hin und her, leider ohne jeden Erfolg. Als Layla mich grummelnd anschaut, beschließe ich nachzuschauen, ob meine Herrchen mittlerweile wachgeworden sind. Ich hüpfe zurück auf das Bett und setze mich zwischen die beiden Menschen, die leise atmend nebeneinander liegen und nicht so aussehen, als würden sie in nächster Zeit aufstehen wollen. Mit meiner Pfote klopfe ich vorsichtig auf den Arm von Uwe, was der jedoch überhaupt nicht zu bemerken scheint. Erneut versuche ich mein Glück, doch abgesehen von einem leisen Brummen gibt mein Herrchen kein Lebenszeichen von sich. Ich drehe mich zu Oliver und streife mit meiner Pfote auch über seinen Arm, was ähnlich erfolglos verläuft, wie der vorherige Versuch, den ich bei meinem Herrchen gestartet habe. Ich wundere mich gerade nicht zum ersten Mal, wie tief die Menschen doch schlafen können, als Oliver ein Auge öffnet und müde in meine Richtung schielt. Sofort beginnt mein Schwanz zu wedeln und ich schlecke ihm aufgeregt über das Gesicht.

»Phoebe, verdammt! Lass mich schlafen.« Er schaut mit dem offenen Auge auf die eckige Uhr, die auf einem Tisch neben dem Bett steht. »Scheiße, es ist ja noch mitten in der Nacht. Komm, sei lieb und leg dich wieder auf deinen Platz!«

In diesem Moment dreht sich Uwe auf den Rücken und öffnet seinen Mund zu einem verschlafenen Flüstern. »Was ist denn los? Hat der Wecker schon geklingelt?«

»Mach die Augen wieder zu! Es ist erst halb sechs.« Oliver kuschelt sich unter seine Decke

und gibt vor zu schlafen, an seinem unregelmäßigen Atem kann ich jedoch erkennen, dass er
immer noch wach ist. Etwas fester als zuvor tapse ich mit meiner Pfote auf seinen Arm, was er
zu ignorieren versucht. Ich bearbeite seinen Arm
in unregelmäßigen Abständen weiter, bis Oliver
endlich beide Augen öffnet und mich mit einem
Seufzen anschaut. »Okay, du hast gewonnen.
Musst du etwa mal strullern? Sollen wir zwei kurz
in den Garten?«

Er scheint mein freudiges Schwanzwedeln völlig falsch zu verstehen und klettert gähnend aus
dem Bett. Kaum hat Oliver die Türe zum Garten
geöffnet, flutsche ich auch schon hinaus, um kläffend eine Schar Vögel durch die Büsche zu scheu-
chen. Ich drehe noch ein paar Runden, bis ich von
einer genervten Stimme zurück ins Haus gerufen
werde. »Phoebe, was soll denn das? Komm sofort
hierher – ich will zurück ins Bett!«

Widerwillig schleiche ich ins Haus und schaue
überrascht auf, als ich Uwe entdecke, der sich in
seinen Bademantel gewickelt hat und langsam in
unsere Richtung schlurft.

»Was macht Phoebe denn nur wieder für einen
Zwergenaufstand? Da kann ja kein normaler
Mensch schlafen.« Er hält sich die Hand vor den

Mund und gähnt lautstark. »Soll ich uns einen Kaffee kochen? Jetzt ist es ohnehin egal.«

Während Oliver die Augen verdreht, springe ich begeistert zwischen meinen beiden Menschen hin und her und freue mich, dass der Tag nun endlich beginnen kann.

Als Oliver und Uwe kurz darauf mit ihren Kaffeetassen auf dem Sofa sitzen und ich mich zwischen die beiden quetsche, könnte ich zufriedener kaum sein. Angelockt vom Gespräch unserer zwei Menschen verlässt auch Layla ihren Platz. Mit einem herzhaften Gähnen streckt sie ihren Körper in alle Richtungen und rollt sich grummelnd neben Olivers Füßen zusammen.

»Guten Morgen, meine Süße! Schön, dass du auch zu uns gekommen bist.« Lächelnd krault er Layla über den Kopf.

Eine Zeit lang sitzen wir so beisammen und genießen den friedlichen Moment.

»Ich bin schon sehr gespannt, was du mir heute nach der Wanderung erzählen wirst. Mit meiner Mutter und Marilyn im Schlepptau wird das sicherlich kein langweiliger Ausflug werden.« Oliver greift nach der Tasse und nimmt einen großen Schluck.

»Erinnere mich bloß nicht daran! Ich hoffe wirklich, dass Marilyn nicht wieder irgendwelche peinlichen Geschichten aus meiner verkorksten Kindheit ausgräbt. Die gute Renate hätte sicher ihre Freude daran.«

»Die hätte sie ganz bestimmt! Wer weiß, welche düsteren Geheimnisse du mit dir herumträgst …« Grinsend streckt Oliver die Beine aus und lässt sich ein wenig tiefer in das Sofa hineinsinken. »Anna hat übrigens gefragt, ob du Hector mitnehmen kannst. Sie hat wieder einmal irgendwelche Wahlkampftermine wegen dieser Gemeinderatssache.«

Als ich den Namen meines besten Freundes höre, stellen sich meine Ohren sofort auf.

»Klar kann der süße Moppel mitkommen. Ich drücke ihn einfach Marilyn aufs Auge, dann ist sie beschäftigt und erzählt vielleicht nicht ganz so viel. Ich rufe Anna gleich an und sage ihr Bescheid.«

Nach einem ausgedehnten Frühstück gehen wir zum Hotel, wo bereits eine kleine Menschengruppe auf der Sonnenterrasse sitzt und auf uns wartet.

Als ich Hector entdecke, flitze ich los, um ihn aufgeregt zu begrüßen. Ich schlecke ihm gerade über das flache Mopsgesicht, als ich aus dem Augenwinkel Layla entdecke, die schwanzwedelnd auf uns zu getrottet kommt. Oma Renate betrachtet unsere Begrüßung mit einem verliebten Lächeln und bückt sich zu uns herab. Nacheinander streichelt sie uns über den Rücken, wobei ihre Hand ganz besonders lange auf Laylas weichem Fell verweilt.

Nachdem Uwe die Gruppe begrüßt hat, schaut er sich suchend um. »Wo sind denn Rita, Stefan und die anderen beiden? Wollten die nicht auch mitkommen?«

Lotte, die mindestens genauso viele Speckrollen wie mein Freund Hector hat, schlendert auf mein Herrchen zu. Sie trägt einen riesigen Rucksack auf dem Rücken, der bei jedem ihrer Schritte raschelnde Geräusche von sich gibt. »Ich denke nicht, dass die noch kommen werden. Wir haben die vier gestern Abend im Pilsstüberl getroffen. Die haben gesoffen wie die Löcher und konnten kaum noch geradeaus schauen. Bei der Zeche, die sie in der Kneipe gemacht haben, wird sie der Wirt ab sofort ganz sicher in sein Nachtgebet miteinschließen.«

»Jetzt sei doch nicht so garstig, Schatz! Die vier haben doch Urlaub, da kann man ruhig auch mal ein wenig über die Stränge schlagen.« Herrmann greift nach dem speckigen Arm seiner Frau und zieht sie behutsam in seine Richtung. Lotte will gerade etwas erwidern, als sie mit offenem Mund stehen bleibt und zur Eingangstüre starrt, wo soeben Marilyn erschienen ist. Auch meinem Herrchen scheint es bei ihrem Anblick die Sprache verschlagen zu haben, doch fängt er sich ziemlich schnell wieder.

»Marilyn, schön, dass du auch schon da bist.« Er schaut an seiner Cousine herab, wobei sein Blick zuerst an der aufgetürmten Frisur und danach an dem kurzen Rock und den roten Badeschlappen hängen bleibt.

»Magst du dich noch schnell umziehen oder willst du in den Klamotten mit uns wandern gehen?«

»Gott bewahre! Ich flitz noch schnell zum Auto rüber, da hab ich ein paar schicke Wanderschühkes drin. Bin gleich wieder da.«

Während Marilyn eilig zum Parkplatz läuft, schüttelt Oma Renate ihren Kopf. »Die Frau hat wirklich Mut. Dieser Rock ist ja nun eher ein breiter Gürtel und diese Farbe, nein diese Farbe!«

»Renate, kannst du bitte kurz zu mir kommen, damit wir ... ähm ... deinen Rucksack überprüfen können?«

»Alles klar Uwe, ich habe den Wink schon verstanden.« Meine Oma streicht sich ihre Jacke glatt. »Soll ich dann Layla nehmen oder wie hättest du es gerne?«

Bevor mein Herrchen antworten kann, ist Marilyn auch schon wieder zurück. Sie streckt einen Fuß in Renates Richtung. »Na, wat sagste dazu? Sind dat nich ein paar Hammer-Wanderstiefelkes? Die hab ich im Internet gefunden. Dat is wohl im Moment den letzten Schrei.«

»Tja, was soll ich sagen? Ich habe noch nie in meinem Leben paillettenbesetzte Wanderstiefel gesehen ... und dann auch noch in pink.« Als Oma Renate den bittenden Blick meines Herrchens auffängt, beendet sie ihren Satz. »Die passen wirklich perfekt zu deinem Rock.«

Ein stolzes Lächeln erscheint auf Marilyns Gesicht, welches noch ein wenig breiter wird, als sie meinen Freund Hector entdeckt, der gerade erfolglos versucht, eine Fliege zu fangen.

Bevor wir losgehen, erzählt mein Herrchen noch etwas zum Mittagsplatzl, zu dem wir gleich wandern werden. Ich habe seinen Vortrag schon einige Male gehört, weshalb ich entspannt neben ihm liege und mich in Ruhe auf unserer Terrasse umschaue. Auf einer Bank im Schatten sitzen Lotte und Herrmann. Während die rundliche Frau gedankenverloren an einem Schokoriegel herumknabbert, lauscht ihr Mann interessiert Uwes Worten.

Ich schaue zu Marilyn, die gerade die Röllchen in Hectors Nacken massiert, was diesem ein zufriedenes Augenrollen entlockt und ich sehe Layla, die ihren Kopf vorsichtig auf das Knie von Oma Renate gelegt hat.

Kaum hat Uwe seine Erzählung beendet, geht es endlich los und wir marschieren durch den Wald in Richtung Mittagsplatzl.

Hector lässt sich geduldig an der Leine über den Wanderweg führen, dabei himmelt er Marilyn unentwegt an. Ich lasse mich ein Stück zurückfallen und beobachte die beiden neugierig, denn irgendetwas an diesem verliebten Mops-Blick kommt mir äußerst verdächtig vor. Als sich Marilyn gerade unbeobachtet fühlt, greift sie in ihre Handtasche und steckt meinem Freund ein unglaublich großes Stück Weißwurst zu. Als der Duft meine Nase erreicht, bin ich nicht zu halten und flitze in Hectors Richtung, wo ich mich freundlich hechelnd vor Uwes Cousine auf den Boden setze. Ein Blick zu Layla zeigt mir, dass auch sie die köstliche Fährte aufgenommen hat. Hungrig zerrt sie Oma Renate zu uns und so hocken wir schon kurz darauf zu dritt vor der Frau, in deren Tasche wir unsere wohlriechende Belohnung vermuten.

»Marilyn, könnte es sein, dass du Hector heimlich mit irgendwelchem Zeug aus unserer Hotelküche fütterst?« Mein Herrchen ist stehengeblieben und betrachtet uns, wie wir noch immer versuchen, Marilyn mit Blicken zu hypnotisieren.

»Ach komm schon! Is doch nur ein bisken wat von die Wurst, die heute früh übrig geblieben is. Dat süße Möpsken hier muss doch auch wat essen.« Marilyn krabbelt mit ihren langen Fingernägeln, die den Duft der Wurst verströmen, über Hectors runden Kopf. Schnell schlecke ich ihr über die Hand, um wenigsten den Geschmack der Weißwurst auf meiner Zunge zu schmecken.

»Hast du vergessen, dass ich Anna versprechen musste, ihn zwischendurch nicht zu füttern? Du weißt schon, wegen seiner Diät.« Uwe malt beim letzten Wort mit den Fingern kleine Gänsefüßchen in die Luft.

»Du hast den Wonneproppen ja auch nix zum Futtern gegeben. Dat war ja schließlich ich.« Sie bückt sich zu Hector und öffnet ihre Handtasche. Als sie jedoch Uwes ärgerlichen Blick bemerkt, lässt sie diese gleich wieder zuschnappen. Ich bin mir ziemlich sicher, dass Marilyn die Wurst nicht mit zurück ins Hotel nehmen wird, denn Hector kann wirklich sehr überzeugend sein, wenn es darum geht, sich etwas Essbares zu erbetteln.

Als wir weitergehen läuft mein Freund entspannt neben mir her. »Ich kann mir einfach nicht helfen, aber ich liebe diese Frau!« Er schaut Marilyn aus seinen kugelrunden Augen treuherzig an und grunzt zufrieden. »Hoffentlich gehen sie und ihre gut gefüllte Tasche noch ganz oft mit uns spazieren.«

Ich überlege gerade, wie wir es wohl anstellen können, noch ein Stück der köstlichen Wurst, deren Duft noch immer meine Nase kitzelt, abzustauben, als Marilyn den Arm von Oma Renate festhält. Die schaut Uwes Cousine überrascht an.

»Du, ich hab da gestern wat gesagt, wegen dat hab ich jetzt ein ganz ein schlechtet Gewissen, wirklich ein ganz ein schlechtet ...« Marilyn beißt sich auf die buntbemalte Lippe und bleibt stehen.

»Ach herrje! Was meinst du denn nur? Eigentlich müsste ich mich ja bei dir entschuldigen, weil du diesen dummen Streit mitbekommen hast. So etwas ist ja sonst gar nicht meine Art.«

»Ach, dat war doch nix. Da bin ich aber ganz andere Sachen gewöhnt, dat kannst du mir aber glauben. Aber wovon ich da gestern erzählt habe, du weißt schon, dat mit meinen Vater und die billigen Flittchen ... Ich wollte damit nich sagen, dat dein Karl auch sowat anstellt. Der is echt einen von die Guten – nich so wie mein Vater, den alten Saufkopp.«

»Das weiß ich doch, Marilyn. Aber ich erkenne meinen Karl im Moment wirklich kaum wieder. Es kommt mir vor, als hätte er Angst irgendetwas zu verpassen. So als würde ihm die Zeit davonlaufen. Verstehst du, was ich damit meine?«

»Aber dat is doch ganz normal. Den is ja wirklich nur ganz knapp den Tod von der Schippe gesprungen, den Karl. Ich glaub, da wird dat ganze Denken komplett umgekrempelt. Da sieht man dat Leben wahrscheinlich mit ganz andere Augen, wenn man sowat erlebt hat.«

Schweigend gehen die beiden Frauen nebeneinander her, bis Marilyn erneut stehen bleibt. »Renate, darf ich dir nochwat sagen, wat mir schon ganz lange unter die Nägel brennt? Du darfst aber nich sauer sein.«

»Das hört sich ja gefährlich an.« Mit einem Lächeln legt Oma Renate die Hand auf Marilyns Arm. »Dann schieß mal los! Ich werde dich schon nicht auffressen.«

»Dein Karl is echt ein feiner Kerl und ich glaub ja nich, dat du dir da Sorgen machen musst, wegen andere Weiber und so ...«

»Aber ...?« Oma Renate verschränkt die Arme vor der Brust und zieht eine Augenbraue nach oben.

»Wenn du auf Nummer sicher gehen willst, solltest du vielleicht ein bisschen wat mehr aus dir machen. Du bist doch echt eine hübsche Frau, also für dein Alter mein ich jetzt, aber deine Klamotten sind stinklangweilig. Immer allet nur in braun und grau. Und ein bisschen Farbe im Gesicht würd bestimmt auch nich schaden.«

»Nun ja, Marilyn! Es kann halt nicht jeder diesen, sagen wir mal, exzessiven Kleidungsstil zur Schau tragen, wie du es tust.« Oma Renate streicht sich eine Locke hinter das Ohr.

»Ja, genau! Weißt du, so schöne Sachen sagt den Dieter auch immer zu mir ...« Marilyns Stimme ist mit einem mal sehr leise, sie blickt traurig zu Boden.

»Er fehlt dir sehr, dein Dieter, nicht wahr?«

»Ach Renate, ich weiß gar nich wie lange ich dat ohne dem Mistkerl noch aushalten kann.«

»Oh, diese verfluchten Männer! Du kannst nicht mit ihnen leben, aber ohne sie geht es irgendwie auch nicht.« Oma Renate schüttelt den Kopf und hakt sich bei Uwes Cousine unter. »Komm Liebes, wir sollten langsam weitergehen.«

Während sich die beiden Frauen nun Seite an Seite in Bewegung setzen, lege ich meine Stirn in Falten, was immer passiert, wenn ich über etwas nachdenken muss. »Weißt du worüber die beiden da gerade gesprochen haben?«

»Ich habe keine Ahnung! Ist mir aber auch egal, denn solange ich noch ein bisschen was von der leckeren Wurst bekomme, können die zwei reden, worüber sie wollen.« Hector hebt den Kopf und schnüffelt kurz an Marilyns Tasche, dann schaut er mich mit aufgewecktem Blick an. »Komm, wir machen einen Abstecher in den Wald und schauen, ob wir eins von diesen dummen Eichhörnchen erschrecken können. Oder vielleicht finden wir auch irgendetwas Stinkiges, in dem wir uns wälzen können.« Mein Freund trippelt aufgeregt hin und her.

»Lieber nicht! Die letzte Dusche, die mir Elfriede in der Hundepension verpasst hat, steckt mir jetzt noch in den Knochen.« Ich stupse Hector liebevoll in die Seite. »Aber Eichhörnchen erschrecken hört sich toll an! Schau, da vorne ist eine gute Stelle – ich kann die Biester schon wittern.«

»Warte einen Moment! Ich muss da vorher noch schnell etwas erledigen.« Bevor ich eigentlich weiß, was genau passiert, hockt sich Hector mitten auf den Weg, trampelt ein wenig mit den Hinterpfoten herum und lässt ein riesiges Geschäft auf die Erde plumpsen. Es hat die Form der Weißwurst, die er soeben verspeist hat, der Geruch ist allerdings nicht ganz so appetitlich. Lotte, die gerade in einer Tüte Gummibärchen herumfingert, verzieht angewidert das Gesicht und hält sich die Nase zu.

»Mein lieber Scholli! Da hat aber jemand einen Stinker gelassen.« Marilyn betrachtet den dampfenden Haufen beeindruckt. Als Uwe mit einem grünen Beutel in unsere Richtung eilt, nimmt sie ihm diesen aus der Hand. »Ich mach dat schon,

schließlich bin ich ja heute für dat kleine Möpsken verantwortlich.«

»Marilyn, du solltest wissen, dass diese Tüten
aus einem speziellen, umweltschonenden Material gefertigt wurden, welches …« Mein Herrchen
will wohl noch etwas erklären, kommt jedoch
nicht allzu weit.

»Wat soll daran denn so speziell sein? Dat sind
Kackbeutel. Sowat gibt dat bei uns in Dortmund
an jeder Ecke.« Marilyn öffnet die Tüte und
grabscht beherzt nach dem sehr weichen Haufen.

»Liebes, die Dinger sind wasserlöslich und re-
agieren auf jede Art von Feuchtigkeit sehr emp-
findlich – du solltest dich jetzt beeilen und den
Beutel ganz schnell entsorgen!« Uwe deutet auf
ein paar Felsbrocken.

»Wasserlöslich?« Panisch hält sie den grünen
Beutel, der langsam beginnt sich aufzulösen, in
der Hand. »Wat soll ich denn damit machen, um
Himmels willen?«

»Marilyn! Schmeiß das Teil hinter irgendeinen
Stein oder sonst wohin!« Langsam wird auch
mein Herrchen hektisch.

»Wie jetzt, ich soll dat Dingen irgendwohin
pfeffern? Dat geht aber doch nich.«

»Jetzt mach schnell, in Gottes Namen! Beim nächsten Regen löst es sich doch sowieso auf!«

»Ja, aber wo soll ich dat denn hintun? Ich ...« In diesem Moment verlässt der erste braune Tropfen den Beutel. Marilyn kreischt entsetzt auf. Sie will die Tüte gerade mit Schwung von sich werfen, als diese aufplatzt und der komplette Inhalt auf ihren glitzernden Wanderstiefeln landet. »NEEEEIIIIIN! Meine schönen neuen Schuhe! Wer erfindet denn so ein elendet Kackzeug?«

Layla sitzt im Gras und beobachtet die herumfluchende Marilyn fasziniert. »Warum sammeln die Menschen eigentlich unsere Haufen ein? Ich kann mir beim besten Willen nicht vorstellen, wozu sie die gebrauchen könnten.«

Ratlos schaue ich Hector an, denn diese Frage habe ich mir auch schon sehr häufig gestellt, ohne auf eine logische Erklärung zu stoßen, doch hat auch mein sonst so kluger Freund keine einleuchtende Antwort für uns parat.

Lotte, die ihre Gummibärchen mittlerweile wieder eingepackt hat, reicht Marilyn eine Flasche Wasser, mit deren Inhalt sie nun versucht ihre Schuhe zu säubern. Die anderen Menschen weichen hektisch ein paar Schritte zurück, als sie das

Wasser wütend über ihre Schuhe spritzen lässt. »Kacke, verdammte! Dat nächste Mal lass ich den Haufen einfach liegen, dat kann ich euch sagen. Elende Dreckskacke, elende!«

Als wir kurz darauf unseren Weg fortsetzen, treffen wir auf immer mehr Menschen, die das sonnige Wetter vor die Türe gelockt hat. Mein Herrchen schaut auf die Uhr, die an seinem Arm baumelt. »Was ist denn heute hier nur wieder los? Das ist ja die reinste Völkerwanderung. Ich kenne da eine kleine Abkürzung – ich denke, die sollten wir nehmen.«

Hector schaut mich an und schüttelt mit dem Kopf. »Das kann doch wieder nur schiefgehen, Phoebe. Hat er sich beim letzten Mal an genau dieser Stelle nicht auch verlaufen?«

»Zum Glück sind wir beide ja heute zum Aufpassen dabei!« Mit hoch erhobenem Schwanz ziehe ich mein Herrchen hinter mir her, bevor er noch die falsche Abkürzung erwischt.

Nach und nach wird es tatsächlich ruhiger auf unserem Weg, bis wir völlig alleine durch den Wald laufen und nur vom fröhlichen Zwitschern der gefiederten Waldbewohner begleitet werden. Marilyn, deren Schuhe nicht mehr ganz so stark glitzern wie zu Beginn der Wanderung, dafür aber einen unverkennbaren Duft hinter sich herziehen, hat sich bei Oma Renate eingehakt. Voller Stolz betrachtet sie ihren Cousin, der gerade orientierungslos eine Wanderkarte in seinen Händen hin- und herdreht. »Ach ja, den kleinen Uwe. Den hat es ganz schön weit gebracht. Weißt du, da wo wir herkommen, da is sowat nich unbedingt an der Tagesordnung. Uwes Eltern sind vor Stolz ja fast geplatzt, als ihr Junge dat geschafft hat, die höhere Schule zu besuchen.« Marilyn seufzt leise. »Und wenn den nich ausgerechnet zu blöd zum Fußballspielen gewesen wär ... Ach, sein Vater wär wohl der glücklichste Mensch der ganzen Welt gewesen. Aber man kann eben nich alles haben.«

»Himmel, da hast du recht. Mit einem Fußball kann mein lieber Schwiegersohn wirklich nicht besonders viel anfangen.« Meine Oma schüttelt lächelnd den Kopf. »Aber glaube mir, auch wenn er kein Ronaldo ist, sind wir mittlerweile wirklich überglücklich, dass wir ihn haben.«

»Mittlerweile?«

»Weißt du, Marilyn, anfangs war es nicht ganz einfach für uns, dass Oliver und er, ... du weißt schon!« Renate wedelt unschlüssig mit der Hand in der Luft herum.

»Du meinst, dat die den Toast auf die falsche Seite gebuttert haben?«

»Ja, so kann man es wohl auch ausdrücken. Wir haben uns natürlich für unseren ältesten Sohn etwas ganz anderes vorgestellt. Eine nette Schwiegertochter, Enkelkinder, auf die wir ab und zu aufpassen können – das Übliche halt.«

»Naja, und nun habt ihr Phoebe und dat Layla. Dat gibt bestimmt viel schlimmere Enkelkes, dat kannste mir aber glauben. Wenn ich da allein an die Rotzblagen von meine Schwester denk, die willst du ganz sicher nich geschenkt haben!« Marilyn bleibt stehen und blickt meine Oma mit ernstem Gesicht an. »Die zwei Jungens, die sind den Pott und den Deckel, die wo zusammengehören, und dat is auch verdammt gut so!« Mit einem zärtlichen Lächeln betrachtet sie ihren Cousin für einen Moment.

»Marilyn, kannst du bitte kurz Layla nehmen?« Ohne eine Antwort abzuwarten, drückt Renate der überraschten Frau die Leine in die Hand und eilt zu meinem Herrchen. Der unterhält sich gerade mit Herrmann über irgendeinen Trampel namens Donald, der scheinbar eine ganz schreckliche Frisur hat und auch ansonsten ziemlich viele dumme Ideen in seinem Kopf mit sich herumträgt. Kaum hat Renate die beiden erreicht, nimmt sie Uwe ganz fest in den Arm und drückt ihm einen Kuss auf die Wange.

»Wow! Wofür war das denn?«

»Einfach nur so, weil ich heilfroh bin, dass du den Weg in unsere Familie gefunden hast.« Oma Renate bemerkt erst jetzt die fragenden Blicke von Herrmann und Lotte, die mittlerweile dabei ist, eine Tüte Chips zu leeren.

»Entschuldigt die Störung, es ist einfach gerade über mich gekommen.« Sie dreht sich um und eilt zurück zu Marilyn. An einem steilen Abhang erblickt sie einen riesigen Schmetterling, der mit fröhlichen Flügelschlägen um uns herumflattert.

»Marilyn, schau nur! Das ist aber ein besonders schöner Schmetterliiiiiiiiii...«

Und mit einem Mal ist Renate weg!

Für einen Moment weiß ich gar nicht, was gerade passiert ist. Mein Herrchen steht am Abgrund und schaut entsetzt nach unten. »Oh mein Gott, oh mein Gott! Renate, lebst du noch? Renate sag doch bitte etwas!«

Ich höre ein leises Stöhnen und weiß nicht, was ich machen soll. Ich schaue mein Herrchen hilfesuchend an, lasse den Blick über unsere kleine Gruppe schweifen und entdecke eine unbeschreibliche Verzweiflung in Laylas großen Augen. Nur kurz scheint sie unsicher zu sein, um dann genau zu wissen, was sie zu tun hat.

Mit einem Ruck reißt sie Marilyn die Leine aus der Hand und stürzt auf den steilen Abhang zu, um diesen auf unsicheren Beinen vorsichtig hinabzuklettern. Lotte, die ihre Chipstüte ängstlich an sich drückt, hält sich mit der freien Hand die Augen zu, während Uwe vergeblich versucht, die Leine zu erwischen. »Layla, verdammt nochmal! Was machst du denn nur? Komm sofort zurück!«

Doch die denkt gar nicht daran umzukehren. Zielstrebig versucht sie die Felsplatte zu erreichen, auf der ich Renate zusammengerollt liegen sehe. Die Leine verfängt sich an einem Strauch, Lotte kreischt entsetzt auf, doch kann sich Layla losreißen und erreicht schließlich unversehrt meine Oma Renate. Nun bin auch ich nicht mehr zu halten und folge Laylas Spur in den Abgrund. Der Weg ist holprig und einige Male rutsche ich auf den glatten Steinen aus. Zum Glück bin ich die reinste Klettermeisterin und so sitze ich schon kurze Zeit später neben Layla, die Renate vorsichtig mit der Nase anstupst. Ganz eng drücken wir uns an die Frau, die wir so sehr in unsere Hundeherzen geschlossen haben, doch gibt sie kein Lebenszeichen von sich. Erst als ein klägliches Wimmern Laylas Kehle verlässt, öffnet Oma Renate langsam ihre Augen und schaut uns verwirrt an. Erleichtert schlecke ich ihr mit meiner feuchten Zunge über die Finger, was ihr ein zaghaftes Lächeln entlockt. Als ich ein lautes Winseln höre, schaue ich nach oben und entdecke Hector, der scheinbar auch den Weg nach unten antreten will. Lotte, die ihre Chipstüte im hohen Bogen durch die Luft geworfen hat, erwischt ihn jedoch im letzten Moment am Halsband. »Oh nein, mein Freund, du bleibst hier!« Sie legt ihm seine Leine an. »Wenn du mit deinem dicken Hintern da runterkugelst, sehen wir dich wahrscheinlich niemals wieder.« Entrüstet starrt Hector die füllige Frau an, bleibt jedoch brav an ihrer Seite sitzen.

Neben meinem Freund hocken Uwe und Marilyn und blicken atemlos zu uns herab.

»Renate, du lebst! Dem Himmel sei Dank!« Uwe wischt sich ein paar Schweißtropfen von der Stirn und schaut seine Cousine panisch an.

»Marilyn, was sollen wir denn jetzt nur machen? Wir sind hier wirklich am Ende der Welt und in einem riesigen Funkloch.«

»Jetzt tust du erstmal tief durchatmen und lässt mich machen! Ich war ja früher lange bei die Pfadfinder. Ich weiß genau, wat da zu tun ist.« Marilyn holt tief Luft und legt ihre Hände an den Mund. »Renate, sach ma wat, wenn du mich hören kannst!«

Meine Oma, die Layla und mich ganz fest im Arm hält, öffnet den Mund. Ihre Stimme ist nur ein leises Krächzen. »Diese Schmerzen, diese furchtbaren Schmerzen ...«

»Renate, kannst du dich bewegen?« Nun ist es Uwe, der in unsere Richtung brüllt.

»Ich ..., ich denke schon. Bitte, ihr müsst mir helfen. Ihr dürft mich hier nicht sterben lassen.« Oma Renate schluchzt hemmungslos auf.

Lotte, die sich nun auch über den Abgrund gebeugt hat, fischt ein paar bunte Päckchen aus ihrem Rucksack. »Renate, möchtest du vielleicht einen Schokoriegel haben? Vielleicht kommst du damit wieder zu Kräften. Ich habe Vollmilch, Marzipan, Nougat, ...«, doch der Blick, den Herrmann seiner molligen Frau daraufhin zuwirft, lässt diese augenblicklich verstummen.

Während Layla und ich versuchen Oma Renate zu wärmen, scheint Marilyn eine Idee zu haben. Erneut hält sie die Hände vor den Mund. »Schätzeken, siehst du den Vorsprung da über deinen Kopf?« Renate schaut nach oben und zeigt nickend mit dem Finger auf einen großen Stein.

»Du musst jetzt versuchen genau dahin zu klettern. Ich glaub, dat ich dich dann erreichen und zu uns hochziehen kann.«

Oma Renate reißt die Augen entsetzt auf. »Bist du wahnsinnig geworden? Ich werde mir alle Knochen im Leib brechen.« Erneut bricht sie in Tränen aus, als Marilyns Stimme ungewohnt streng nach unten schallt.

»Renate, du tust dich jetzt gefälligst mal zusammenreißen und hörst mit den Theater auf! Du wirst jetzt dein verdammtet Hinterteil da auf den Felsen bewegen, sonst komm ich dir aber da runter.« Ihr Tonfall wird etwas versöhnlicher, als sie weiterspricht. »Dein Mann braucht dich doch noch. Und wat is mit die beiden Jungens und die Hunde?«

Oma Renate schaut nach oben und zögert für einen Moment, dann geht ein Ruck durch ihren Körper und sie richtet sich entschlossen auf.

»Also gut, ich werde es versuchen. Lieber Gott, steh mir bei!«

Langsam erhebt sie sich und krabbelt auf allen Vieren über den Boden. Mein Herrchen beobachtet jede Bewegung ganz genau und vergisst zwischendurch immer wieder Luft zu holen. Als Renate die Steinplatte fast erreicht hat, rutscht sie ab und kugelt ein Stück zurück, kann sich jedoch an einem Strauch festhalten und kämpft sich erneut nach oben. Marilyn lässt sie dabei nicht aus den Augen.

Als Oma Renate ihr Ziel endlich erreicht hat, bricht sie schnaufend zusammen. Sofort sind Layla und ich an ihrer Seite, damit sie nicht alleine ist.

Marilyn schmeißt ihre Handtasche zu Boden und zieht hastig ihre Stiefel aus. »Herrmann, Uwe, ich werd jetzt dat Renate hier hochziehen und ihr müsst mich an die Füße halten – so fest wie dat eben geht!«

Während die beiden Angesprochenen ihre Position einnehmen und Marilyns Oberkörper langsam über dem Abgrund verschwindet, meldet sich Lotte zu Wort. »Herrmann, wehe du schaust der Frau unter ihren Rock!«

Fassungslos schüttelt mein Herrchen bei ihren Worten den hochroten Kopf und umklammert mit aller Kraft den Fuß seiner Cousine. Ihre Arme kommen näher und näher, bis sie nach Oma Renates Fingern greifen kann. Marilyn nimmt einen tiefen Atemzug und schon werden die beiden Frauen Stück für Stück nach oben gezogen. Gemeinsam mit Layla beobachte ich das Geschehen und springe überglücklich zwischen den Menschen hin und her, als Oma Renate endlich in Sicherheit ist. Weinend fällt sie Marilyn um den Hals, die sich kreidebleich zu Boden sinken lässt. »Verdammt, Renatken! Ich glaub, langsam werd ich echt zu alt für sowat ...«

Während mein Herrchen die beiden Frauen nun schluchzend umarmt, entdecke ich aus dem Augenwinkel meinen Freund Hector, der zufrieden schmatzend vor Marilyns geöffneter Handtasche sitzt und die letzten Reste der köstlichen Weißwurst verspeist.

DIE FAST
SPRECHENDE KUH
—

Am nächsten Tag darf Uwe mit Layla und mir zu Hause bleiben. Oliver hat gesagt, dass er seinen Schrecken erst einmal überwinden soll und deshalb nicht zum Arbeiten in die Montara Suites kommen muss. Zum Glück bleiben wir nicht die ganze Zeit im Haus sitzen, sondern treffen uns mit Barbara und Angelo, der heute zum ersten Mal mit uns in die Hundeschule gehen darf. Vorher werden wir jedoch noch gemeinsam einen Spaziergang durch den Wald machen, damit wir nicht zu aufgeregt sind und uns auf dem Hundeplatz gut konzentrieren können.

Als wir unseren Treffpunkt am Waldesrand erreicht haben, biegt auch gerade Barbara um die Ecke. Sofort stürmt Angelo mit einem wilden Bellen auf uns zu. Als er Kurs auf Layla nimmt, will ich mich schon schützend dazwischenwerfen, doch stellt die ein paar ihrer Nackenhaare auf und beginnt vorsichtig zu knurren. Beeindruckt bleibt Angelo stehen, wohl um seinen nächsten Schritt kurz zu überdenken, als sein Schwanz plötzlich zu wedeln beginnt und er Layla vergnügt mit der Nase anstupst. Erleichtert, dass ich keinen Streit schlichten muss, geselle ich mich zu den beiden und bin wirklich sehr stolz auf Layla, die langsam lernt, auf eigenen Pfoten zu stehen.

Kaum hat auch Barbara uns erreicht, fällt Uwe ihr um den Hals.

»Ach Barbara, bin ich froh dich zu sehen! Es war ja so ein schlimmer Tag gestern. Du kannst dir gar nicht vorstellen, was wir durchgemacht haben!«

»Oliver hat mir schon alles am Telefon erzählt. Du armer Kerl, das war bestimmt ganz schrecklich für dich.« Betroffen legt Barbara die Hand an ihre Brust. »Wie geht es denn deiner Schwiegermutter?«

»Wir haben sie gestern noch ins Krankenhaus gebracht. Zum Glück hat sie sich nur das Bein verstaucht und ein paar Schürfwunden abbekommen. Du glaubst ja nicht, wie glücklich Karl gewesen ist, als er seine Renate wieder in den Armen halten konnte. Egal wie oft sie sich auch zanken, die zwei sind einfach ein ganz wundervolles Paar.« Als Uwe weiterspricht, höre ich ein Zittern in seiner Stimme. »Als ich Renate dort auf dieser Felsplatte völlig reglos liegen sah, hatte ich ganz entsetzliche Angst um sie. Weißt du, in diesem

Moment habe ich gespürt, wie viel mir diese Frau bedeutet. Ich habe ja keine eigene Mutter mehr und irgendwie hat Renate wohl den Platz meiner Ersatzmutter eingenommen – und dafür bin ich ihr sehr dankbar.«

Barbara lauscht Uwes Worten schweigend. Ein Lächeln erscheint in ihrem Gesicht, als er sich stolz zu uns herabbückt.

»Und unsere beiden Mädels hier, die hättest du wirklich sehen sollen! Todesmutig sind die zwei den Abhang hinuntergeklettert, nur damit Renate nicht alleine ist.« Eine dicke Träne kullert aus seinem Auge, als er das Gesicht dicht an mein Fell drückt und ganz leise flüstert. »Ich bin ja so froh, dass euch nichts passiert ist!«

Angelo, der immer noch mit seinem Schwanz wedelt, sitzt aufmerksam neben Barbara und beobachtet mein Herrchen ganz genau. Langsam schleicht er in unsere Richtung und hockt sich neben Layla, die sofort ein Stück zur Seite rückt, um nicht im Weg zu sein. Erstaunt schaut Uwe den mageren, schwarzen Hund an. »Ja Angelo, willst du auch ein bisschen von mir gekrabbelt werden? Das hatten wir aber auch noch nicht.« Lächelnd lässt er die Finger über das struppige Fell gleiten, was Angelo sehr gut zu gefallen scheint. Er brummt zufrieden, während er den Kopf in die Höhe reckt. Eigentlich habe ich nichts dagegen, dass mein Herrchen ab und zu auch andere Hunde streichelt, doch irgendwie genießt mir Angelo sein Verwöhnprogramm gerade doch ein wenig zu sehr. Mit einem bestimmten Schnaufen schiebe ich meinen Kopf zwischen ihn und die streichelnden Finger, denn schließlich handelt es sich hier um mein Herrchen und das soll Angelo ruhig wissen.

Als sich Uwe wieder erhebt, lächelt er noch einmal in unsere Richtung, um sich dann seiner Freundin zu widmen. »Aber die eigentliche Heldin war gestern definitiv meine Cousine. Wir hätten ohne sie und ihr mutiges Handeln ziemlich alt ausgesehen.«

»Ich habe sie kennengelernt, als ihr im Urlaub gewesen seid und ein paar wirklich sehr interessante Gespräche mit ihr geführt.« Barbara schüttelt den Kopf, wobei ihre grauen Haare fröhlich hin- und herschaukeln. »Herr im Himmel, die Frau ist wirklich eine Granate!«

»Du hast Marilyn getroffen?«

»Ja, letzten Dienstag war ich kurz bei euch im Hotel, um meine leeren Marmeladengläser abzuholen und da habe ich dann einen Kaffee mit ihr getrunken. Stell dir nur vor, Marilyn hat ein paar wirklich gute Ideen für meinen Roman beigesteuert, die ich dann auch gleich umgesetzt habe. Ich bin mittlerweile schon ein gutes Stück vorangekommen. Allerdings …«

»Allerdings was?« Mein Herrchen wirft seiner Freundin einen kritischen Blick zu.

»Na ja, ihre Anregungen waren schon sehr, sagen wir mal *plastisch* und irgendwie haben mich diese ganzen Fantasien und Gedanken ein wenig wuschelig gemacht.« Barbaras Gesicht nimmt eine dunkelrote Farbe an, als sie weiterspricht. »Um mich abzulenken habe ich kurzerhand an einem zweitägigen Tierkommunikations-Workshop bei der Zöllner Josefine teilgenommen.«

»Zöllner Josefine?« Mein Herrchen kratzt sich am Kopf. »Haben sie die nicht irgendwann einmal drangekriegt, weil sie ein paar Gänseblümchen durch Olivenöl gezogen und das Ganze dann als Bachblüten verscherbelt hat?«

»Ach, du weißt doch wie die Leute reden. Außerdem ist das ja nun auch schon sehr lange her.« Barbara kickt einen kleinen Tannenzapfen mit ihrem Fuß zur Seite, der raschelnd in den Büschen verschwindet. »In jedem Fall war es eine sehr interessante Erfahrung für mich. Die Josefine hat das wirklich ganz toll angeleitet.«

»Und was hat dir dein Angelo so alles erzählt?« Gespannt wartet mein Herrchen auf eine Antwort.

»So einfach funktioniert das nun auch wieder nicht! Mit dem eigenen Tier darf man erst ab dem dritten oder vierten Workshop kommunizieren. Wir konnten uns zum Üben mit den Kühen von der Josefine unterhalten, die sie im Stall stehen hat.«

»Du hast mit einer Kuh geplaudert?« Ein Grinsen schleicht sich in Uwes Mundwinkel.

»Na ja, sagen wir mal, ich habe versucht Kontakt zu einer der Kühe aufzunehmen, aber irgendwie hatte das Rindvieh mir nicht allzu viel mitzuteilen. Ich denke, dass ich da irgendetwas falsch gemacht habe.« Barbara macht eine fahrige Handbewegung. »Aber wenigstens hat mich das Ganze auf andere Gedanken gebracht – und das war ja Sinn und Zweck der Übung.

»Barbara, du bist echt zum Schießen! Da stellst du dich in irgendeinen Stall und versuchst dich mit einer ollen Kuh zu unterhalten.« Mein Herrchen knufft seiner Freundin in die Seite und spricht dann fröhlich weiter. »Komm, lass uns noch eine Runde drehen, bevor die Hundeschule anfängt! Ich erzähle dir gerne ein paar aufregende Geschichten aus unserem Urlaub. Das lenkt dich auch ab und ist dazu noch völlig umsonst.« Lachend setzen sich die beiden in Bewegung und ich bin schon jetzt gespannt, was wir später auf dem Hundeplatz erleben werden.

Als wir nach einem ausgedehnten Spaziergang die Hundewiese erreichen, erkenne ich schon von weitem die Trainerin Susanne. Sie steht am Zaun und ist in ein Gespräch mit einem rundlichen Mann vertieft, zu dessen Füßen ein brauner Schäferhund liegt, der gelangweilt mit der Nase auf dem Boden herumschnüffelt. Mein Schwanz wackelt bei ihrem Anblick hektisch von links nach rechts und ich versuche erfolglos, mein Herrchen in Susannes Richtung zu zerren. Als die kurzhaarige Frau, die wie immer komplett in schwarz gekleidet ist, zu uns schaut, sagt sie etwas zu dem Mann und läuft dann mit ausgestreckten Armen auf Barbara zu. Einen Moment lang stehen sich die beiden wortlos gegenüber. Barbara schaut mit unsicherem Blick zur Erde, woraufhin Susanne sie in den Arm nimmt und mit leiser Stimme auf sie einspricht.

»Es ist gut, dass du wieder hier bist. Ich kann mir vorstellen, wie schwer es dir gefallen ist die süße Flora gehen zu lassen, doch glaube mir, der Schmerz wird irgendwann schwächer werden. Er wird niemals ganz verschwinden, doch wirst du lernen mit ihm leben zu können.«

Angelo sitzt neben seinem Frauchen und beginnt leise zu knurren, was ihm Susannes Aufmerksamkeit einbringt. Sie beugt sich zu ihm hinab und hält ihm die Hand vor die Nase.

»Und du bist also der kleine Angelo! Na, von dir habe ich schon eine ganze Menge gehört. Wollen wir doch mal schauen, ob wir dich zu einem gut erzogenen Hundeburschen machen können.« Grinsend krault sie ihm über den Kopf und verabreicht danach endlich auch Layla und mir ein paar ausgiebige Streicheleinheiten.

Der Platz füllt sich langsam und nachdem Susanne einen letzten, prüfenden Blick auf ihre Armbanduhr geworfen hat, geht es auch gleich mit der ersten Übung los. Die sieht eigentlich recht einfach aus, doch hat sie es wirklich in sich. Wir sollen mit unseren Menschen über die Hundewiese spazieren und ein paar der sogenannten Begegnungen üben.

Während Layla mit eingezogenem Schwanz an den verschiedenen Hunden, von denen sie teilweise böse angeknurrt wird, vorbeischleicht, gebärdet sich Angelo wie ein Wahnsinniger. Bei jedem Hund, der des Weges kommt, hängt er sich in die Leine und bellt aus Leibeskräften, so als wolle er sein Gegenüber bei lebendigem Leib zerfleischen. Barbara zerrt ihren Begleiter mit hochrotem Kopf über die Wiese und sieht nicht so aus, als würde ihr diese erste Übung besonders viel Spaß bereiten.

Auch für mich sind diese Begegnungen ziemlich schwierig, denn es gibt immer wieder Hunde auf dieser Welt, an denen ich nicht einfach so vorbeischlendern kann. Gerade kommt eine Frau mit einem stämmigen Labrador, dessen treuherzige Miene mich beim besten Willen nicht kaltlässt, frontal auf uns zu. Ich bemühe mich nach Leibeskräften und versuche den Hund, der jetzt auch noch anfängt freudig mit dem Schwanz zu wedeln, zu ignorieren. Die beiden kommen immer näher und sind zum Glück schon fast vorübergezogen ... Nervös beiße ich die Zähne zusammen, schaue krampfhaft in die andere Richtung und meine Ablenkungstaktik scheint mich tatsächlich durch diese schwierige Übung zu bringen. Zufrieden mit meiner Leistung greift mein Herrchen bereits nach der Futtertasche, um mich zu belohnen, doch drehe ich mich im allerletzten Moment noch einmal um und kläffe, was das Zeug hält. Ich kann mich nicht dagegen wehren und muss diesen Hund doch noch in seine Schranken weisen – er hat mich einfach zu sehr provoziert. Zu meiner Enttäuschung steckt Uwe das Leckerchen mit einem Seufzen zurück in den Futterbeutel und wir nehmen den nächsten Hund in Angriff.

So geht es noch eine ganze Zeit lang weiter, bis wir uns zu den Menschenbänken begeben, die im Schatten unter ein paar Bäumen stehen. Barbara lässt sich erschöpft auf eine der Bänke plumpsen und auch mein Herrchen sieht nicht so aus, als sei ihm die erste Übung besonders leichtgefallen.

Während nun ein paar Hindernisse für unseren Hundesport aufgebaut werden, liegt Layla neben mir und beobachtet das Geschehen mit beunruhigtem Blick. Ich rücke noch etwas näher in ihre Richtung und stupse sie vorsichtig mit meiner feuchten Nase an. »Du musst dich nicht fürchten, diesmal wirst du es ganz sicher schaffen.«

»Ich habe aber doch solche Angst, irgendetwas falsch zu machen. Bevor das geschieht, mache ich dann besser überhaupt nichts von dem, was unser Herrchen von mir erwartet.«

Layla legt den Kopf traurig zu Boden. Ich schlecke ihr gerade tröstend über die Augen, was sie sich mit einem leisen Brummen gefallen lässt, als Angelo auf uns zutrippelt.

»Das ist ja vielleicht aufregend hier! Habt ihr gesehen, wie ich es eben den ganzen anderen Hunden gezeigt habe?«

»Ich habe vor allem gesehen, wieviel Ärger du mal wieder der armen Barbara gemacht hast!« Ich schaue ihn verärgert an und wundere mich einmal mehr über sein Verhalten.

»Aber, was war denn daran falsch?« Angelo wirkt verunsichert. »Ich wollte mein Frauchen doch nur beschützen und den anderen Hunden zeigen, dass ich gut auf sie aufpassen kann.«

Nachdenklich lege ich meine Stirn in Falten und überlege, warum ich mein Herrchen nicht in Schutz nehmen muss, als sich Susanne zu unseren Menschen auf die Bank setzt.

»Uwe, was hältst du davon, wenn du heute gemeinsam mit Phoebe starten würdest? Ich kümmere mich derweil auch gerne um deine Layla.«

Als ich meinen Namen höre, bin ich sofort auf meinen Pfoten. Voller Vorfreude ziehe ich Uwe hinter mir her in Richtung Hundewiese, denn ich möchte nun unbedingt zeigen, was ich kann. Schnell drehe ich mich noch einmal zu Layla um, die unter die Bank gekrochen ist und mich mit unsicheren Augen mustert. Neben ihr hockt Angelo und wedelt aufgeregt mit seinem Schwanz. Er scheint ganz wild darauf zu sein, sich die Hindernisse aus der Nähe anzuschauen, doch bin jetzt erst einmal ich an der Reihe. Ich kenne die Wippe, den Slalom und auch den Kriechtunnel in- und auswendig, denn mein Herrchen geht fast jede Woche mit mir in die Sportstunde. Und obwohl ich alle Übungen mittlerweile im Schlaf beherrsche, ist es jedes Mal wunderschön für mich, seinen stolzen Gesichtsausdruck zu sehen, wenn ich alles richtig gemacht habe. So auch heute: Nachdem ich einmal komplett über die Wiese gesprungen, geklettert und gekrochen bin, führt mich Uwe zurück an unseren Platz und sieht dabei so zufrieden aus, dass ich gar nicht aufhören kann ihn anzuschauen.

Die nächsten Hunde, die gemeinsam mit ihren Menschen ihr Glück versuchen, erledigen ihre Aufgabe mal mit mehr, mal mit weniger Talent. Der Labrador, der mich am Anfang der Stunde so unverschämt provoziert hat, stellt sich ganz besonders ungeschickt an und räumt einige der Hindernisse mit seinem stämmigen Hinterteil um, sodass sie erneut aufgebaut werden müssen. Als dies geschehen ist, darf nun auch Angelo, der von Barbara fast nicht mehr zu halten ist, endlich sein Können unter Beweis stellen. Ungeduldig zerrt er sein Frauchen von einem Hindernis zum nächsten und scheint nicht wirklich zu wissen, was zu tun ist. Als sie vor der großen Wippe zum Stehen kommen, schaut sich Angelo die unbekannte Konstruktion skeptisch an. Barbara, die langsam etwas unruhig wird, versucht ihn mit säuselnder Stimme auf das wackelige Brett zu locken, doch hat sie mit dieser Taktik keinen Erfolg. Langsam wird die eben noch so geduldige Stimme schärfer und das Zerren an der Hundeleine fester, doch lässt sich Angelo nicht dazu bewegen, auf die Wippe zu steigen, um seinem Frauchen eine Freude zu machen. Demonstrativ schaut er zur Seite und ignoriert die Befehle, die mittlerweile lautstark Barbaras Mund verlassen. Als Susanne kopfschüttelnd auf die beiden zumarschiert, entdecke ich einen Anflug von Panik in den Augen des mageren Hundes. Und noch bevor ich eigentlich weiß, was genau passiert, hat sich Angelo auch schon losgerissen und flitzt in einer wirklich beeindruckenden Geschwindigkeit über die Hundewiese, auf der noch immer die verschiedenen Hindernisse darauf warten, von ihm bezwungen zu werden. Fluchend rennt die füllige Barbara hinter ihm her und auch ihr Tempo kann sich durchaus sehen lassen. Zur Freude der übrigen Menschen, die noch immer auf ihren schattigen Plätzen sitzen, rennt und hüpft sie durch den Parcours und stößt dabei die wüstesten Schimpfworte aus. Ein paar Mal hat sie Angelo schon fast eingeholt, doch ist der auf seinen langen Beinen einfach zu schnell für die mittlerweile schnaufende Frau, die noch immer ihr Bestes gibt. Als sie über den Kriechtunnel springen will, der mitten auf der Wiese ausgebreitet ist, verfängt sich ihr Fuß in dem faltigen Material und Barbara segelt mit dem Kopf zuerst über das harmlos aussehende Hindernis. Für einen Moment ist es totenstill, dann machen sich einige der eben noch kichernden Menschen auf, um ihr zu helfen. Doch noch bevor irgendwer sie erreichen kann, ist Angelo auch schon bei seinem Frauchen angekommen, um ihr mit ängstlichem Blick über das Gesicht zu schlecken.

Barbara schaut dem schwarzen Hund für einen Moment tief in die Augen, dann bricht sie in schallendes Gelächter aus. Völlig außer Atem strubbelt sie ihm durchs Fell und drückt ihn schließlich ganz fest an ihre Brust. »Na warte mein Kleiner! Wenn du so weitermachst, sind deine Bällchen irgendwann doch noch Geschichte ...«

Erleichtert, dass sie sich bei dem Sturz nicht verletzt hat, wird Barbara von Susanne zurück zu den Menschenbänken begleitet. Dabei hält sie Angelos Leine ganz besonders fest umklammert, wohl damit der nicht noch einmal ausreißen kann. Als sie kopfschüttelnd Platz nimmt, legt ihr mein Herrchen den Arm um die Schultern und grinst seine Freundin an. »Himmel, was für ein Stunt – ich bin tief beeindruckt! Wenn das mit dem Schreiben nichts wird, solltest du ernsthaft über eine Karriere beim Film nachdenken!«

Noch bevor Barbara eine passende Antwort eingefallen ist, wird der nächste Hund aufgerufen.

»Uwe, ich denke, dass Layla es nun auch einmal versuchen sollte.« Susanne nickt meinem Herrchen aufmunternd zu und schon macht er sich mit Layla, die sich ängstlich umdreht und meinen Blick sucht, auf den Weg.

Als erstes steuern die beiden einen Stab an, der zwischen zwei Klötzen befestigt ist und über den wir hüpfen sollen, sobald unser Mensch den entsprechenden Befehl dafür gibt. Layla schaut mich noch einmal flehend an, um dann den Stab vorsichtig aus dem Augenwinkel zu betrachten. Neben mir steht Susanne, die ihre Arme fest vor dem Körper verschränkt hält. »Kleines, du kannst das schaffen. Bitte, versuche es doch wenigstens ein einziges Mal ... das ist doch so furchtbar wichtig für dich!« Sie spricht ganz leise, doch habe ich sie trotzdem gehört.

Auf der Hundewiese steht Layla derweil immer noch vor dem Hindernis, doch sieht es nicht so aus, als würde sie den Mut aufbringen, den Stab zu überspringen. Ich höre die flehende Stimme meines Herrchens, sehe Laylas traurigen Blick und befürchte, dass sie auch heute die Hundeschule ohne ein Erfolgserlebnis beenden wird. Als Uwe sich bereits entmutigt herumdreht, geht ein Ruck durch Laylas Körper. Sie spannt sich an, ein klägliches Wimmern verlässt ihre Kehle und dann ... hüpft sie über den Stab, als hätte sie in ihrem Leben niemals etwas anderes getan. Während mein Herrchen vor lauter Überraschung vergisst zu atmen, reckt Susanne die Faust in die Höhe und beginnt lauthals zu jubeln.

Vom eigenen Mut komplett überwältigt steht Layla vor dem Hindernis, legt ihre Stirn in Falten und nimmt dann Anlauf, um erneut über den Stab zu springen. Als ich den erleichterten Ausdruck in ihrem Blick sehe, erfüllt ein wunderschönes Glücksgefühl meinen Bauch und ich weiß ganz tief in mir, dass Layla heute einen großen Schritt nach vorne gemacht hat.

Als wir den Hundeplatz nach der Stunde gemeinsam mit Angelo und Barbara verlassen, ist unser Herrchen überglücklich. »Ich denke, dass wir diesen denkwürdigen Tag unbedingt feiern müssen. Sollen wir zwei noch auf ein Glas Prosecco zum Italiener?«

»Ich habe mit meinem Prachtexemplar hier zwar keinen wirklichen Grund zum Jubilieren«, Barbara mustert ihren felligen Begleiter mit einem Schulterzucken, bevor sie vergnügt weiterspricht, »aber das ist ja noch lange kein Grund, ein gutes Glas zu verschmähen! Ich bin dabei.«

»Perfekt! Ich muss nur noch schnell etwas Geld aus dem Auto holen!« Als Uwe Kurs auf den Parkplatz nimmt, läutet es in seiner Hosentasche. Seufzend fischt er das kleine, silberne Kästchen heraus und hält es an sein Ohr. »Hallo Schatz! Du glaubst ja nicht, wie schön es heute bei Susanne gewesen ist. Layla ist zum ersten Mal über eines der Hindernisse gesprungen und ich glaube, sie hatte sogar Spaß daran.« Er lauscht einen Moment in den Hörer hinein. »Ernsthaft? Jetzt in diesem Moment? Aber warum wussten wir denn gar nichts davon?« Erneut widmet Uwe dem kleinen Kasten seine Aufmerksamkeit. »Wir wollten zwar gerade noch etwas trinken gehen, aber da komme ich wohl lieber gleich nach Hause. Ich beeile mich.«

»Ist etwas passiert?« Barbara schaut mein Herrchen beunruhigt an.

»Gott bewahre, nein! Aber wir müssen unsere kleine Feier wohl noch ein wenig verschieben. Wie es scheint bekommen wir gerade neue Nachbarn, die muss ich mir natürlich gleich einmal anschauen.«

Aufgeregt laufe ich mit Angelo und Layla, deren Schwanz heute zum ersten Mal stolz in die Höhe ragt, zum Parkplatz. Ich weiß zwar nicht ganz genau was Nachbarn sind, doch freue ich mich schon sehr, dies gleich herauszufinden ...

LIEBE UNTER NACHBARN

—

Nach einer kurzen Autofahrt erreichen wir die Straße, in der wir wohnen.

Vor dem Haus, das an unseren Garten angrenzt, steht ein riesiger Lastwagen, aus dem zwei Männer unzählige Kisten heraustragen und diese scheinbar wahllos auf der Straße verteilen. Ich entdecke Oliver, der vor dem Haus steht und mit verwunderter Miene die vielen Kartons begutachtet. Kaum haben wir den Parkplatz erreicht, öffnet Uwe die Autotüre und schon befinde ich mich schwanzwedelnd mitten im Chaos. Aufgeregt flitze ich zwischen den vielen Kisten hin und her, kann die verschiedenen Gerüche kaum fassen, als auch Layla das Auto verlässt. Übermütig läuft sie zu Oliver, um ihn zu begrüßen, ihr Schwanz lässt dabei ein zaghaftes Wedeln erkennen.

»Ja, was hat Susanne denn mit unserem Hund angestellt? Die Kleine ist ja wie ausgewechselt.« Ein liebevolles Lächeln erhellt sein Gesicht, als er Layla vorsichtig über den Kopf streichelt.

»Ach, Oliver! Es ist so schade, dass du nicht dabei sein konntest. Layla hat heute zum ersten Mal richtig mitgemacht. Du glaubst ja gar nicht, wie stolz ich gewesen bin.« Mein Herrchen scheint die vielen Kisten, die ich noch immer aufgeregt mit meiner Nase untersuche, erst jetzt zu bemerken. Anerkennend pfeift er durch die Zähne. »Das ist ganz schön viel Zeug, aber ich muss es ja zum Glück nicht auspacken. Wie sind die neuen Nachbarn denn so? Denkst du, wir werden gut miteinander auskommen?«

»Schau selber – sie kommen gerade aus dem Haus.« Oliver deutet mit der Hand auf einen Mann und eine Frau, die kopfschüttelnd in unsere Richtung eilen. Die blonde Frau fuchtelt mit den Händen hektisch in der Luft herum und hat sich wohl über irgendetwas geärgert.

»Was sind das nur für ungehobelte Leute. Hast du gesehen, wie dieser fette Trottel mit unserem teuren Esstisch umgesprungen ist? Wenn der auch nur eine Macke hat, vergesse ich mich!«

»Schatz, du solltest nicht so laut reden, am Ende hört er dich noch!«

»Das ist mir doch egal! Dieser Tisch kostet wahrscheinlich mehr, als der Typ in einem Monat verdient, da kann man wohl ein bisschen Respekt erwarten!« Die hagere Frau wirft entrüstet ihre Haare nach hinten und erblickt Uwe, der mit offenem Mund zwischen den Kisten steht. Mit großen Schritten eilt sie auf ihn zu.

»Entschuldigt bitte das Chaos, aber dieses Umzugsunternehmen hat uns wirklich zwei absolute Vollpfosten mitgeschickt. Ich verspreche aber, dass bis zum Abend alle Kisten von hier verschwunden sind.« Die Frau streckt meinem Herrchen die Hand entgegen. »Ich bin die Claudia und das hier ist mein Mann Ludwig. Wir sind die neuen Nachbarn!«

Der Mann namens Ludwig, der mindestens zwei Menschenköpfe größer als seine Frau ist, steht ein wenig abseits – fast sieht es so aus, als würde er sich hinter Claudia verstecken. Mein Herrchen, der seinen Mund mittlerweile wieder unter Kontrolle hat, schüttelt den beiden neuen Nachbarn abwechselnd die Hand. »Herzlich Willkommen in Bodenmais und kein Stress mit den Kisten, unserer Phoebe scheinen sie ziemlich gut zu gefallen.«

Als ich meinen Namen höre, fällt mir auf, dass ich die fremden Menschen noch gar nicht begutachtet habe. Aufgeregt laufe ich auf die beiden zu und ... bremse im letzten Moment entsetzt ab! Ein ängstliches Knurren verlässt meine Kehle, als ich den toten Hund entdecke, den sich die Frau um den Hals gewickelt hat.

»Huch! Was hat er denn? Das Tier ist doch hoffentlich nicht gefährlich?« Die Frau namens Claudia weicht einen Schritt zurück, wobei sie ihrem Mann auf die Füße tritt.

»Unsere Phoebe? Keine Angst, die ist völlig harmlos. Ich weiß auch nicht, was gerade mit ihr los ist.« Uwe versucht mich zu beruhigen, doch kann ich den Blick einfach nicht von meinem leblosen Artgenossen abwenden. Während mein Herrchen völlig ratlos neben mir hockt, betrachtet Oliver die Frau von oben bis unten, und mit einem Mal scheint er den Grund meiner Angst erkannt zu haben. »Sorry Claudia, aber ich denke, sie fürchtet sich vor diesem Fuchsfell an deiner Jacke.«

Der Gesichtsausdruck der blonden Claudia verändert sich schlagartig. Habe ich eben noch so etwas wie Furcht in ihren Augen erkennen können, reißt sie diese nun entsetzt auf. »FUCHS? Du denkst, das ist ein gewöhnliches Fuchsfell? Das hier ...«, sie streichelt über den toten Hund, was mir ein erneutes Knurren entlockt, »ist ein echter, russischer Goldzobel, ihr Lieben. Einer der hochwertigsten Pelze überhaupt.«

»Und einer der teuersten noch dazu«, mischt sich nun auch Ludwig ein. Er steht noch immer hinter seiner Frau und schiebt sich die kleine, runde Brille auf seiner Nase zurecht. Claudia nickt ihrem Mann lächelnd zu und ergreift dann wieder das Wort.

»Ihr solltet wissen, dass ich mich ab und zu bei meinem Kürschner in München sehen lassen muss. Der hat ja so einen himmlischen Champagner – und das auch noch völlig umsonst.« Sie zwinkert meinen beiden Herrchen zu. »Na und bei meinem letzten Besuch habe ich dann dieses Prachtstück von Pelzkragen bei ihm erstanden. Wenn ihr wollt, gebe ich euch gerne eine Karte von seinem Studio – er hat auch einige äußerst schöne Herrenpelze in der Ausstellung.«

»Das ist sehr freundlich von dir, aber ich denke nicht, dass wir und dieser Herr besonders gut miteinander auskommen würden.« Während Oliver das Angebot kopfschüttelnd ablehnt, entdecke ich einen seltsamen Ausdruck in Uwes Gesicht. Fast sieht es so aus, als hätte er in eine Zitrone gebissen.

»Gut, wie ihr meint!« Claudia zuckt mit den Schultern und macht einen Schritt in meine Richtung. »Und diese beiden Hunde gehören dann wohl zu euch? Die sehen wirklich sehr ... ähm ... *nett* aus, die beiden. Was sind das denn genau für Rassen?«

»Layla kommt aus Istanbul und Phoebe aus Kroatien. Die zwei sind reinrassige Terriermischlinge von der Straße.« Der Stolz in Uwes Stimme ist nicht zu überhören.

Claudia wirft einen abschätzigen Blick in meine Richtung und mustert dann auch Layla, die sich ängstlich an Olivers Beine drückt. »Nun, jeder muss wissen, was er sich ins Haus holt. Ich hoffe nur, dass die beiden keine Kläffer sind.«

»Da musst du dir keine Sorgen machen! Die zwei sind zwar nicht ganz so ruhig wie dein Haustier«, Uwe deutet auf den toten Hund an Claudias Hals, »aber im Großen und Ganzen wirst du nicht sehr viel von ihnen mitbekommen.«

Claudia mustert mein Herrchen für einen Moment, dann verlässt ein schrilles Lachen ihren Mund. »Mein Haustier?! Der war gut! Oh, ich denke wir werden sehr viel Spaß miteinander haben.« Sie will noch etwas sagen, als ein rundlicher Mann das Haus verlässt und auf einige der Kisten zusteuert. Sofort hetzt sie, dicht gefolgt von Ludwig, in seine Richtung. »Hey, Sie da! So geht das aber wirklich nicht!« Claudia dreht sich noch einmal zu meinen beiden Herrchen um. »Entschuldigt, aber ich muss das jetzt mal in die Hand nehmen. Ihr müsst uns unbedingt besuchen kommen, wenn alles fertig eingerichtet ist! Das wird sicher nett. Ich melde mich einfach bei euch!« Ohne eine Antwort abzuwarten, erreicht sie den Mann, der gerade die nächste Kiste ins Haus tragen will, und schimpft auf ihn ein.

Während wir den Parkplatz verlassen und Claudias Stimme hinter uns immer leiser wird, atmet Uwe tief aus. »Was war das denn bitte schön? Wo ist DIE denn ausgebrochen?« Er klopft sich mit dem Finger an die Stirn, was er normalerweise nur beim Autofahren macht. »Hast du gesehen, mit was für einem Gesichtsausdruck die blöde Trulla unsere beiden Süßen gemustert hat? Die hat sie doch wohl nicht alle. Ja, was bildet die Kuh sich eigentlich ein?« Als Uwes Stimme immer lauter wird, legt Oliver den Arm um seine Schulter.

»So schlimm ist sie vielleicht gar nicht. Wir sollten den beiden noch eine Chance geben, schließlich sind sie gerade im Umzugsstress. Und dieser Ludwig scheint doch so übel auch wieder nicht zu sein.«

»Kein Wunder, der Kerl ist ja kaum zu Wort gekommen.« Mein Herrchen tritt wütend gegen
einen Stein, der daraufhin krachend gegen unseren Gartenzaun fliegt. »Ach Oliver, warum haben
wir von allen Nachbarn dieser Welt ausgerechnet Claudia und Ludwig erwischt? Das Schicksal
kann manchmal ein richtiges Arschloch sein!«

In den nächsten Tagen bekommen wir unsere neuen Nachbarn nur selten zu Gesicht, worüber ich nicht unbedingt traurig bin. Die Kisten
sind mittlerweile von der Straße verschwunden
und auch das Hämmern und Bohren, das mich in
den ein oder anderen Mittagsschlaf begleitet hat,
scheint beendet zu sein.

Eines Abends, ich liege gerade mit meinen Herrchen auf dem Sofa, klingelt es an der Türe. Mit
einem Sprung bin ich auf den Beinen und belle,
was das Zeug hält. Während Layla ängstlich unter
dem Tisch verschwindet, schaut mich Uwe kopfschüttelnd an und quetscht sich an mir vorbei,
um unseren späten Besucher zu begrüßen.

»Hallo Claudia! Das ist ja eine nette Überraschung! Komm doch ...« Noch bevor mein Herrchen seinen Satz beendet hat, steht die Frau, die
ihren toten Hund zum Glück zu Hause gelassen

hat, auch schon im Hausflur. Zielstrebig steuert sie unser Wohnzimmer an, wo Oliver noch immer auf dem Sofa liegt und in einem Buch liest.

»Hach, wie gemütlich! Ich störe doch nicht etwa bei irgendetwas?«

»Aber nicht doch. Magst du auch ein Glas Wein?« Oliver, der sein Buch zur Seite gelegt hat, deutet auf die fast leere Flasche, die auf dem Tisch steht.

»Vielen Dank, aber ich habe eine Quiche im Ofen, die jeden Moment fertig sein müsste.« Claudia schaut auf ihre winzige Armbanduhr, wobei sie die Augen zusammenkneift, wohl um die Zahlen besser lesen zu können. »Eigentlich wollte ich nur fragen, ob ihr am Samstag zu uns zum Essen kommen möchtet. Ludwig und ich haben gestern Abend in einem ausgezeichneten Restaurant französisch gespeist und da kam uns die Idee, ein paar der Gerichte nachzukochen. Wir können von dieser raffinierten, französischen Küche einfach nicht genug bekommen!«

»Samstag? Da war doch irgendwas … Wollten da nicht deine Eltern … ähm oder nein, ähm, war da nicht irgendetwas im Hotel?« Mein Herrchen schaut hilfesuchend zu Oliver, der fragend mit den Schultern zuckt und dann antwortet.

»Also ich kann mich an keinen Termin erinnern, es sollte also passen. Danke für die Einladung!«

Uwe verdreht die Augen, als Claudia nicht zu ihm schaut und seufzt kaum hörbar. »Schön, dann sehen wir uns wohl am Samstag. Wir werden Phoebe und Layla auch ihre schönsten Halsbänder umbinden. Wann sollen wir bei euch sein?«

»Phoebe und Layla? Du meinst, ihr wollt diese beiden Hunde mit in unser Haus bringen?« Claudia reißt die Augen auf und blickt erschrocken in meine Richtung. »Können die nicht mit einem Knochen oder Spielzeug hierbleiben? Wir wollen doch nicht riskieren, dass die beiden irgendetwas schmutzig oder kaputt machen. Schließlich sind wir gerade erst eingezogen und es ist alles noch so schön neu.«

»Na, dann solltet ihr vielleicht lieber zu uns kommen – unsere Möbel sind ja bereits ziemlich alt und dreckig.« Mein Herrchen funkelt böse in Claudias Richtung, doch die scheint seine Blicke gar nicht zu bemerken. Stattdessen rümpft sie die Nase und schaut sich langsam in unserem Wohnzimmer um.

»Ja, ich denke, da hast du völlig recht. Das macht wirklich viel mehr Sinn. Also am Samstag um 18:00 Uhr? Und bitte nichts mit Weißmehl, Ludwig hat eine Glutenunverträglichkeit, und kein Zucker, da reagiere ich im Moment irgendwie allergisch drauf. Schalentiere, Filet und Gemüse sind aber kein Problem. Wir bringen den Wein mit! Au revoir und bis Samstag!« Sie winkt noch einmal, dreht sich schwungvoll um und verlässt unser Haus. Für einen Moment schauen sich meine Herrchen schweigend an. Es ist Uwe, der als erster die Sprache wiederfindet.

»Hättest du eben nicht mitspielen können? Jetzt haben wir die affektierte Kuh am Hals und dürfen für sie und ihren Ludwig auch noch kochen. Schöne Scheiße!«

»Darf ich dich darauf aufmerksam machen, dass DU die beiden zu uns eingeladen hast?! Wir hätten die Hunde ja ohne weiteres auch mal für zwei Stündchen zu Hause lassen können.«

»Natürlich hätten wir das, aber da geht es ums Prinzip. Außerdem habe ich die Einladung rausgehauen, bevor ich mein Hirn eingeschaltet habe. Du weißt doch wie ich bin, wenn ich mich aufrege. Wie kommen wir aus der Nummer denn jetzt wieder raus?« Uwe lässt sich stöhnend auf das Sofa fallen und greift nach der Weinflasche. Plötzlich scheint er eine Idee zu haben, während sich sein Mund zu einem boshaften Grinsen verzieht.

»Na warte, du verkniffene Süßkartoffel! Du bekommst dein französisches Essen ...«

BON APPÉTIT

—

Der Samstag kommt schneller, als mir lieb ist. Schon seit Stunden rührt Uwe in irgendwelchen Kochtöpfen herum und ist verdächtig fröhlich. Layla und ich liegen unter dem Küchentisch und werfen ihm hungrige Blicke zu, doch konnten wir leider bisher nichts weiter als ein freundliches Lächeln von ihm erbeuten. Gerade macht er ein paar seltsame Verrenkungen zum Takt der lauten Musik, als Oliver die Küche betritt und für einen Moment grinsend in der Türe stehen bleibt.

»Wow, bei den Tanzschritten kann Lady Gaga aber bald einpacken.«

Ertappt schnellt Uwe herum. Sein Gesicht wird dunkelrot, als er zur Fensterbank eilt und die Musik leiser dreht.

»Wo kommst du denn her? Wolltest du dich nach der Arbeit nicht mit deinem Vater treffen?«

»Eigentlich schon, aber dem ist was dazwischengekommen. Er hat, glaube ich, einen Termin mit seinem Autohändler vergessen. Ich habe da lieber nicht genauer nachgefragt.«

Oliver bückt sich zu Layla und mir herab und begrüßt uns mit ein paar Streicheleinheiten, auf die wir bereits schwanzwedelnd gewartet haben.

»Dafür, dass du unsere neuen Nachbarn nicht leiden kannst, gibst du dir aber ganz schön viel Mühe. Es riecht himmlisch!« Oliver steht auf und geht zum Herd. »Was kochst du denn Feines?«

»Das wird mein weltberühmter Filettopf, mit dem ich bei jedem Kochwettbewerb gute Chancen hätte. Der muss aber noch über Nacht ziehen. Ich habe Barbara für morgen zum Essen eingeladen, sie hat irgendwelche Neuigkeiten, die sie dringend loswerden will.« Mein Herrchen hebt den Deckel und wirft ein paar Zweige in den Topf. »Das Menü für heute Abend geht gleich ganz schnell. Lass dich einfach überraschen.«

»Na, da bin ich aber mal gespannt, was du dir ausgedacht hast.« Oliver greift nach einer Flasche, die neben dem Herd steht und trinkt einen kräftigen Schluck. »Bevor ich es vergesse: Marilyn kommt in etwa einer Stunde vorbei und möchte mit dir spazieren gehen. Die Gute stand heute im Hotel total neben der Spur. Ich glaube, sie hat irgendetwas auf dem Herzen.«

Uwes Blick wandert zu der großen Uhr, die an der Wand hängt. »In einer Stunde sagst du? Ich denke, das kann ich schaffen …, wenn du mich jetzt in Ruhe weiterkochen lässt.«

»Kein Problem, ich habe ohnehin noch genug im Büro zu tun.« Oliver gibt meinem Herrchen einen Kuss auf die Wange und dreht die Musik wieder lauter. »Wir sehen uns dann später, Miss Gaga!«

Er verlässt die Küche und fängt das Handtuch, welches ihm Uwe entgegenschleudert, lachend auf.

Als wir etwas später aufbrechen, um mit Marilyn spazieren zu gehen, entdecke ich diese schon von weitem. Nervös steht sie vor dem Hotel und pustet ein paar Rauchwolken in die Luft. Kaum hat sie uns erblickt, wirft sie ihre Zigarette auf den Boden und löscht diese mit ihrem Schuh.

»Ne, wat bin ich froh, dat ihr endlich kommt! Uwe, ich muss ja unbedingt wat mit dir bequatschen. Aber erst muss ich die beiden leckeren Schnütken hier Hallo sagen.« Marilyn bückt sich und streichelt sanft über unsere Köpfe, leise flüstert sie dabei unsere Namen. Layla scheint diese Streicheleinheiten ganz besonders zu genießen, was ich an ihrem verträumten Blick und dem zufriedenen Brummen erkennen kann.

Mein Herrchen hockt sich neben seine Cousine und legt ihr den Arm um die Schulter. »Was ist denn passiert? Ich hoffe, es ist nichts Schlimmes?«

»Ach Uwe, ich weiß ja gar nich, wat ich tun soll. Ich bin ja sowat von ratlos.« Marilyn steht auf und klopft sich ein wenig Staub von ihrem Minirock. »Aber lass uns doch erstmal ein paar Schritte latschen.«

So laufen wir gemeinsam zu einem Waldstück, das gleich hinter unserem Hotel beginnt, um von dort aus zur sogenannten Schönebene zu spazieren. Während die beiden Menschen nebeneinander her schlendern, erkunden Layla und ich den Wegesrand, an dem die verschiedensten Gerüche unsere Nasen kitzeln.

Als ich einen Hasen wittere, der nur wenige Meter von uns entfernt in den Wald gehoppelt sein muss, bin ich nicht zu halten. Nach einem Kontrollblick zu meinem Herrchen, der glücklicherweise gerade überhaupt nicht auf mich aufpasst, renne ich los und stelle zu meiner Überraschung fest, dass sich Layla ebenfalls davongestohlen hat. Mit neugierigem Blick verfolgt sie jede meiner Bewegungen und schon bald schnüffeln wir aufgeregt Seite an Seite über den Waldboden und verfolgen den reizvollen Duft des geflohenen Langohrs. Uwe rennt aufgebracht hinter uns her und ist von Laylas Teilnahme an meiner kleinen Erkundungstour scheinbar genauso überrascht wie ich es bin. »PHOEBE, LAYLA! Was soll denn das? Kommt ihr wohl hierher, aber auf der Stelle!« Er wirft meine Hundeleine wütend auf die Erde, als er über eine Wurzel stolpert und um ein Haar auf dem Hosenboden landet. »Jetzt fängt Layla auch noch mit der Wegrennerei an! Ich glaube das ja wohl nicht!«

»Dat Kleine wird halt langsam flügge«, höre ich Marilyns amüsierte Stimme, während sie auf ihren hohen Schuhen versucht mit meinem Herrchen Schritt zu halten.

Der Duft in meiner Nase wird derweil immer stärker, und der Hase kann eigentlich nicht mehr sehr weit entfernt sein, als ... mein Herrchen mich am Halsband erwischt und mir die Leine anlegt, um mich fluchend zurück zum Wanderweg zu führen. Layla folgt uns gehorsam, doch entdecke ich zum ersten Mal etwas in ihrem Blick, das mir sehr bekannt vorkommt. Ich denke, dass sie zu erahnen beginnt, wieviel Spaß man auch ohne unsere Herrchen im Wald haben kann.

Uwe wirft mir einen letzten warnenden Blick zu und widmet sich dann wieder seiner Cousine.

»Also, Marilyn, jetzt schieß doch einfach mal los! Was ist denn passiert?«

»Ach Uwe, mir geht einfach die letzten Tage den Dieter nich aus dem Kopp. Den Kerl fehlt mir so furchtbar und ich weiß gar nich, warum dat so is.« Marilyn schließt die Knöpfe ihrer Jacke und fährt dann fort. »Weißt du, es is so schön bei euch und ich mach dat allet im Hotel wirklich total gerne, doch glaub ich nich, dat dat dat Richtige für mich is. Ich gehöre einfach in den Ruhrpott! So ein Landei wie du dat bist, werd ich niemals sein.«

»Landei?« Uwe schaut seine Cousine mit gespielter Empörung an.

»Du weißt schon, wie ich dat mein.« Marilyn hakt sich bei ihm unter. »Dann hat zu allem Überfluss auch noch gestern dem Dieter seine Mutter angerufen. Stell dir vor, dat Brunhilde hat die Nase langsam gestrichen voll von dem ach so lieben Sohnemann. Solange den nur ab und zu bei ihr auf der Matte stand, war allet gut, aber jetzt hängt der dem Brunhilde rund um die Uhr an den Hacken und dat is ja dann auch irgendwie unnormal. In jedem Fall will dat Brunhilde, dat ich zurückkomme, bevor dat dem Dieter am Ende noch den Hals rumdreht. Und ich glaub, dat wär die beste Entscheidung für uns alle.«

»Marilyn, ich kann dich gut verstehen und bin dir wirklich mehr als dankbar für alles, was du in der letzten Zeit für uns getan hast.« Uwe bleibt stehen und schaut seiner Cousine tief in die Augen. »Aber du gehörst zu deinem Dieter und solltest nicht zögern, zurück nach Hause zu fahren.«

»Aber wie soll dat denn hier weitergehen mit euch Jungens? Dat Steffi is doch schließlich nich mehr lange bei euch.«

»Das soll nicht dein Problem sein. Wir werden schon eine Lösung finden, da haben wir schon schlimmere Krisen überstanden. Aber willst du deinen Dieter denn überhaupt zurückhaben?«

»Lieber heut als wie morgen, dat kannst du mir glauben!«

»Ja, worauf wartest du denn dann noch, verdammt?« Mein Herrchen bleibt stehen und umfasst Marilyns Schultern. »Pack deine Sachen und fahr zurück in den Ruhrpott, da gehörst du einfach hin. Lass uns sofort umkehren, dann kannst du dem Dieter die freudige Nachricht am Telefon überbringen.«

Arm in Arm schlendern die beiden Menschen kurz darauf über den Wanderweg. Zu meiner Enttäuschung baumelt die Hundeleine immer noch an meinem Halsband, so dass die Chance auf einen weiteren Ausflug in den Wald wohl nicht besonders gut steht. Ich betrachte Layla aus dem Augenwinkel, die mit hoch erhobenem Schwanz neben mir her stolziert. Jetzt, da sie endlich auf den Geschmack gekommen ist, werde ich ihr ein paar tolle Tricks beibringen, mit denen wir unsere Herrchen ganz bestimmt auf Trab halten werden.

Wieder daheim angekommen, vergeht die Zeit viel zu schnell und dann ist es auch schon so weit: Ein Klingeln an der Haustüre kündigt unsere Gäste an, über deren Besuch ich mich nicht wirklich freuen kann. Ohne genau zu wissen, warum ich das eigentlich mache, springe ich kläffend zur Türe, was von Oliver mit einem genervten Blick quittiert wird. Layla versteckt sich ausnahmsweise nicht unter dem Tisch, sondern trippelt neugierig hinter mir her. Sie verkneift sich zwar ein Bellen, doch verzieht sie ihr Maul zu einer grimmigen Fratze, die sicherlich noch ausbaufähig sein dürfte.

Als sich die Türe öffnet, stehen Claudia und Ludwig vor uns. Claudia hat ihre Haare zu einem merkwürdigen Turm zurechtgeknotet, riesige Ringe baumeln von ihren Ohren herab. Unter ihrem engen Rock trägt sie ein paar hohe Stiefel, die klappernde Geräusche auf dem Fußboden hinterlassen. Dicht gefolgt von ihrem Mann Ludwig betritt sie unser Haus.

»Hallo, mein Lieber! Vielen Dank noch einmal für die nette Einladung.« Sie drückt Oliver zwei Flaschen in die Hand. »Wir haben einen besonders schönen Wein zum Essen ausgesucht. Der Typ in der Weinhandlung hat ihn so dermaßen angepriesen, dass wir gleich eine ganze Kiste davon gekauft haben.«

»Ein 2009er Chateau Cornichon?« Oliver mustert die beiden Flaschen mit Kennerblick. »Ein ganz feines Tröpfchen ... Das wäre aber jetzt wirklich nicht nötig gewesen. Aber lasst euch doch erst einmal begrüßen! Uwe kommt auch gleich, der werkelt noch in der Küche herum.«

Dicht gefolgt von Layla begleiten wir die Menschen in unser sogenanntes Wohnzimmer, wo ich verwirrt in der Türe stehen bleibe. Normalerweise muss ich in meinen Hundekorb, wenn wir Besuch haben, doch liegt heute seltsamerweise die gute Hundedecke auf dem Sofa. Ich strenge meinen Kopf an, um dieses Rätsel zu lösen, als Uwe in der Türe erscheint. Mit ausgebreiteten Armen empfängt er unsere Gäste.

»Claudia, Ludwig, wie schön, dass ihr da seid. Kommt doch herein in die gute Stube!« Er schaut mich mit einem verschlagenen Lächeln an und klopft dann mit der Hand auf unsere Hundedecke. »Phoebelein, Laylaschatz, macht fein hopp!« Nach einem kurzen Zögern hüpfe ich auf das Sofa und mache es mir mit einem zufriedenen Grunzen gemütlich. Oliver schaut mein Herrchen fragend an, doch statt zu antworten, klopft der erneut auf die Decke. Zu meiner Überraschung nimmt nun auch Layla Anlauf und sitzt kurz darauf neben mir auf dem gemütlichen Platz. Nervös schaut sie unsere Herrchen an, beruhigt sich jedoch ein wenig, als Uwe ihr sanft über den Rücken streichelt.

Claudia betrachtet das Geschehen mit fassungslosem Gesichtsausdruck. »Dürfen die Hunde etwa zu euch auf das Sofa? Die verlieren dort doch sicherlich furchtbar viele Haare. Ich weiß wirklich nicht, ob ich mich da mit meinem teuren Rock dazusetzen kann.«

»Alles kein Problem, das Essen ist ohnehin schon fertig. Ich habe heute ausnahmsweise in der Küche gedeckt. Ich dachte, das sei vielleicht gemütlicher als in unserem Esszimmer.«

»Oh, das ist aber ... unkonventionell.« Ludwig schiebt seine Frau, die immer noch verwundert zum Sofa schaut, durch die Küchentüre. Ich hüpfe, dicht gefolgt von Layla, auf den Teppich und gemeinsam begleiten wir die Menschengruppe so unauffällig wie möglich, um nichts zu verpassen.

Uwe deutet mit der Hand auf den kleinen Tisch am Fenster, wo bereits ein paar Kerzen ihr gemütliches Licht verbreiten. »Ihr könnt euch gerne schon einmal setzen – ich muss nur noch schnell die Hunde füttern.«

Unsere Futternäpfe, die normalerweise immer im Hausflur stehen, haben heute einen Ehrenplatz in der Küche erhalten. Gleich daneben steht ein großer Hundekorb, dessen Platz eigentlich neben dem Menschensofa ist. Verwundert betrachte ich die Unordnung und weiß beim besten Willen nicht, was heute hier los ist, als ein köstlicher Duft meine Nasenflügel erreicht. Mein Herrchen bückt sich und schon plumpsen ein paar saftige Fleischstücke, deren Geruch mich vor Verzückung fast ohnmächtig werden lässt, in unsere Futterschüsseln.

»So ihr zwei, hier ist eure Wildschweinleber! Lasst es euch gut schmecken.«

Während Claudia und Ludwig angewidert das Gesicht verziehen, machen sich Layla und ich laut schmatzend über unser Abendessen her und freuen uns, dass wir dieses zum ersten Mal in der Menschenküche zu uns nehmen dürfen.

»Eure Hunde dürfen in der Küche essen? Ja, ist das denn nicht irgendwie ... unhygienisch?« Ludwig schaut meinem Herrchen fassungslos in die Augen, während sich Oliver zurücklehnt und grinsend auf eine Antwort wartet.

»Aber nicht doch, Ludwig. Wir achten sehr darauf, was in den Näpfen landet. Nur das beste Futter aus hochwertigen Innereien bekommen unsere kleinen Engel. Wie wäre es jetzt mit einem Gläschen Wein?«

Oliver, der mein Herrchen amüsiert beobachtet, stellt die beiden Flaschen auf den Tisch. Uwe greift nach einer davon und betrachtet das Schild.

»Oh, Chateau irgendwas – das hört sich aber sehr lecker an. Wie wäre es, wenn wir den Wein mit Cola mischen? Das trinken sie ja im Pilsstüberl zurzeit wie die Verrückten. Ich glaube, das heißt dort Wilde Muschi oder so ähnlich.«

Claudia schaut entsetzt auf die Flasche, die sich immer noch in Uwes Hand befindet. »WILDE MUSCHI?« Sie schnappt hektisch nach Luft. »Das ist doch jetzt nicht dein Ernst! Du willst *diesen* Wein mit Cola mischen? Ja weißt du denn, wie teuer der war?«

»Nein, keine Ahnung! Aber wir können ja zur Feier des Tages die echte Coke nehmen und nicht das billige Zeug, das wir für gewöhnlich trinken.«

Begeistert und mit wachem Blick liege ich neben Layla in dem gemütlichen Hundekorb, der neben der Eckbank steht, als Layla mich ganz vorsichtig mit ihrer weichen Nase anstupst. »Phoebe, was ist hier los? Warum dürfen wir heute in der Küche sein, obwohl fremde Menschen da sind? Und warum ist unser Herrchen so komisch?«

»Ich habe keine Ahnung, aber ich denke, das könnte ein sehr interessanter Abend werden. Wir sollten uns ganz brav verhalten, damit wir hierbleiben dürfen.« Genüsslich strecke ich mich aus und richte meinen Blick erwartungsvoll auf die Menschengruppe.

Mein Herrchen stellt ein paar Gläser auf den Tisch und füllt diese mit dem tiefdunklen Wein.

Als er eine große Flasche aus dem Kühlschrank nimmt und diese mit einem sprudelnden Zischen öffnet, verzieht Claudia ihr Gesicht, als hätte sie schlimme Zahnschmerzen. Uwe hält ihr die blubbernde Flasche unter die Nase. »Und, magst du auch ein wenig Cola in den Wein?«

»Das ... also ..., oh Gott, also das ...«

Ludwig schüttelt den Kopf und kommt seiner Frau zu Hilfe. »Ich denke, wir trinken unseren Wein lieber, ... ähm ... pur.«

Eine Zeit lang ist es sehr still am Tisch. Claudia beobachtet jeden Schluck, den Uwe aus seinem Glas trinkt, und ihre Zahnschmerzen scheinen dabei immer schlimmer zu werden. Plötzlich fasst sich mein Herrchen an den Kopf und springt eilig auf.

»Jetzt hätte ich doch um ein Haar die Vorspeise vergessen!« Er öffnet erneut den Kühlschrank und stellt eine Schüssel auf den Tisch, die mit kleinen, gelben Würfeln gefüllt ist. In den Würfeln stecken bunte Fähnchen.

»Traraaa! Original französcher Käse! Lasst es euch schmecken!«

Ludwig greift nach einem der Würfel und mustert ihn interessiert. »Du hast Frankreich-Flaggen hineingesteckt? Das ist wirklich sehr ... ähm ... originell.«

»Nicht wahr? Und nach dem Essen können wir die Dinger auch noch als Zahnstocher benutzen.« Uwe hält stolz eine der Fahnen in die Höhe, woraufhin sich Oliver prustend an seinem Wein verschluckt.

Lustlos knabbern drei der vier Menschen an dem Käse herum. Nur Ludwig scheinen die gelben Würfel gut zu schmecken und meine Hoffnung, später ein paar Reste für Layla und mich organisieren zu können, schwindet mit jedem seiner Bissen.

Gerade hat er sich drei Stücke gleichzeitig in den Mund geschoben, wofür er einen strafenden Blick seiner Frau kassiert. Kritisch betrachtet sie kurz darauf den Korb, in dem wir aneinandergekuschelt liegen.

»Warum habt ihr euch eigentlich für zwei Hunde aus dem Ausland entschieden? Ich meine, gab es denn in Deutschland nichts Passenderes für euch?« Sie trinkt einen kleinen Schluck und stellt das Glas vorsichtig auf den Tisch. »Die Zeitungen und das Internet sind doch voll mit Züchtern, die diese zum Teil wirklich sehr hübschen Rassehunde verkaufen. Ein Freund von uns hat sich zum Beispiel ...«

»Willst du damit etwa andeuten, dass Phoebe und Layla hässlich sind?« Fällt Uwe der neuen Nachbarin scharf ins Wort, die vor Schreck beinahe ihr Glas umstößt.

»Aber nicht doch!«, mischt sich nun Ludwig ein. »Claudia will sicherlich nur sagen, dass so ein Rassehund einfach etwas mehr hermacht. Und man weiß ja auch gar nicht, was für Krankheiten diese Tiere aus anderen Ländern möglicherweise einschleppen.« Ludwig wirft sich einen Käsewürfel in den Mund und verspeist diesen laut schmatzend.

»Habt ihr vielleicht schon einmal darüber nachgedacht, dass jeder Hund die Chance auf ein glückliches Leben verdient hat? Und habt ihr überhaupt eine Ahnung, wie es in den meisten ausländischen Tierheimen oder den vielen, vielen Tötungsstationen zugeht, in denen Hunde wie Layla und Phoebe landen, wenn sie nicht rechtzeitig vermittelt werden können?« Uwe macht eine fahrige Handbewegung. »Aber nein! Ihr lauft ja lieber zu eurem Nobelmetzger und kauft euch irgend so einen toten Fuchs, mit dem ihr euch schmücken könnt.«

Die Stille, die nun herrscht, hat etwas sehr beklemmendes. Mein Herrchen ist mittlerweile dunkelrot angelaufen und es sieht so aus, als wolle er unsere Gäste mit seinen Blicken umbringen. Oliver findet als erster seine Sprache wieder. »Ich denke, ähm, ja, ... es ist nun Zeit für den Hauptgang.« Er springt auf und eilt zum Küchenschrank, dem er einige Teller entnimmt. »Schatz, kannst du mir bitte kurz zur Hand gehen?«

Der Tisch ist schnell gedeckt und nachdem Uwes Gesicht wieder seine normale Farbe angenommen hat, werden die Teller mit einer großen Portion Menschenfutter gefüllt. Uwe legt sich eine Serviette auf den Schoß und schaut Claudia mit zusammengekniffenen Augen an, seine Stimme klingt dabei nicht besonders freundlich.

»Der Hauptgang heute ist ein Ratatouille nach französischem Originalrezept. Ist es nicht unglaublich, was für tolle Dosengerichte man mittlerweile bekommen kann? Bon Appétit, meine Lieben!«

Schweigend stochern unsere Besucher in dem Menschenfutter herum, welches ihnen nicht besonders gut zu schmecken scheint und auch unsere Herrchen bearbeiten ihr Essen normalerweise mit etwas mehr Begeisterung. Uwe legt die Gabel zur Seite und schaut Claudia und Ludwig mit einem seltsamen Grinsen an. »Ich hoffe, es schmeckt euch? Ihr könnt ordentlich zuschlagen, es ist noch jede Menge im Kochtopf.«

»Das Ratatouille schmeckt sehr ... interessant. Womit hast du es denn nachgewürzt?« Claudia stochert auf ihrem Teller herum, während sie auf Uwes Antwort wartet.

»Keine Ahnung, was das genau gewesen ist. Ich habe da einfach ein paar Gewürzmischungen zusammengekippt, die ich aus unserem letzten Urlaub mitgebracht habe.«

»Oh! Wie gesagt, es schmeckt wirklich sehr ... interessant. Ich würde dich ja normalerweise um das Rezept bitten, aber in diesem Fall dürfte das wohl etwas schwierig sein.« Claudia schenkt meinem Herrchen ein Lächeln, das nicht besonders entspannt aussieht, und widmet sich wieder ihrem Essen. Während Uwe die Brocken auf seinem Teller mit einem zufriedenen Grinsen hin- und herschiebt, wird er dabei von einem kopfschüttelnden Oliver beobachtet.

Als das Essen etwas später beendet ist, stellt mein Herrchen die Teller, von denen fast nichts gegessen wurde, in das sogenannte Spülbecken. Normalerweise würde ich nun mein Glück versuchen ein paar der Reste zu erbetteln, doch ist mir der Geruch, den das Menschenfutter verströmt, nicht wirklich geheuer. So rolle ich mich stattdessen in unserem Korb zusammen, behalte die vier Menschen jedoch dabei gut im Auge. Als mein Herrchen zurück zum Tisch schlendert, stelle ich meine Ohren aufmerksam auf.

»Ich hoffe, dass es euch genauso gut geschmeckt hat wie mir.« Er grinst Claudia und Ludwig an. »Seid ihr schon bereit für den Nachtisch? Ich habe ein paar gefüllte Crêpe im Gefrierschrank, die sind in der Mikrowelle ruck zuck fertig.«

Claudia schaut hektisch auf ihre Uhr und stößt Ludwig mit dem Ellbogen an. »Ach du meine Güte, so spät ist es schon? Nein, wie die Zeit vergeht, wenn man in ... netter Gesellschaft ist.« Sie schiebt ihren Stuhl zurück und streicht sich den Rock glatt. »Ich denke, wir sollten jetzt so langsam aufbrechen, denn wir haben morgen einen wirklich langen Tag vor uns. Verschieben wir den Nachtisch doch auf ein anderes Mal.«

Mein Herrchen legt den Kopf schief und schaut unsere Gäste mit einem Blick an, der überhaupt nicht zu dem scheinbar traurigen Ton seiner Stimme passt.

»Ach, das ist aber jetzt wirklich sehr schade. Aber wie sagt man so schön: Heute ist nicht aller Tage ... Wir sollten das unbedingt noch einmal wiederholen.«

»Ja, das sollten wir wohl in jedem Fall.« Claudia springt hektisch auf und stößt ihren Mann erneut mit dem Ellenbogen an. »Nun komm schon Ludwig, wir müssen jetzt wirklich los!«

Als unsere Gäste nach einer sehr kurzen Verabschiedung aus dem Haus verschwunden sind, lässt sich Oliver lachend auf das Sofa fallen. »Na, du bist mir ja vielleicht ein Banause! Ich glaube, die beiden sehen wir so schnell nicht wieder.«

»Sei froh, dann wird dir die französische Küche à la Uwe in Zukunft erspart bleiben. Ich hatte bisher ja keine Ahnung, was für einen ungenießbaren Fraß die in Dosen verkaufen.« Mein Herrchen legt die Hand auf Olivers Arm und lächelt ihn an. »Ich schmiere uns schnell ein paar Brote – du bist bestimmt genauso hungrig, wie ich.«

Während er leise vor sich hin pfeifend in der Küche verschwindet, springe ich, gefolgt von Layla, auf das Sofa, wo immer noch unsere gute Hundedecke ausgebreitet ist. Olivers Hände wandern wie von selbst auf unser Fell und ich freue mich, dass wir den Abend nun ohne die unliebsamen Gäste beenden können.

DIE BUNTEN KUGELN

—

Der nächste Morgen empfängt uns mit grauer, feuchter Luft. Cousine Marilyn ist bereits in aller Frühe abgereist und selbstverständlich sind wir zum Hotel gegangen, um uns dort von ihr zu verabschieden. Nun sind wir gemeinsam mit Anna und meinem Freund Hector unterwegs, um uns ein wenig die Beine zu vertreten. Kaum losgelaufen, sind mein Herrchen und Anna auch schon in ihr Gespräch vertieft, welches ich interessiert verfolge.

»Ach, Anna, du kannst dir gar nicht vorstellen, wie herzergreifend der Abschied von Marilyn gewesen ist. Die meisten Gäste haben sich extra aus dem Bett geschält, um sie noch einmal zu sehen, und sogar Olivers Eltern sind nach Bodenmais gekommen, um sich von ihr zu verabschieden. Stell dir nur vor, meine Schwiegermutter hat Rotz und Wasser geheult, als das Auto vom Parkplatz gefahren ist!«

»Sie ist aber auch eine ganz besondere Erscheinung, die gute Marilyn. Hinter der ungewöhnlichen Schale verbirgt sich ein sehr, sehr weicher

Kern und ein wirklich wertvoller Mensch. Du kannst glücklich sein, so eine liebenswerte Cousine zu haben.«

»Das bin ich, Anna, das bin ich tatsächlich ...«

Für einen Moment gehen die beiden Freunde schweigend nebeneinander her, jeder scheint in die eigenen Gedanken vertieft zu sein.

Wie gewöhnlich in solchen Momenten ist es Anna, die das Gespräch wieder aufnimmt.

»Oliver hat mir erzählt, dass der Abend mit euren neuen Nachbarn ziemlich katastrophal gewesen ist? Wie ich hörte, bist du zu deiner absoluten Höchstform aufgelaufen?« Lächelnd hakt sie sich bei meinem Herrchen unter.

»Ach, hör bloß auf! Das sind vielleicht ein paar arrogante Idioten. Du kannst dir gar nicht vorstellen, wie abfällig sie über unsere beiden Mädels gesprochen haben. Irgendwie hat das einen empfindlichen Nerv bei mir getroffen und ich bin ein klitzekleines bisschen ausgerastet.« Mein Herrchen schaut betrübt zu Boden und schüttelt den Kopf. »Ich bin nicht sicher, doch eventuell habe ich es ein wenig übertrieben. Eine gute Nachbarschaft ist nach dem Abend wohl erst einmal vom Tisch.«

»Weißt du Uwe, jeder Mensch ist anders und bestimmt haben diese beiden Sonderlinge auch ihre positiven Seiten. Die sind vielleicht einfach nur ziemlich gut versteckt. Ist es nicht unsere Aufgabe, auch solchen Menschen eine zweite Chance zu geben?«

Mein Herrchen wirft seiner Freundin einen verwirrten Blick zu. »Hey, wo steckt meine Freundin Anna, die nur sehr selten ein gutes Haar an ihren unangenehmen Mitmenschen lässt und mit der ich so vorzüglich lästern kann?«

»Weißt du, wenn man es in der Politik zu etwas bringen möchte ...«, Anna streckt die Nase trotzig in die Luft, »muss man einfach lernen, diplomatisch zu sein.« Sie schaut meinem Herrchen für einen Moment voller Ernst in die Augen, bevor beide losprusten und in schallendes Gelächter ausbrechen.

»Gehört das etwa mit zu deinem Wahlprogramm? Fast hätte ich dir den Schwachsinn abgekauft.«

»Blödmann! Du weißt ganz genau, dass ich durchaus in der Lage bin, auch weniger sympathischen Menschen etwas Positives abzugewinnen.« Nachdenklich legt Anna ihre Stirn in Falten. »Bei meiner Familie funktioniert das dummerweise nicht immer so besonders gut.«

»Vielleicht stelle ich dir Claudia und Ludwig bei Gelegenheit einmal vor, dann kannst du dir dein eigenes Urteil bilden.« Uwe hebt einen glitzernden Stein vom Boden auf und betrachtet ihn von allen Seiten. Scheinbar trifft er nicht seinen Geschmack und fliegt in hohem Bogen zurück zur Erde.

»Aber jetzt erzähl doch mal ein bisschen was! Wie läuft es im Moment bei dir und wie geht es mit der Karriere voran?«

»Ach, hör bloß auf!« Anna seufzt schwer atmend aus. »Der Haussegen hängt bei uns komplett schief und Josef ist letzte Woche sogar ins Gästezimmer gezogen. Ich habe überhaupt keine Ahnung, wie das alles weitergehen soll.«

»Er ist ins Gästezimmer gezogen? Oha!« Uwe legt den Arm tröstend um Annas Schultern.

»Dieser Mann wird aber auch immer schlimmer. So ein selten sturer Bock – das hat er eindeutig von seiner Mutter, soviel kann ich dir sagen.« Anna macht eine fahrige Handbewegung und spricht aufgebracht weiter. »Aber das lasse ich nicht mit mir machen! Ich werde meinen Wahlkampf bis zum bitteren Ende durchziehen. Soll der gnädige Herr doch sehen, wer ihm sein Essen kocht und die Wäsche bügelt. Solange er im Gästezimmer wohnt, rühre ich den Kochlöffel ganz gewiss nicht an.«

Während Anna noch ein wenig weiterschimpft, behalte ich den Wald äußerst gut im Auge. Immer wieder schnellt mein Blick von einem Baum zum nächsten und meine Nase wandert schnüffelnd über die Erde, doch kann ich keine übermäßig interessante Spur entdecken.

Hector, der den Boden nicht ganz so eifrig absucht wie ich, stupst mich mit der Nase an. »Du kannst dir ja gar nicht vorstellen, was bei uns zu Hause im Moment los ist. Die beiden sind wie Katz und Maus ... oder heißt es Hund und Katz? Egal, du weißt schon, was ich meine.«

Neugierig trotte ich neben meinem Freund her und auch Layla nähert sich Hector mit interessiertem Blick.

»Ständig brüllen sie sich an und es werden sogar die Türen geknallt, was ich bisher überhaupt nicht kannte. Dieser Lärm macht mich noch ganz krank.« Hector schaut traurig zu Boden. »Na, und bei meiner Diät wird mein Frauchen auch nicht gerade großzügiger.«

»Sind deine Lieblings-Knackwürste etwa noch immer tabu für dich?«

»Leider ja! Das einzig Gute ist, dass mein Herrchen mir ab und an heimlich etwas zusteckt, wenn mein Frauchen es nicht mitbekommt.« Hector bleibt stehen und atmet tief aus. »Ich fürchte, das wird für uns alle noch sehr böse enden, wenn die zwei so weitermachen!« Frustriert lässt sich Hector auf seinen runden Mopshintern plumpsen, doch plötzlich beginnt seine Nase hektisch zu zucken.

»Phoebe! Ich rieche etwas! Komm, wir machen einen kleinen Ausflug in den Wald. Unsere Menschen sehen ohnehin gerade ziemlich beschäftigt aus.«

Ich schaue zu meinem Herrchen und tatsächlich hat er nur Augen für seine Freundin und klebt an ihren Lippen. Mit einem Sprung sind wir vom Wanderweg verschwunden und der Wald empfängt uns mit seinem weichen Boden, der sich wundervoll unter den Pfoten anfühlt. Ich blicke über meine Schulter und entdecke zu meiner Freude, dass auch Layla an unserem Ausflug teilhaben möchte. Vorsichtig läuft sie hinter uns her und bemüht sich, so unschuldig wie möglich auszusehen. Hector schaut mich verwirrt an. Sein Blick wandert zu Layla und anschließend wieder zurück zu mir.

»Das habe ich ihr beigebracht.« Stolz strecke ich meine Brust nach vorne und überhole meinen Freund mit hoch erhobenem Schwanz, um unsere kleine Gruppe anzuführen.

In diesem Moment scheinen unsere Menschen bemerkt zu haben, dass wir uns aus dem Staub gemacht haben. Ihre lauten Stimmen schallen suchend durch den Wald, doch Hector und mir ist das gerade völlig egal. Nur Layla schaut sich ängstlich um und scheint sich nicht besonders wohl in ihrer Haut zu fühlen. Tröstend laufe ich an ihre Seite.

»Du musst keine Angst haben, das läuft immer so. Wir haben jetzt ein bisschen Spaß und wenn wir zurückkommen, schimpft unser Herrchen ganz fürchterlich mit uns herum. Nach ein paar Minuten hat er sich wieder beruhigt und alles ist genauso wie vorher – du wirst schon sehen.« Ich schenke Layla einen aufmunternden Blick. »Weißt du, es ist nicht das erste und ganz bestimmt auch nicht das letzte Mal, dass Hector und ich ausbüchsen.«

Aufgeregt schnüffelnd laufen wir durch das Unterholz, doch außer den üblichen Düften, die der Waldboden für uns bereithält, kann ich keine außergewöhnliche Spur entdecken. Hector, der ein wenig lustlos neben mir hertrottet, stöhnt leidend auf. »Ich habe vielleicht ein Loch in meinem Bauch. Ich könnte ein ganzes Wildschwein verdrücken.«

»So wie es aussieht, wirst du da heute kein Glück haben. Ich kann noch nicht einmal ein Eichhörnchen wittern.« Suchend strecke ich meinen Hals in die Höhe, als Hector mit einem Mal wie angewurzelt stehenbleibt. Seine Nasenflügel beginnen zu zittern. »Endlich, ich rieche etwas, ich rieche etwas! Das könnte Futter sein!« Mit einem Satz ist er auch schon unterwegs und trampelt durch den Wald. Layla und ich folgen meinem Freund und sind gespannt, auf welche Spur ihn seine Nase gestoßen hat. Unser Weg führt uns an einem kleinen Bächlein und einigen hohen Felsen vorbei, die wir überqueren müssen. Ich beginne schon an Hectors Geruchssinn zu zweifeln, als wir hinter dem letzten Felsen einen verfallenen Holzschuppen entdecken.

»Ich habe es gefunden, hier kommt der Geruch her. Beeilt euch – das schauen wir uns einmal genauer an!« Während Hector auf seinen dicken Beinchen zu dem Schuppen trippelt, bleibt Layla unsicher stehen und mustert mich aus großen Augen. »Ich glaube nicht, dass wir das tun sollten, irgendetwas stimmt hier nicht.«

Hector schleckt sich über sein Maul und mustert das unheimliche Gebäude neugierig. Er wirft Layla einen ungeduldigen Blick zu. »Jetzt sei nicht so ein Hasenfuß! Heute wirst du etwas für dein weiteres Leben lernen. Außerdem können wir jetzt noch nicht umkehren, denn ich kann mein Mittagessen schon riechen.«

Vorsichtig und mit eingezogenem Schwanz schleichen wir um die Hütte, als wir ein Loch in der Wand entdecken, durch das ich ohne große Mühe hindurchklettern kann. Layla folgt mir ängstlich, und steht kurz darauf neben mir in dem Schuppen. Hector, der trotz mehr oder weniger strenger Diät einige Speckröllchen mit sich herumträgt, hat Schwierigkeiten sich durch das Loch hindurchzuquetschen. Sein Kopf ist zwar gleich beim ersten Versuch im Haus, doch steckt sein Hinterteil zwischen den morschen Brettern fest. Grunzend versucht er sich zu befreien, doch kommt er weder vor, noch zurück. Er zappelt und trampelt mit den Beinen wild um sich, ich entdecke Panik in seinem Blick …, als eines der Bretter mit einem lauten Krachen aus der Wand herausreißt. Hector rollt durch die nun entstandene Öffnung und kommt schnaufend vor uns zum Liegen. »Uff, das hätten wir geschafft.« Er schüttelt sich den Staub aus dem Fell und schaut sich neugierig um.

Tageslicht, das durch das löchrige Dach dringt, erhellt den Schuppen auf unheimliche Weise. Der komplette Boden ist mit vermodertem Stroh und vertrockneter Erde bedeckt. In einer Ecke steht ein wackelig aussehender Kinderwagen, in dem eine Puppe sitzt, die uns mit ihrem kalten Blick zu verfolgen scheint. Misstrauisch suchen wir die Umgebung mit unseren Hundenasen ab. Ich bin gerade dabei, eine besonders staubige Ecke zu inspizieren, als ich einen seltsamen Geruch wahrnehme, der wohl auch Hector nicht verborgen geblieben ist. Hektisch eilt er an meine Seite, und dann erblicken wir auch schon den Verursacher des Gestanks: Vor uns liegt eine tote Ratte, die nicht besonders appetitlich aussieht. Hector stupst sie sachte mit der Nase an und weicht angewidert zurück.

»Hund im Himmel, das stinkt ja fürchterlich! Ich glaube wir sollten lieber … Stopp, was ist das dahinten? Schaut euch nur diese seltsamen Dinger dort an!« Langsam drückt Hector sich an der verwesenden Ratte vorbei und betrachtet die bunten Kugeln, die wild verstreut vor seinen Pfoten liegen. »Es ist zwar kein Schinken, aber immer noch besser als nichts!« Er blickt mir noch einmal in die Augen, und macht sich dann schmatzend über einige der runden Bröckchen her.

Kritisch steige ich über die Ratte, die einen wirklich unglaublichen Gestank verbreitet, und stupse meinen Freund in die Seite. »Dieses Zeug sieht irgendwie seltsam aus. Bist du sicher, dass du das wirklich essen möchtest?«

»Wenn du so einen Hunger hättest wie ich, würdest du diese Frage nicht stellen.« Er schleckt gierig über den Boden und erwischt so noch einige der Kugeln.

In diesem Moment erscheint auch Layla an Hectors Seite.

»Hector, lass das lieber liegen! Ich glaube nicht, dass du diese Dinger fressen solltest.« Sie reißt ihre Augen erschrocken auf und versucht meinen Freund von den bunten Kugeln wegzustoßen, was diesem überhaupt nicht zu behagen scheint. Wütend und mit aufgerissenen Kulleraugen knurrt er Layla an. »Hey, lass mich in Ruhe und besorge dir gefälligst dein eigenes Mittagessen. Das Zeug habe ich gefunden und deshalb gehört es mir auch ganz alleine!«

Erneut versucht Layla den immer noch schmatzenden Hector vom Verzehr seiner Beute abzubringen, doch da ist es auch schon zu spät. Hector hat den kompletten Boden leergefegt und lässt sich auf seinen dicken Hintern sinken, während ein zufriedener Rülpser sein Maul verlässt.

»So, jetzt geht es mir besser! Wir sollten langsam zurückgehen und uns die heutige Strafpredigt abholen.«

Da Layla und ich keinen Protest einlegen, verlassen wir die Scheune und machen uns auf den Weg zurück zu der Stelle, an der wir unsere Menschen verlassen haben. Schon von weitem sind ihre besorgten Rufe zu hören. Während wir die letzten Meter zum Wanderweg zurücklegen, macht sich ein unbehagliches Gefühl in meinem Hundebauch breit und ich muss immer wieder zu meinem Freund Hector schauen, der etwas wackelig auf seinen Beinen ist. Irgendetwas stimmt nicht mit ihm, was auch Layla zu bemerken scheint. Der Blick, den sie meinem Freund zuwirft, ist voller Angst und Sorge.

Als wir unsere Menschen erreichen, stürzt sich mein Herrchen, die Leine bereits im Anschlag, fluchend auf mich.

»Da seid ihr ja endlich wieder! Nochmal machst du das nicht mit mir, du kleines Luder! Du bleibst jetzt an der Leine, bis wir wieder zu Hause sind!«

Anna, die wie immer den Tränen nah ist, wenn Hector von einem seiner unerlaubten Ausflüge zurückkehrt, drückt ihren heißgeliebten Mops vor lauter Wiedersehensfreude an ihre Brust und legt auch ihm die Leine an. Sie tupft sich mit einem Tuch über die Augen und hakt sich bei meinem Herrchen unter. Der wirft mir einen letzten, ziemlich ärgerlichen Blick zu, bevor er den Kopf hebt und sich seiner Freundin widmet.

»So, wo waren wir stehen geblieben, Anna? Ach ja, genau! Du hast also tatsächlich diese Blumenvase genommen und sie ihm hinterhergeworfen? Heilige Scheiße, du machst vielleicht Sachen!«

Zu dritt laufen wir nun wieder neben unseren schwatzenden Menschen her und ich fürchte, dass unser kleiner Abstecher zu der unheimlichen Baracke wohl der letzte für heute gewesen sein dürfte.

BITTE NICHT!

—

Am Abend kommt unsere Freundin Barbara mit ihrem Angelo zu Besuch. Ich freue mich sehr, die beiden wiederzusehen und selbst Layla wedelt aufgeregt mit ihrem Schwanz, als Angelo knurrend auf sie zustürzt. Ich bin froh, dass sie sich mittlerweile nicht mehr so schnell einschüchtern lässt und bin sicher, dass sie und Angelo gute Chancen haben, Freunde zu werden.

Mein Herrchen legt die Kochschürze zur Seite und drückt seiner Freundin einen Kuss auf die Wange.

»Barbara, es ist ja so schön, dass du heute Abend Zeit hast. Ich bin ehrlich gesagt megagespannt, von welcher sensationellen Neuigkeit du uns berichten möchtest. Ich habe extra dein Lieblingsgericht gekocht, um auch wirklich jedes Detail aus dir herauszukitzeln.«

Barbara hebt ihren Kopf und schnüffelt in die Luft, genauso wie ich es manchmal mache, wenn meine Herrchen den Kühlschrank öffnen und ich direkt danebenstehe. »Oh Gott, sag mir nicht, du hast deinen köstlichen Filettopf gekocht!«

Uwe nickt sie wissend an.

»Komm lass dich umarmen – du bist und bleibst mein absoluter Traummann!« Barbara drückt mein Herrchen lachend an ihren großen Busen, was ich mit einem begeisterten Schwanzwedeln beobachte.

»Barbara hör auf, ich bekomme keine Luft ... ich bekomme wirklich keine Luft!«

In diesem Moment betritt Oliver den Hausflur.

»Liebe Güte, was ist denn hier los? Gibt es irgendetwas, das ich wissen sollte?« Grinsend begrüßt er die füllige Frau, die daraufhin von meinem erleichterten Herrchen ablässt. »Schön, dass du da bist. Komm doch erstmal rein, ich habe einen schönen Wein für uns aus dem Keller geholt.« Er bückt sich hinab und begrüßt Angelo, der zähnefletschend auf ihn zu hüpft, dabei jedoch voller Freude mit dem Schwanz wedelt. Oliver mustert den schmächtigen Hund vergnügt. »Du bist mir schon ein verrückter, kleiner Kerl ... aber dich kriegen wir sicherlich auch noch hin.« Er tätschelt ein letztes Mal über das struppige Fell und steht dann auf.

»Ich habe vielleicht einen Hunger! Können wir eventuell etwas früher essen? Ich habe den ganzen Tag an diesem verfluchten Computer gesessen und kann wirklich keine Zahlen und Tabellen mehr sehen.«

»Aber klar doch! Ich muss nur noch die Nudeln ins Wasser werfen, alles andere ist bereits fertig.« Uwe nickt mit dem Kopf in Richtung Türe. »Kommt, wir gehen ins Esszimmer – der Tisch ist schon gedeckt.«

Kurze Zeit später sitzen unsere drei Menschen fröhlich plaudernd beisammen und lassen sich ihr Futter, das seinen köstlichen Duft im ganzen Raum verteilt, schmecken. Ich liege mit Layla und Angelo auf einer großen Decke, die mein Herrchen extra für uns neben den Esstisch gelegt hat. Obwohl wir unser Abendessen schon längst vertilgt haben, beobachten wir jede Gabel, die zum Mund geführt wird, mit hungrigem Blick. Unsere Menschen zeigen sich davon jedoch reichlich unbeeindruckt und denken gar nicht daran, auf unsere mitleidigen Blicke hereinzufallen, weshalb wir unsere Bemühungen irgendwann frustriert einstellen.

Nachdem unsere Menschen ihre Teller bis zum letzten Bissen geleert haben, hebt Barbara ihr

Glas und schaut meine beiden Herrchen mit gewichtigem Blick an.

»So, nun möchte ich die Katze endlich aus dem Sack lassen und die große Neuigkeit mit euch teilen.«

»Du hast einen neuen Kerl! Verdammt, ich wusste es doch!«, platzt es aus meinem Herrchen heraus, woraufhin Barbara in schallendes Gelächter ausbricht.

»Himmel! Alles, nur das nicht! Ich bin mit meinem Angelo schon ziemlich gut ausgelastet, da muss nicht noch irgendein Mannsbild in meinem Leben herumpfuschen.« Sie wirft einen liebevollen Blick zu der Decke, auf der Angelo zufrieden schnarchend neben mir liegt und widmet sich dann wieder ihren beiden Freunden.

»Aber etwas anderes hat sich für mich ergeben, das noch viel besser ist, als jeder Mann es sein könnte! Anwesende selbstverständlich ausgenommen.«

»Jetzt hast du uns aber ordentlich neugierig gemacht.« Oliver stützt sich mit den Ellenbogen auf und schaut Barbara neugierig an. »Jetzt rede schon weiter!«

»Also, ich habe euch ja erzählt, dass ich mit meinem Roman ziemlich gut vorangekommen bin, nicht zuletzt dank Marilyns Hilfe. In einem Anfall geistiger Umnachtung, habe ich die ersten Kapitel einfach an ein paar Verlage geschickt, ohne mir allzu große Hoffnungen zu machen.« Barbara schlägt ihre Beine übereinander und nimmt einen tiefen Atemzug. »Und stellt euch vor: Ein kleiner Verlag aus München hat mir tatsächlich angeboten, meine Geschichte zu veröffentlichen, wenn ich sie fertiggeschrieben habe. Dem Verlagschef hat mein Manuskript sehr gut gefallen und den Schreibstil hat er als erfrischend anders bezeichnet. Er meint, dass ich mit meinem Roman ein völlig neues Genre erfunden habe.«

Uwe springt jubelnd auf und drückt Barbara ganz fest an sich. »Nein, ist das denn zu glauben? Ich freue mich ja so sehr für dich! Jetzt habe ich doch tatsächlich eine wahrhaftige Berühmtheit zur Freundin!«

Barbara strahlt über das ganze Gesicht und befreit sich aus der Umarmung.

»Naja, soweit würde ich nicht gehen, aber stolz bin ich schon auch. Die waren wirklich sehr angetan von meinem *Fifty Shades of Bayerwald*, nur soll ich noch ein paar Kochrezepte mit in den Roman einbauen. Ich weiß zwar nicht so ganz, wie ich das genau machen soll, doch fällt mir da sicherlich etwas ein.«

»Das Rezept für meine Ochsenschwanzsuppe stelle ich dir sehr gerne zur Verfügung ... das passt ja dann auch thematisch ganz gut zu deiner Geschichte!«

»Uwe, du bist echt widerlich!« Barbara verzieht ihr Gesicht zu einer angeekelten Grimasse.

»Als wenn ich das nicht selber wüsste ...«, mein Herrchen klimpert mit den Augen, woraufhin die drei Menschen in lautes Gelächter ausbrechen. In diesem Moment klingelt das Telefon in Uwes Hose.

»Verdammt, waren das schöne Zeiten, als es noch keine Handys gab!« Er angelt den silbernen Kasten aus seiner Tasche und hält ihn an sein Ohr.

»Hallo Anna, klasse dass du anrufst! Du glaubst ja nicht, was Barbara uns gerade erzählt hat. Stell dir nur vor, sie wird ... Anna, um Himmels willen beruhige dich! Was ist denn passiert?« Er lauscht mit entsetztem Blick in den Hörer hinein.

»Ja, aber warum hast du denn nicht schon viel früher angerufen? ... Oh Gott, das ist ja furchtbar! Ich mache mich sofort auf den Weg zu euch! Reg dich bitte nicht auf, ich bin ja gleich bei dir.«

Mit besorgten Blicken schauen Barbara und Oliver mein Herrchen an, der das Telefon zurück in seine Hosentasche gleiten lässt.

»Verfluchter Mist!« Der Ton seiner Stimme lässt mich aufschrecken. Mit einem Satz bin ich auf den Pfoten und stelle meine Ohren alarmiert auf.

»Hector scheint Rattengift oder irgend so ein Zeug gefressen zu haben. Anna war bei Dr. Paulus und ist jetzt mit ihm zu Hause. Es sieht nicht besonders gut aus.« Bei seinen letzten Worten scheint alle Farbe Uwes Gesicht verlassen zu haben.

»Oh nein, unser armer, kleiner Liebling!« Barbaras sonst so lebhafte Stimme ist mit einem Mal sehr leise. »Was hat Anna denn genau gesagt?«

»Der Arzt hat ihm ein paar Infusionen verabreicht, mehr konnte er wohl nicht für ihn tun.« Uwe rauft sich die Haare. »Das darf doch alles nicht wahr sein. Warum ausgerechnet unser süßer Hector?«

»Ich werde dich selbstverständlich begleiten, gib mir zwei Minuten!« Barbara schiebt den Stuhl zurück und greift nach ihrer Handtasche.

»Barbara, bitte nicht böse sein, aber Anna hat mich gebeten, alleine zu kommen. Du kannst gerne so lange hierbleiben wie du möchtest, doch ich muss jetzt sofort zu ihr.«

»Kannst du denn überhaupt noch fahren? Du hattest zwei große Gläser Wein.« Oliver steht auf und schaut mein Herrchen beunruhigt an.

»Das wird schon gehen. Ich nehme den Weg über die Silberbergstraße, da wird heute bestimmt nicht mehr kontrolliert.« Uwe deutet mit der Hand zur Küche, während er nach dem Autoschlüssel greift. »Der Nachtisch steht im Kühlschrank, bitte lasst ihn nicht schlecht werden! Ich melde mich, sobald ich irgendetwas weiß.«

Nur einen kurzen Moment später höre ich das Klimpern meiner Hundeleine, doch möchte ich Uwe aus einem mir unerklärlichen Grund nicht begleiten. Als er nach mir ruft, schleiche ich mit einem unguten Gefühl in den Hausflur und wir machen uns gemeinsam auf einen Weg, der mir auf schreckliche Weise vertraut vorkommt ...

Während wir über regennasse Straßen fahren, die nur vom Licht der Laternen erhellt werden, trommelt mein Herrchen mit nervösen Fingern auf dem Lenkrad herum.

»Hector, das kannst du uns doch nicht antun! Du musst einfach durchhalten ... was sollen wir denn ohne dich machen?«

Nervös lausche ich der zittrigen Stimme und weiß tief in meinem Inneren, dass etwas sehr Schlimmes passiert sein muss. Normalerweise bin ich froh, wenn unsere Autofahrten so kurz wie möglich sind, doch erreichen wir unser Ziel an diesem Abend viel zu schnell.

Kaum sind wir aus dem Auto gestiegen, öffnet sich die Haustüre und eine aufgebrachte Anna stürzt uns entgegen. Dunkle Schatten umranden ihre sonst so fröhlichen Augen, als sie meinem Herrchen schluchzend um den Hals fällt.

»Gott sei Dank, endlich bist du da! Ich ... ich werde jeden Moment wahnsinnig. Es ... es ist ja alles so furchtbar!«

Mein Herrchen hält Anna fest in seinem Arm, als ihr Körper von einem heftigen Weinkrampf geschüttelt wird. Hilflos stehe ich neben den beiden Menschen und suche nach meinem Freund Hector, der mich doch sonst immer freudig japsend an der Türe begrüßt, doch kann ich ihn nirgends entdecken ...

Mit eingezogenem Schwanz folge ich Uwe und seiner Freundin und will doch viel lieber zurück in unser eigenes Zuhause, wo Layla ganz bestimmt schon in unserem Hundekorb auf mich wartet.

Als wir den Hausflur betreten, erreicht ein unangenehmer Geruch meine empfindliche Nase, die ich sogleich angewidert zusammenziehe.

Meinem Herrchen scheint es nicht anders zu ergehen. Erschrocken wandern seine Augenbrauen nach oben, als er das heillose Durcheinander in dem sonst so ordentlichen Haus erblickt.

Im Wohnzimmer angekommen, bleibt er in der Türe stehen und schlägt entsetzt seine Hände vor den Mund. Auf einer großen Decke, die vor dem Menschensofa ausgebreitet ist, liegt der bewegungslose Hector. Vorsichtig mache ich ein paar Schritte in seine Richtung, als ich hinter mir Uwes leise Stimme höre.

»Oh mein Gott! Wie konnte das denn nur geschehen?« Tränen sammeln sich in seinen Augen. »Er wird doch hoffentlich nicht ..., ich meine?«

»Ich weiß es nicht, ich weiß es wirklich nicht! Dr. Paulus kann nichts mehr für ihn tun. Er sagt ... er sagt, dass wir jetzt nur noch abwarten können.« Anna lässt sich neben der Decke auf den Boden sinken und streichelt Hector ganz vorsichtig über den Kopf. Fast scheint es, als hätte sie Angst, ihn zu zerbrechen.

»Wenn er die Nacht übersteht, dann könnte er ...« Erneut bricht Anna in Tränen aus, die sie mit ihrem Ärmel fortwischt.

»Es tut mir so leid, Kleines, es tut mir so unendlich leid.« Während sich Uwe neben seine Freundin setzt und tröstend ihre Hand ergreift, habe ich die Wolldecke erreicht und stupse meinen Freund ganz vorsichtig an. Als er sich nicht rührt, lege ich mich mit einem entsetzlich traurigen Gefühl in meinem Bauch neben ihn und versuche seinen Körper mit Wärme zu erfüllen. Ich lasse meine Nase dabei über Hectors stumpfes Fell gleiten und entdecke unter seinem Maul einen feuchten, roten Fleck, der mir große Angst bereitet. Die beiden Menschen beobachten mich schweigend und mit tränennassen Augen. Es ist Annas Flüstern, das die Stille durchbricht.

»Ich bin heilfroh, dass ihr bei mir seid. Ich wäre hier so alleine wirklich fast durchgedreht. Ausgerechnet diese Woche ist Josef auf einer Geschäftsreise in Frankreich und hat erst für morgen Nachmittag einen Flug bekommen. Was mache ich denn nur, wenn Hector ... wenn er ...?

Josef wird es mir nie verzeihen, wenn er ihn nicht noch einmal ...« Anna fischt ein Taschentuch aus ihrer Hose und wischt sich damit über die Augen. »Wie konnte es nur soweit mit uns kommen? Ich liebe meinen Josef über alles und zeige es ihm doch viel zu selten. Weißt du, der Josef und ich, wir haben einfach ...«

In diesem Moment erfasst ein Zittern den geschwächten Körper meines Freundes. Erschrocken springe ich auf meine Pfoten und schaue mein Herrchen hilflos an.

»Oh nein, bitte nicht schon wieder.« Anna greift nach einer Decke, mit der sie Hector zärtlich zudeckt. »So geht das schon die ganze Zeit. Dr. Paulus sagt, dass sein Körper gegen das Gift ankämpft. Das ... das ist doch sicherlich ein gutes Zeichen, oder nicht?«

»Ganz bestimmt ist es das. Unser Hector ist ein kleiner Kämpfer und wird diese Schlacht ganz gewiss für sich entscheiden.« Als Uwe seine Freundin tröstend umarmt, frage ich mich beunruhigt, warum der zweifelnde Klang seiner Stimme in diesem Moment einfach nicht zu seinen Worten passen will.

Die nächsten Stunden ziehen sich endlos dahin, doch weiche ich nicht von Hectors Seite. Ganz fest drücke ich mich an seinen Körper, der immer wieder von den unheimlichen Krämpfen durchgeschüttelt wird, die mir so viel Angst machen.

Als sich Anna und mein Herrchen für eine kurze Zeit in die Küche zurückziehen, macht sich ein Gefühl der Einsamkeit in mir breit, wie ich es in meinem ganzen Hundeleben noch nie verspürt habe. Verzweifelt schlecke ich über Hectors Fell, stupse ihn mit meiner Nase zärtlich an, als seine Augenlider kaum merklich beginnen auf- und abzuflattern. Ein schwaches Wimmern lässt mich regungslos verharren und auf ein weiteres Lebenszeichen meines Freundes warten. Es scheint, als wolle Hector seine Augen öffnen, doch will ihm dies einfach nicht gelingen. Voller Angst starre ich ihn an, hoffe auf eine kleine Bewegung, doch erreicht nur der Klang seines unregelmäßigen Atems meine Ohren. Ich will mich schon zurück an Hectors Seite legen, um seinen Körper zu wärmen, als er mühsam eines seiner Augen öffnet und mir einen verschwommenen Blick zuwirft. Verwirrt betrachtet er mich für einen Moment, scheint nicht zu wissen, wer ich bin, als das schwache Licht der Erkenntnis in seinem Auge aufflackert.

»Phoebe? Du ... du bist hier?«

»Ich bin schon den ganzen Abend bei dir und passe gut auf dich auf.«

»Das ... ist ... schön!« Mit einem angestrengten Schnaufen öffnet er auch sein zweites Auge und schaut mich voller Schmerz an. »Bleibst du bei mir, bis ich eingeschlafen bin?«

»Aber natürlich Hector! Wo sollte ich auch sonst hingehen? Du bist doch mein allerbester Freund!«

Hector atmet leise aus, um kurz darauf erschöpft wegzudämmern.

Lange liege ich neben meinem Freund und warte auf irgendetwas, das mir Hoffnung schenkt, doch begleitet mich nur der unheimliche Klang seines rasselnden Atems. Ich versuche meine Augen offenzuhalten, will Hector unter gar keinen Umständen alleine lassen, doch werde ich irgendwann von einer tiefen Müdigkeit übermannt und verschwinde ins Reich der Hundeträume ...

Gemeinsam mit Hector tolle ich über eine blühende Wiese, ein Schwarm Bienen umrundet fröhlich summend unsere Nasen, die von den herrlichsten Düften

verwöhnt werden. Überall auf der Erde verstreut lie-
gen köstliche Hundekuchen und wir wissen gar nicht,
welche davon wir zuerst vernaschen sollen. Gespannt
laufen wir weiter, werden vom plätschernden Was-
ser eines kleinen Baches begleitet, als ich in weiter
Ferne ein strahlendes Licht erblicke. Neugierig und
ohne jede Angst gehe ich auf den leuchtenden Kreis
zu, immer weiter und weiter, bis ich verwundert ste-
henbleibe. Inmitten des warmen Lichts entdecke ich
ein wunderschönes, weißes Hundemädchen, das nun
langsam auf mich zuschreitet. Als ich meine Freundin
Flora, die ich vor langer Zeit auf ihrem letzten Weg
begleiten musste, erkenne, springe ich glücklich auf
sie zu. Übermütig stupse ich sie mit meiner Nase an
und kann kaum glauben, dass die sanftmütige Flora
endlich wieder bei mir ist, als Hector schnaufend an
meiner Seite stehenbleibt. Seltsamerweise scheint er
gar nicht überrascht zu sein, unsere Freundin hier
anzutreffen und so laufen wir Seite an Seite über die
blühende Wiese und sind einfach nur erleichtert, wie-
der beisammen zu sein.

Auf einer kleinen Lichtung lassen wir uns in das
sommerlich warme Gras sinken und genießen die
wärmenden Strahlen auf unserem Fell. In diesem
Moment spüre ich eine Zufriedenheit, ein Gefühl
der Vollkommenheit, das ich schon längst vergessen

glaubte. Flora rückt noch ein Stück näher in meine Richtung und blickt mich mit ihren gütigen Augen an. Auch Hector ist mit einem Mal ganz nah bei mir und ich weiß wirklich nicht, wann ich das letzte Mal so viel Glück verspürt habe ...

Erschrocken reiße ich meine Augen auf und schaue mich verwirrt um, doch kann ich Flora nirgends entdecken. Sie ist an dem Ort geblieben, an dem das Gras so wundervoll duftet und der Boden voller Hundekuchen ist.

Neben mir liegt, mit seltsam verdrehten Vorderbeinen, der leblose Körper meines Freundes und ich bin mit einem Schlag hellwach. Vorsichtig stupse ich ihn an, doch rührt er sich nicht. Ich stupse fester und fester, klopfe mit meiner Pfote auf Hectors runden Bauch und warte vergeblich auf irgendeine Reaktion von ihm.

Schreckliche Bilder voller Schmerz und Trauer tauchen in meinem Kopf auf, Bilder meiner lieben Freundin Flora, die ich so sehr vermisse. Bilder von der weinenden Barbara, die ihren Liebling niemals wiedersehen wird.

Langsam setze ich mich auf und beginne leise zu winseln. Anna und Uwe liegen nicht weit entfernt im Schlaf versunken auf dem Sofa, eine Wolldecke nachlässig über ihre Beine geworfen, und scheinen mich nicht zu hören. Mein Winseln wird lauter, steigert sich zu einem verzweifelten Jaulen, als Anna ihre übermüdeten Augen aufschlägt. Voller Angst setzt sie sich neben meinen Freund Hector, will nicht glauben, was sie sieht, als auch mein Herrchen mit einem Gähnen erwacht und sofort an ihre Seite eilt.

»Nein, nein, nein ... bitte nicht! Anna, sag doch was! Ist er ...? Ich meine, er ist doch nicht ...?«

Doch Anna ist nicht in der Lage zu antworten. Tränen laufen ihr über das aschfahle Gesicht, als sie ihre Hand ausstreckt, um Hector zärtlich zu berühren. Wimmernd hocke ich noch immer neben meinem Freund, will einfach nicht glauben, was gerade passiert, als ... ein lautes Knattern sein Hinterteil verlässt. Sprachlos blicken die beiden Menschen auf meinen Freund hinab, der in diesem Moment mit einem erleichterten Seufzen die Augen aufschlägt. Während sich Anna schluchzend über Hectors Körper beugt und diesen mit Küssen übersäht, streichelt ihr mein Herrchen tröstend über die Schulter.

»Habe ich dir nicht gesagt, dass unser Hector ein kleiner Kämpfer ist?!« Grinsend hält er sich die Nase zu. »Aber für solche Granaten, solltest du wirklich einen Waffenschein beantragen!«

Weinend fallen sich die beiden Menschen in die Arme, während ich meinem Freund glücklich über das Mopsgesicht schlecke, das mir so sehr ans Herz gewachsen ist.

DER KÖNIG IST ZURÜCK

—

In den nächsten Tagen besuchen wir Hector regelmäßig, denn es steht noch immer sehr schlecht um seine Gesundheit. Anna muss meinen Freund ständig in den Garten tragen, damit er dort seine Geschäfte verrichten kann, wobei sie viele Tränen vergießt. Während unserer Besuche schläft Hector die meiste Zeit, was mich nicht sonderlich beunruhigt, denn das hat er auch immer schon gemacht, als er noch kerngesund gewesen ist. Mit viel mehr Sorge erfüllt es mich, dass er keinen besonders großen Appetit zu haben scheint und sein Futter an manchen Tagen sogar komplett unberührt bleibt. Anna bemüht sich wirklich sehr und stellt ihm die unglaublichsten Köstlichkeiten vor die Nase, doch läuft bei deren Anblick lediglich mir das Wasser im Maul zusammen, wodurch es Hector leider auch nicht besser geht.

Nach und nach kehrt sein Appetit jedoch zurück und dann dauert es zum Glück auch nicht mehr lange, bis er sein Krankenlager verlassen darf. Unsere ersten Spaziergänge verlaufen zwar noch recht holprig und sind alles andere als ausgedehnt, doch ändert sich auch das von Tag zu Tag.

Heute haben sich Anna und mein Zweitherrchen Oliver verabredet, um mit uns zum sogenannten Ameisenweg zu gehen.

Dieser Ameisenweg befindet sich in einem dichten Waldstück und ist eigentlich für kleine Menschenkinder gedacht. Sie können dort über Holzstämme springen oder aber über Balken, wackelige Brücken und Wippen balancieren. Jedoch besuchen meine Herrchen diesen Weg auch sehr häufig mit Layla und mir, weil wir mindestens genauso gerne hüpfen und balancieren wie es die Menschenkinder tun. Nur Hector ist für diese Turnerei, wie er es nennt, nicht zu begeistern und schaut uns lieber dabei zu.

Als ich unseren Freund am Eingang des Ameisenweges entdecke, freue ich mich riesig und stürze gleich auf ihn zu. Layla ist scheinbar auch sehr glücklich Hector zu sehen, was ich am aufgeregten Wedeln ihres Schwanzes erkennen kann. Vorsichtig stupst sie ihn zur Begrüßung mit der Nase in die Seite.

»Hey, aufpassen, ich bin noch immer ein wenig schwach auf meinen Pfoten!« Hector schaut sie mit einem gespielt tadelnden Blick an, woraufhin

Layla nur noch wilder mit dem Schwanz wedelt. Ich schlecke unserem Freund durch sein flaches Gesicht, und obwohl er sich schüttelt und eine Grimasse zieht, weiß ich ganz genau, wie sehr ihm dieser Liebesbeweis gefällt. Als ich Hector ausgiebig begrüßt habe, springe ich nun auch zu Anna, die uns mit feuchten Augen beobachtet hat. Sie wischt sich mit dem Ärmel durchs Gesicht und bückt sich zu uns herab. Ihr leises Flüstern ist kaum zu hören.

»Ich bin ja so unendlich froh, dass ihr drei Engel wieder vereint seid. Was hätten wir nur getan, wenn ...?«

Oliver tritt an ihre Seite und legt den Arm um die Schulter seiner Freundin. Ich höre ein ungewohntes Wackeln in seiner Stimme.

»Zum Glück müssen wir uns darüber keine Gedanken mehr machen. Er hat es ja noch einmal geschafft, unser kleiner Held.«

Erneut laufen Tränen über Annas Gesicht, die sie mit einem Tuch fortwischt, das ihr mein Zweitherrchen in die Hand gedrückt hat.

»Verdammt nochmal! Den halben Tag bin ich am Rumheulen, ohne dass ich irgendetwas dagegen machen kann. Das Wasser läuft einfach aus meinen Augen heraus, so als wäre da irgendetwas undicht.« Anna schüttelt trotzig ihren Kopf und steht auf. »Lass uns bitte losgehen, bevor ich noch deine ganzen Taschentücher ertränke!«

Vergnügt laufe ich mit Layla und Hector über den Wanderweg, wobei wir unsere Nasen immer wieder tief in den dichten Büschen am Wegesrand vergraben, um keinen interessanten Duft zu verpassen. Kaum sind wir ein paar Minuten unterwegs, beginnt Hector sein Tempo zu verlangsamen und muss zwischendurch sogar einmal stehenbleiben.

Besorgt mustert Oliver unseren Freund.

»Oh weh, das arme Kerlchen! Aber ich bin ja froh, dass wir ihn überhaupt schon wieder mit auf einen Spaziergang nehmen können. Letzte Woche hätte ich darauf noch keine Wetten abgeschlossen.«

»Erinnere mich bitte nicht daran! Gott sei Dank hat Doktor Paulus gleich den richtigen Verdacht gehabt und konnte so das Schlimmste verhindern. Er hat mich jedoch darauf vorbereitet, dass es eventuell irgendwelche dauerhaften Spätfolgen geben könnte.« Anna angelt ein weißes Tuch aus ihrer Handtasche und tupft sich über die Augen. »Wir können einfach nur abwarten und das Beste hoffen ...«

»Kannst du irgendetwas tun? Ich meine, um seine Heilung positiv zu beeinflussen?«

»Hector braucht in der nächsten Zeit sehr viel Ruhe, Liebe und vor allem eine ausgewogene Ernährung, damit er wieder zu Kräften kommt. Sein Appetit ist zum Glück wieder zurückgekehrt und Doktor Paulus meinte, dass ich Hector ruhig ein wenig verwöhnen darf, solange ich es nicht übertreibe. Du hättest einmal sehen sollen, mit wie viel Freude er sich über das Stück Weißwurst hergemacht hat, dass ich ihm vorgestern gegeben habe.« Anna schüttelt langsam den Kopf und schaut meinem Zweitherrchen in die Augen. »Ach, was war ich nur für eine Idiotin, dass ich den armen Kerl mit so einer dämlichen Diät gequält habe. Und das alles nur, damit er optisch zu meinem Job als Gemeinderätin passt. Ich war ja so ein selten dämliches Huhn!«

»Nun sei mal nicht so streng zu dir selbst. Selten dämlich warst du ganz sicherlich nicht. Die Sache mit dem Huhn hingegen ...«

»Ach, lass mich doch in Ruhe, du alter Mistkerl!« Anna boxt ihrem Freund auf den Arm, um sich gleich darauf grinsend bei ihm unterzuhaken. Nach ein paar Schritten bleibt sie stehen und wirft Hector einen liebevollen Blick zu.

»Ich habe übrigens beschlossen, meine Kandidatur zur Gemeinderätin fallenzulassen. Es gibt viel Wichtigeres im Leben, als diese eine Sache.«

»Aber du hast es dir doch so sehr gewünscht und wirklich hart auf die Wahl hingearbeitet. Bist du dir auch ganz sicher?«

»Ich war mir noch nie zuvor so sicher, das Richtige zu tun. Hector braucht jetzt meine ganze Aufmerksamkeit, damit er wieder gesund wird. Und die wird er auch bekommen. Na ja, und außerdem ...«, verschwörerisch kneift Anna ihre Augen zusammen, »sitzt ja immer noch die Kramer Else im Gemeinderat, woran sich in den nächsten Jahren ganz bestimmt nichts ändert. Die wird mich schon mit allen notwendigen Informationen versorgen – du weißt ja, was für eine Tratschtante die Else sein kann ...«

Gemütlich laufen wir ein ganzes Stück über den nebligen Waldweg, der uns zu den ersten Geräten führen wird. Bei diesem Wetter, das meine Herrchen seltsamerweise *Hundewetter* nennen, begegnen uns hier in der Regel nur sehr wenige Menschenkinder. So ist es auch heute. Außer einem kleinen Mädchen, das zum Unmut seiner Mutter laut lachend von einer Pfütze in die nächste gesprungen ist, haben wir bisher noch niemanden getroffen.

Immer wieder schiele ich unauffällig zu Hector, der wirklich sein Bestes gibt, um den Anschluss nicht zu verpassen, doch ist er immer noch ein bisschen wackelig auf seinen stämmigen Beinchen. Normalerweise laufen wir viel schneller über den Wanderweg, büchsen manchmal sogar aus, um ein paar Eichhörnchen zu verfolgen, doch ist mir das alles jetzt überhaupt nicht wichtig. Viel zu froh bin ich, dass Hector wieder bei uns ist und wir diesen Spaziergang gemeinsam unternehmen können. Langsam, Seite an Seite, trotten wir am Waldesrand entlang, schnüffeln ein wenig mit der Nase in den Büschen herum, bis Hector aufstöhnt und mich mit seinen kugelrunden Augen anschaut.

»Himmel, ist das alles wieder anstrengend! Wann kommen wir denn endlich bei diesen blöden Hindernissen an, damit ihr zwei ein bisschen mit eurer Hüpferei angeben könnt? Das dauert doch sonst nicht so lange.« Mein Freund humpelt missmutig neben uns her. »Ich glaube, ich habe da eine Idee, wie es ein wenig schneller gehen könnte. Wie ihr wisst, bin ich noch immer der König der Menschenerziehung und ich konnte meine Technik in der letzten Zeit durchaus weiterentwickeln. Schaut zu und lernt vom Meister!«

Während Laylas Augen vor Spannung riesengroß werden und auch ich voller Interesse meine Ohren aufstelle, lässt sich Hector auf seinen noch immer recht molligen Hundehintern plumpsen und beginnt leise zu wimmern. Unsere beiden Menschen diskutieren gerade lebhaft über irgendein Restaurant, in das man sein Geld unter gar keinen Umständen bringen sollte, und bemerken seine Bemühungen daher nicht. Also atmet Hector ganz tief ein und jammert noch ein wenig lauter. Anna, die sich gerade über die unglaublich hochnäsige Chefin des Restaurants auslässt, bleibt verwundert stehen und betrachtet meinen Freund voller Sorge. Jetzt, da er sein Frauchen an der Angel hat, beginnt Hector voller Dramatik zu japsen, während sich sein Jammern zu einem dramatischen Wimmern steigert.

Anna bückt sich und streichelt meinem Freund, der mir einen listigen Blick zuwirft, vorsichtig über den Rücken.

»Hectorlein, was ist denn auf einmal los mit dir?« Sie legt ihre Hand in den faltigen Nacken des immer noch winselnden Mopses. »Also, Fieber scheint es nicht zu sein, aber irgendetwas stimmt nicht mit ihm.«

»Bis gerade eben war aber doch noch alles in Ordnung.« Oliver mustert Hector für einen Moment nachdenklich, dann schleicht sich ein wissendes Lächeln in sein Gesicht. »Seltsam, seinem Ringelschwänzchen scheint nichts zu fehlen – schau nur, wie er damit hin- und herwedelt!«

Ertappt reißt Hector seine Augen auf und bemüht sich, den hinteren Teil seines Körpers unter Kontrolle zu bringen, was ihm jedoch nicht sonderlich gut gelingt.

»Ich denke, ich werde ihn ein paar Schritte tragen – sicher ist sicher.« Anna nimmt meinen stämmigen Freund auf den Arm und erhebt sich mit einem angestrengten Ächzen. Sie wirft Oliver einen entschuldigenden Blick zu und setzt sich mit ihrer schweren Last langsam in Bewegung.

Einige Zeit später, der Schweiß läuft Anna mittlerweile in Strömen über das knallrote Gesicht, erreichen wir das erste Hindernis. Als Layla die langen Holzstämme erblickt, über die sie ganz besonders gerne balanciert, verlässt ein aufgeregtes Bellen ihr Maul.

»Na endlich, ich dachte schon, wir kommen niemals hier an! Der Kerl hat aber auch ein Gewicht!« Anna geht in die Knie und setzt Hector, der ihr einen entrüsteten Blick zuwirft, auf den staubigen Boden. Sie fischt ein Tuch aus ihrer Jackentasche und wischt sich den Schweiß aus dem Gesicht.

Währenddessen ist Layla bereits mit einem Satz auf den Baumstamm gesprungen, um diesen mit angestrengtem Blick und heraushängender Zunge zu überqueren. Gemeinsam sitze ich mit Hector vor dem Hindernis, um sie dabei zu beobachten, als der verständnislos mit dem Kopf schüttelt.

»Ich komme einfach nicht dahinter, was ihr zwei an dieser Rumturnerei so besonders findet. Schau dir Layla doch nur einmal an! Ihr springen die Augen vor lauter Anstrengung ja fast aus dem Kopf – das kann unmöglich gesund sein.«

»Aber Hector, sieh doch nur, wieviel Spaß sie gerade hat!« Kurz zucke ich zusammen, als Layla ins Wanken gerät und um ein Haar von dem regennassen Stamm hinabrutscht. Als sie wieder auf sicheren Pfoten steht und vorsichtig weiterbalanciert, widme ich mich erneut meinem kritischen Freund. »Außerdem machen wir unseren Menschen eine Riesenfreude, wenn wir ihre Befehle richtig befolgen und bekommen zur Belohnung meistens ein paar besondere Leckerchen dafür.«

»Ach, darum geht es hier …« Hector wirft mir einen wissenden Blick zu und erhebt sich mit einem leisen Stöhnen. »Das bekomme ich auch ohne diesen ganzen Unfug hin. Schau mir zu und lerne vom Meister!«

Langsam trippelt er auf Anna zu und beginnt, kurz bevor er sie erreicht hat, dramatisch zu humpeln. Er setzt sich neben sie und wirft ihr einen Blick zu, als hätte er in den letzten Wochen kein Hundefutter in seinem Napf vorgefunden. Leise jammernd und mit scheinbar letzter Kraft stupst er mit seiner Nase gegen den Futterbeutel, der aus Annas Handtasche herausschaut. Ohne lange darüber nachzudenken öffnet sie den Beutel, woraufhin sich Hectors Maul gierig schmatzend über den sicherlich sehr köstlichen Inhalt hermacht.

Mit einem Satz erreiche auch ich die Tasche und werfe Anna meinen allertreuesten Hundeblick zu, doch ernte ich dafür nur ein paar Streicheleinheiten.

Voller Bewunderung schaue ich zu meinem cleveren Freund, dem gerade ein zufriedener Rülpser entweicht, als Layla ihre Übung beendet hat und mit einem Sprung neben mir landet.

»Hast du das gesehen? Hast du das gesehen? Ich habe alles richtig gemacht und schau doch nur, wie zufrieden Oliver aussieht.« Aufgeregt tänzelt sie um mich herum, während Hector noch immer neben seinem Frauchen sitzt und uns gähnend beobachtet.

Ich schlecke Layla voller Anerkennung durchs Gesicht und mache mich auf den Weg zu dem langen Baumstamm, denn auch ich möchte nun endlich zeigen, was ich kann.

Als nächstes erreichen wir die sogenannte Wackelbrücke und die dunkle Baumstammhöhle, durch die wir auf allen Vieren kriechen müssen, was mir immer ein wenig unheimlich ist. Mittlerweile weiß ich jedoch, dass auch diese Übung ungefährlich ist und so mache ich Oliver die Freude und robbe heute sogar zweimal durch den ausgehöhlten Baumstamm.

Erleichtert hole ich mir zur Belohnung ein extra großes Leckerchen ab und will mich bereits auf den Weg zur Holzwippe machen, als ich Annas besorgte Stimme höre.

»Oliver, wäre es in Ordnung für dich, wenn wir die Abkürzung zum Parkplatz nehmen? Ich glaube, dass Hector für heute genug hat. Wir können ja unterwegs noch einen Kaffee im Bröhlerhof trinken, der liegt ja quasi auf dem Weg. Natürlich nur, wenn du noch ein wenig Zeit hast.«

»Sollte es zum Kaffee auch ein Stück Kuchen geben, bin ich in jedem Fall dabei. Vielleicht können wir ja sogar draußen sitzen, jetzt wo endlich ein paar Sonnenstrahlen rauskommen.«

»Kuchen hört sich super an. Komm und lass uns meiner Diät den Todesstoß versetzen!«

Langsam spazieren wir zurück zum Parkplatz, in dessen Nähe sich ein großes Haus – der sogenannte Bröhlerhof – befindet, in dem die Menschen die verschiedensten Dinge essen und trinken können. Als wir uns der Terrasse nähern, dringt ein schrilles »JUHUUU!« an meine Ohren, das mir auf unangenehme Weise sehr bekannt vorkommt. Auch Oliver scheint den Menschen erkannt zu haben, von dem diese lautstarke Begrüßung stammt.

»Ach du großer Gott, die hat mir gerade noch gefehlt!« Er hebt seine Hand und winkt der Frau zu, sein Gesicht wirkt dabei jedoch alles andere als erfreut. »Anna, du hast jetzt die Ehre unsere neuen Nachbarn kennenzulernen. Mach dich auf eine Begegnung der besonderen Art gefasst!«

»Da bin ich aber mal gespannt«, höre ich Anna flüstern, als wir auch schon die Terrasse erreicht haben.

»Nein, das ist ja eine nette Überraschung, dich hier zu treffen. Hast du denn keine Arbeit im Hotel, oder irgendwelche zahlenden Gäste, um die du dich kümmern musst?« Claudia, die zu meinem Entsetzen schon wieder den toten Hund um ihren Hals gewickelt hat, zwinkert Oliver vergnügt zu.

»Claudia, darf ich dir meine liebe Freundin Anna vorstellen? Anna, dies hier ist unsere Nachbarin Claudia.«

»Die neue Nachbarin? Na, da freue ich mich aber ganz besonders, dich kennenzulernen.« Anna mustert ihr Gegenüber ausgiebig und setzt ein seltsames Lächeln auf. »Ich habe ja schon so Einiges von dir und deinem Mann gehört. Wirklich sehr nett, dich nun auch persönlich kennenzulernen.«

Während Oliver verlegen von einem Fuß auf den anderen trippelt, scheint sich Claudia sehr zu freuen, dass man bereits über sie gesprochen hat.

»Ludwig kommt auch jeden Moment. Er reklamiert gerade den Champagner, den uns diese dusselige Kellnerin an den Tisch gebracht hat. Die Flasche war nicht ordentlich gekühlt und dann schleppt das Trampeltier uns auch noch ein paar billige Sektgläser an, aus denen wir das teure Zeug trinken sollen.« Claudia verdreht die Augen und schüttelt ihren Kopf. »Aber der Ludwig wird das schon in Ordnung bringen. Ihr müsst unbedingt ein Gläschen mit uns trinken, wir haben nämlich etwas zu feiern.«

»Eigentlich haben wir ja gar keine Zeit, wir müssen ja noch ... und dann ist da ja auch noch der, ähm ...« Oliver schaut Anna verlegen an, während ich vorsichtshalber ein paar Schritte entfernt neben einem Busch hocke und das Gespräch mit aufgestellten Ohren verfolge.

»Das hört sich ja spannend an. Wozu darf man denn gratulieren?« Anna bemerkt Olivers Blick scheinbar nicht und fixiert unsere Nachbarin neugierig.

»Stellt euch nur vor!« Claudia richtet sich voller Stolz auf. »Mein Ludwig ist befördert worden!«

»Er ist befördert worden? Na, da kann man dann wohl gratulieren.« Oliver klopft mit der Hand auf den Tisch. »Wo arbeitet dein Mann denn eigentlich? Ich glaube, dass wir bei unserem Kennenlernen soweit noch gar nicht gekommen sind.«

»Stimmt, ich vergaß. Bei unserem Abendessen hatten wir doch irgendwie ... ein paar andere Themen, über die wir diskutiert haben.« Claudia streichelt sich ein unsichtbares Staubkorn von dem Hund, der noch immer an ihrem dürren Hals baumelt. Mein Zweiterrchen bekommt einen ganz roten Kopf bei ihren Worten. »Ach ja, unser Abendessen! Nett war es. Das sollten wir bei Gelegenheit noch einmal wiederholen.«

»Aber sicher sollten wir das.« Claudia stützt sich auf den Tisch und legt den Kopf auf ihre Hände. »In jedem Fall arbeitet mein Ludwig bei BMW und hat ab sofort knapp 1000 Leute unter sich. Eine saftige Gehaltserhöhung ist natürlich auch mit dem neuen Job verbunden.«

»Na, da wird der Ludwig dir sicher bald ein zweites Haustier bei deinem Lieblingshändler in München kaufen, nicht wahr?« Oliver zeigt mit dem Finger auf den leblosen Hund.

»Ein zweites Haustier?« Die blonde Frau zuckt fragend mit den Schultern. »Ach, du meinst meinen Goldzobel! Hihi, ein netter Witz, ein wirklich netter Witz.« Sie grinst mein Zweitherrchen kurz an und wirft einen Blick auf ihre Armbanduhr.

»Wo bleibt dieser Mann denn nur? So lange kann es ja wohl nicht dauern, in dem Laden für ein bisschen Ordnung zu sorgen. Setzt euch doch einfach zu mir, er müsste jeden Moment wieder hier sein!«

»Das ist wirklich ganz lieb von dir, aber wir müssen so langsam weiter und außerdem haben wir ja auch die Hunde dabei.« Oliver wedelt mit meiner Leine in der Luft herum, woraufhin Claudia die Nase rümpft und mir einen eiskalten Blick zuwirft.

»Ach ja, die Hunde – ich vergaß! Ich weiß natürlich nicht, ob so etwas hier in diesem Lokal erwünscht ist. Könnt ihr sie nicht an irgendeinem Baum dort drüben festbinden?« Sie nickt mit dem Kopf in Richtung Parkplatz, als ihr Blick an Hector hängenbleibt, der neben seinem Frauchen sitzt und sich gerade sein Hinterteil in aller Seelenruhe sauberschleckt.

»Ach du großer Gott! Was ist das denn für eine Hunderasse? Muss der so dick sein oder stimmt etwas nicht mit dem Tier?«

Anna schnappt nach Luft und stemmt ihre Hände in die Hüften. »Was hast du da gerade gesagt? Also, ich muss doch sehr ...!«

In diesem Moment bemerkt sie Olivers flehenden Blick und schlägt einen ungewohnt frostigen Ton an.

»Wie bereits gesagt, müssen wir jetzt leider weiter! Es war wirklich, ähm ... nett, dich kennenzulernen! Oliver, kommst du?«

»Schade, aber wer nicht will, der hat schon, nicht wahr?« Claudia zuckt mit den Schultern. »Au revoir, ihr Lieben! Ich komme dieser Tage mal bei euch vorbei, dann können wir etwas ausmachen.« Ohne eine Antwort abzuwarten, dreht sie sich um und nimmt Kurs auf den Haupteingang, wohl um ihrem Mann dabei behilflich zu sein, für ein bisschen Ordnung im Bröhlerhof zu sorgen.

Vergnügt jage ich Layla und Hector über die Wiese, die zum Parkplatz führt, wo die Autos bereits auf uns warten. Dabei stelle ich überrascht fest, dass Hectors Lähmungserscheinungen auf wundersame Weise verschwunden sind. Unsere Menschen bemerken davon nichts, sichtlich erleichtert schlendern sie neben uns her.

»Bin ich froh, dass Uwe heute im Hotel geblieben ist.« Oliver seufzt leise aus. »Für den Blick, den die blöde Kuh seinen beiden heißgeliebten Hunden zugeworfen hat, hätte er sie wahrscheinlich mit ihrem Pelzkragen erdrosselt.«

»Noch ein weiteres Wort über meinen Hector und ich hätte ihm sogar dabei geholfen.« Anna schüttelt angewidert den Kopf. »Dieses Fellding war aber auch gruselig, obwohl es irgendwie auch wieder ziemlich gut zu dieser Claudia gepasst hat.«

»Böses Mädchen!« Oliver hakt sich lachend bei seiner Freundin unter. »Komm, lass uns auf ein Eis zum Italiener gehen – ich lade dich ein.«

Zufrieden bellend folge ich meinem Zweiterrchen. Dabei fällt mein Blick auf Hector, der Layla gerade einen Stock abgejagt hat und ich bin heilfroh, dass der König der Menschenerziehung endlich wieder bei uns ist.

WILMA
—

Die Zeit schreitet voran und bald lässt sich die wärmende Sonne, die ich so sehr mag, nur noch selten blicken und der sogenannte Winter erreicht unseren Ort.

Mich stören die Kälte und der Schnee überhaupt nicht, viel zu sehr genieße ich die täglichen Spaziergänge mit meinen beiden Herrchen durch den Wald, der in sein weißes Kostüm gehüllt ist. Ganz im Gegensatz zu Layla, die sich am liebsten von morgens bis abends vor unserem Kaminofen verstecken würde, um sich am knisternden Feuer warmzuhalten. Sie ist sich mit Hector darüber einig, dass die kalten Temperaturen absolut nicht dazu geeignet sind, vor die Türe zu gehen und beide versuchen, sich mit mehr oder weniger großem Erfolg vor den täglichen Gassirunden zu drücken.

Während Hector, wie nicht anders zu erwarten, mit seinem Frauchen Anna ziemlich leichtes Spiel hat und ein leidender Blick meist schon völlig ausreicht, um die Spaziergänge auf ein Minimum zu reduzieren, hat es Layla mit unseren beiden Menschen wesentlich schwerer. Zwar hat sie sich mittlerweile ein paar von Hectors Tricks abgeschaut, doch wollen die, vor allem bei Oliver, einfach nicht so richtig funktionieren. So waren auch heute all ihre Versuche, sich vor unserem Spaziergang zu drücken, erfolglos und wir sind nach einer kurzen Fahrt mit dem Auto am Großen Arbersee angekommen, um diesen zu umrunden. Kaum öffnen sich die Autotüren, als uns auch schon ein eisiger Wind um die Hundeohren fegt, der Layla vor Schreck erstarren lässt. Widerwillig springt sie auf den gefrorenen Waldboden und schaut mich voller Empörung an.

»Phoebe, ich weiß wirklich nicht, warum die beiden mir das immer wieder antun. Sie müssen doch längst bemerkt haben, wie schrecklich ich diese Kälte finde. Wenn sie so gerne spazieren gehen, sollen sie uns doch einfach zu Hause lassen und alleine loslaufen.«

»So schlimm ist das nun auch wieder nicht.« Ich werfe ihr einen tröstenden Blick zu und nicke mit dem Kopf nach oben. »Schau doch nur, es fängt an zu schneien! Lass uns versuchen die Flocken aufzufangen!« Begeistert renne ich los und schnappe nach den kleinen Kristallen, die vom Himmel hinabrieseln. Einmal mehr wundere ich mich dabei, dass die kalten Flocken auf unerklärliche Weise verschwinden, sobald ich sie mit meiner Nase erwischt habe.

Layla beobachtet mich mit eingezogenem Schwanz und trottet lustlos neben unseren Menschen her, die sich ihre Mützen tief ins Gesicht gezogen haben und in ein Gespräch vertieft sind.

»Hoffentlich kommt Siegfried nicht zu früh, sonst könnte es eng mit unserer Runde um den See werden.« Oliver schaut auf seine Armbanduhr. »Er müsste in etwa einer Stunde anreisen. Du hast doch die Weitsicht-Suite für ihn vorbereitet?«

»Aber klar habe ich das. Sogar an den Korb und die Futternäpfe für seinen Hund habe ich gedacht – du kennst mich doch.« Uwe klappt den Kragen seiner dicken Jacke nach oben und wirft Layla einen amüsierten Blick zu. »Unsere kleine Frostbeule ist ja mal wieder voll in ihrem Element. Unglaublich wie verschieden die zwei doch sind.« Er nickt mit dem Kopf in meine Richtung, während ich mich wild knurrend durch einen kleinen Schneehaufen wälze.

»Siegfried hat mir übrigens am Telefon erzählt, dass sein Hund aus einem Tierheim in Kroatien stammt, genau wie unsere Phoebe. Ich bin schon ganz gespannt auf die beiden.« Uwe bückt sich und wirft einen Schneeball in den Wald, hinter dem ich kläffend herspringe. »Irgendwie kann ich mir den alten Zausel als Hundefreund gar nicht so richtig vorstellen. Allerdings ist sein letzter Urlaub bei uns nun auch schon ein paar Jahre her, vielleicht hat er sich ja in der Zeit verändert.«

»Wir werden es wohl gleich sehen.« Oliver legt die Hände vor seinen Mund und pustet hinein, woraufhin weiße Wolken in die Luft steigen. »Brrrr, ist das kalt. Der Winter kommt in diesem Jahr aber wirklich in riesigen Schritten. Ich hoffe nur, dass sich der Schnee über die komplette Skisaison hält.«

»Da bin ich jetzt einfach mal optimistisch. In den letzten Jahren hatten wir ja zum Glück auch keine Probleme mit Schneemangel, eher im Gegenteil. Erinnerst du dich an das Jahr, als überall die Schneeschaufeln ausverkauft waren und wir nicht mehr wussten, wohin mit dem ganzen Zeug?«

»Oh Gott, erinnere mich bloß nicht daran!« Oliver schließt die Augen und schüttelt seinen Kopf. »Und weißt du noch, wie sich die Einheimischen aufgeregt haben, als der Waldenstetter Sepp zentnerweise Streusalz gebunkert hat, um es dann später unverschämt teuer zu verhökern?«

»Tja, besonders viel gebracht hat es dem alten Sauhund am Ende dann auch wieder nicht. Jetzt schaut er sich die Radieschen von unten an ...« Uwe will gerade weiterreden, als sein Telefon klingelt. Umständlich zieht er seinen Handschuh aus und nimmt den Hörer aus seiner Hosentasche.

»Hallo Siegfried, bist du schon in Bodenmais angekommen?« Er lauscht für einen Moment in den silbernen Kasten und schaut auf die Uhr. »Super, das passt perfekt. Ich mache mich gleich auf den Weg und bin dann in etwa 20 Minuten auch am Hotel.« Erneut hört er der Stimme im Telefon zu, um dann weiterzusprechen. »Nein, das ist kein Problem. Die Zufahrtsstraßen sind alle gut geräumt. Fahr aber bitte trotzdem vorsichtig! Also dann, bis gleich!«

Er steckt das Handy in seine Hosentasche und zuckt mit den Schultern. »Wir werden den See wohl auf ein anderes Mal verschieben müssen. Komm, lass uns umkehren!«

Kaum haben unsere Herrchen die Richtung gewechselt, kehrt so etwas wie Leben in Layla zurück. Ihr Schwanz hebt sich und sie nimmt Kurs auf den Parkplatz, wo das Auto wartet, das sie zu unserem gemütlichen Hundekorb zurückbringen wird.

Die Fahrt dauert nicht besonders lange und schon nach kurzer Zeit erreichen wir unser Hotel. Sofort mache ich es mir mit Layla auf unserem Platz vor der gluckernden Heizung gemütlich und kuschle mich ganz fest an ihr flauschiges Fell, während unsere Herrchen im sogenannten Büro verschwinden. So liegen wir eine Weile nebeneinander und sind schon fast eingeschlafen, als sich die Türe öffnet und ich den Geruch eines fremden Hundes wittere. Sofort springe ich auf meine Pfoten und richte die Nackenhaare bedrohlich in die Höhe – der Eindringling soll gleich wissen, wer hier im Hotel das Sagen hat. Mit einem Satz verlasse ich unseren Korb und will schon auf den fremden Hund losschießen, als ich verwundert innehalte.

Im Eingang steht eine große, pechschwarze Hündin und schaut sich voller Interesse um. Ich mustere das verfilzte Fell für einen Moment und mit einem Schlag kehren Erinnerungen zurück, die ich längst vergessen glaubte. Die Hündin, die gerade hier vor mir steht, hat mir in der ersten

Zeit meines Lebens treu zur Seite gestanden. Wir verbrachten viele Monate miteinander in einem verdreckten Tierheimzwinger in Kroatien und Wilma hat stets ihre schützenden Pfoten über mir ausgebreitet, wenn die meist viel größeren Hunde böse zu mir waren. Mit vorsichtigen Schritten durchquere ich den Gastraum und komme kurz vor unseren Besuchern zum Stehen. »Wilma? Bist du das wirklich?«

Die Hündin, die scheinbar genauso verwirrt ist wie ich, zwinkert ein paar Mal mit den Augen und schüttelt langsam ihren massigen Kopf. »Das nenne ich mal eine Überraschung! Dich in diesem Leben noch einmal wiederzusehen, hätte ich in meinen wildesten Hundeträumen nicht für möglich gehalten.«

Mein Schwanz steigt wie von selbst in die Höhe und beginnt hin- und herzuwedeln. Aufgeregt bellend flitze ich um Wilmas Pfoten herum und kann es kaum glauben, dass sie tatsächlich hier bei mir in meinem Zuhause ist. Ich setze gerade zu einem Sprung an, um der großen Hündin über die Nase schlecken zu können, als ich den grauhaarigen Mann entdecke, der an Wilmas Seite steht und unsere Begrüßung mit einem verschmitzten Lächeln beobachtet. »Du bist aber ein besonders netter Zwerg. Ist dein Herrchen denn wohl auch in der Nähe?« Er schaut sich, auf einen Spazierstock gestützt, suchend um, als sich die Bürotüre öffnet und Uwe den Gastraum betritt.

»Siegfried, da bist du ja schon. Herzlich willkommen zurück in den Montara Suites!« Er eilt auf den alten Mann zu und reicht ihm die Hand. Dann fällt sein Blick auf Wilma, die sich mittlerweile auf ihren Hundehintern gesetzt hat, damit ich ihr Gesicht, welches ich voller Zuneigung mit meiner Zunge bearbeite, einfacher erreichen kann.

»Ja, Phoebe, was ist denn mit dir passiert?« Verwundert schüttelt er den Kopf. »Das hatten wir bis jetzt auch noch nicht. Es scheint, als hätte sie ihr Herz soeben an deine Wilma verschenkt. Das ist wirklich sehr ungewöhnlich für den kleinen Teufel.«

»Tja, mein lieber Uwe, das Reich der Tiere hat seine eigenen Gesetze – die müssen wir nicht immer so genau hinterfragen.« Der Mann namens Siegfried legt seinen Stock zur Seite und lässt sich ächzend auf einen Stuhl sinken. »Und jetzt hätte ich gerne ein schönes, kaltes Bier. Ob sich das wohl einrichten lässt?«

Während mein Herrchen grinsend in der Küche verschwindet, stupse ich Wilma mit meiner Nase in die Flanke. »Komm schnell mit mir, ich muss dir etwas zeigen!« Aufgeregt springe ich durch den Raum, lasse dabei jedoch Wilma, die schwerfällig hinter mir her humpelt, nicht aus den Augen. Am Hundekorb angekommen, fällt mein Blick auf Layla, die den Neuankömmling voller Interesse beäugt. Sie traut sich zwar nicht aus dem Hundekorb heraus, doch zuckt ihr Schwanz vor Aufregung hin und her.

»Schau nur, wir haben einen eigenen Platz. Der ist nur für Layla und für mich. Aber du darfst natürlich trotzdem mit zu uns kommen, wenn du möchtest.«

Vorsichtig steigt Wilma in den Hundekorb und quetscht sich mit einem zufriedenen Grummeln an die Heizung, die ihre angenehme Wärme im Frühstücksraum verbreitet.

»Weißt du, Layla ist noch nicht so lange hier wie ich, aber ich zeige ihr alles, was sie wissen muss.« Voller Stolz schlecke ich Layla über das struppige Gesicht, was sie geduldig über sich ergehen lässt.

Wilma betrachtet uns nachdenklich, dann erreicht ein zufriedener Ausdruck ihre dunklen

Hundeaugen und sie rollt sich entspannt neben uns zusammen.

In diesem Moment kommt Uwe in den Gastraum zurück. Er stellt zwei Flaschen auf den Tisch und setzt sich zu dem grauhaarigen Mann, der sogleich nach einer der Flaschen greift, um einen großen Schluck daraus zu trinken.

»Ahh, das war bitter nötig.« Siegfried wischt sich mit dem Handrücken über den Mund und nickt in unsere Richtung. »Da schau sich doch einer die drei Racker an! Hocken sich zusammen in den viel zu engen Korb, so als würden sie sich schon ewig kennen. Ich sage dir, es könnte auf dieser Welt um einiges besser aussehen, wenn sich die Menschen ein bisschen was von den Tieren abschauen würden.«

»Da hast du wohl recht, Siegfried.« Mein Herrchen betrachtet uns für einen Moment nachdenklich. »Deine Wilma ist aber auch eine ganz besonders liebe Hündin, wie es scheint. Sie stammt aus Kroatien, sagtest du?«

»Genauso ist es! Wilma hat viele Jahre in irgendeinem baufälligen Tierheim verbracht, bis sie über Umwege bei einer Familie hier in Deutschland untergekommen ist.«

»Und wie ist sie dann bei dir gelandet?«, möchte mein Herrchen wissen.

»Nun, das war so: Ich gehe von Zeit zu Zeit mit einem Hund aus unserem städtischen Tierheim spazieren, um meine müden Knochen ein wenig auf Trab zu halten. Eines Tages habe ich den kleinen Rudy, so heißt der Hund, wieder im Heim abgeliefert, als irgend so ein nuttiges Frauenzimmer mit meiner Wilma vor der Türe stand. Scheinbar war ihr das alte Mädchen nach ein paar Wochen plötzlich nicht mehr hübsch genug, und deshalb wollte sie das arme Tier einfach wieder abschieben. Da habe ich mit der Chefin des Tierheims gesprochen und Wilma gleich mit nach Hause genommen. Weißt du, das alte Mädchen hat es nicht verdient, ihre letzten Tage in irgendeinem Käfig verbringen zu müssen ...« Siegfried schüttelt bei der Erinnerung traurig den Kopf. »Viel Zeit bleibt uns beiden ohnehin nicht mehr auf dieser Welt, also warum sollten wir uns nicht zusammentun, um nicht ganz alleine zu sein?« Der Mann wirft der zotteligen Hündin, die friedlich schnarchend in unserem Hundekorb liegt, einen liebevollen Blick zu. »Meine Wilma hat die besten Jahre hinter sich, genau wie ich, naja, und besonders hübsch ist sie auch nicht, also passen wir zwei perfekt zusammen, würde ich behaupten.«

Uwe schaut dem alten Mann tief in die Augen und ist nicht fähig zu antworten. Er steht auf und tritt langsam an den Hundekorb heran, in dem wir zu dritt liegen und das Gefühl der Geborgenheit genießen, das uns in diesem Moment erfüllt.

Siegfried und Wilma sind leider nur für wenige Tage in unserem Hotel zu Gast, doch freue ich mich über jeden Moment, den ich mit meiner alten Freundin verbringen darf. Auch Layla scheint sich in ihrer Gegenwart sehr wohl zu fühlen und liebt es, sich an ihr zotteliges Fell zu kuscheln. Zu Laylas Enttäuschung bleiben ihr die täglichen Spaziergänge auch mit der ziemlich langsamen Wilma nicht erspart und so drehen wir auch heute eine gemeinsame Runde durch den kalten, verschneiten Wald. Während unsere Menschen in einem erstaunlichen Tempo voranlaufen, nehmen wir Rücksicht auf unsere Freundin Wilma und trotten gemütlich hinterher.

Als wir über den Wanderweg schlendern, muss ich an unsere gemeinsame Zeit im Tierheim denken und an die vielen Hunde, die ich dort kennengelernt habe.

»Wie geht es eigentlich Freddy? Hat er mittlerweile auch ein schönes Zuhause gefunden?« Neugierig blicke ich Wilma an, die gemächlich neben uns her humpelt.

»Hund im Himmel, natürlich nicht! Du kennst doch den guten Freddy. Ich weiß gar nicht mehr, wie oft er von irgendwelchen Menschen abgeholt wurde und dann wieder bei uns im Heim gelandet ist. Er ist und bleibt ein hübscher, aber seltendämlicher Köter, der sich in der Menschenwelt einfach nicht zu benehmen weiß!«

»Und was ist mit Laura? Ist sie immer noch so böse zu den Hunden im Heim?« Mit Grauen erinnere ich mich an die schreckliche Chefin des Tierheims, deren harte Schläge ich noch heute spüren kann.

»Dieser Teufel wird sich wahrscheinlich niemals ändern. Bevor ich das Heim verlassen habe, hat sich einer der neuen Hunde gegen ihre Tritte gewehrt und sie in die Hand gebissen.« Wilma schüttelt den zotteligen Kopf und schaut traurig zu Boden. »Der Biss war nicht besonders schlimm, doch haben wir den Hund danach nie wieder zu Gesicht bekommen ...«

Betroffen schleichen wir nebeneinander her, als Wilma für einen Moment stehenbleibt und Layla mit ihrer riesigen Nase anstupst.

»Weißt du, Layla, deine kleine Freundin hier war für mich immer schon etwas ganz Besonderes. Phoebe war mit Abstand der winzigste Zwerg im ganzen Heim und hat doch ein größeres Herz, als die meisten Hunde, die ich jemals getroffen habe. Ich wusste immer, dass irgendwann jemand kommen und das auch erkennen würde.«

Layla schaut Wilma mit großen Augen an. »Das waren dann unsere Herrchen, nicht wahr?«

»Ganz genau, diese beiden Menschen waren es! Und wenn ich mich hier so umschaue, denke ich, sie hätte es gar nicht besser treffen können – genau wie du, mein Kleines!«

In diesem Moment dreht sich mein Herrchen zu uns um. Unsere Blicke treffen sich und ich spüre eine warme Welle in meinem Bauch, die mich alles Schlechte, das mir in meinem Leben widerfahren ist, für einen Moment vergessen lässt.

Viel zu schnell vergehen die Tage mit Wilma und eines Morgens heißt es dann auch schon wieder Abschied zu nehmen.

Ein letztes Mal liegen wir zu dritt in unserem Hundekorb und genießen das Zusammensein. Meine Herrchen helfen Siegfried gerade dabei die Koffer zu seinem Auto zu tragen, als ich Wilma vorsichtig mit meiner Nase berühre.

»Wilma, ich habe deinen Menschen belauscht und er hat gesagt, dass du nicht mehr viel Zeit auf dieser Welt hast. Was kann er nur damit meinen? Was ist denn nicht in Ordnung mit dir?« Ich drücke mich fest an meine alte Freundin und schaue sie mit traurigen Augen an.

»Was soll schon mit mir sein? Ich bin einfach nur alt, das geht uns allen irgendwann einmal so. Da ich nun gesehen habe, was für ein schönes Zuhause du gefunden hast, muss ich mir keine Sorgen mehr um dich machen und kann meinem letzten Weg in Ruhe entgegensehen.«

»Was ist das für ein Weg? Können wir ihn nicht zusammen laufen?«

»Ach Kleines, es ist noch lange nicht an der Zeit für dich. Der Weg, der vor dir liegt, ist noch sehr weit und du solltest ihn mit Layla gehen – sie wird dich an ihrer Seite brauchen.«

Abends, Siegfried und Wilma sind schon lange abgereist, liege ich auf meinem Platz im Menschenbett. Mein kleiner Hundekopf bereitet mir Schmerzen, weil die Gedanken und Fragen unaufhörlich darin herumkreisen. Was für einen Weg kann Wilma nur gemeint haben und werde ich sie irgendwann noch einmal wiedersehen, wenn sie an seinem Ende angelangt ist?

Diese Frage verfolgt mich noch eine ganze Weile, bis ich irgendwann meine Augen schließe und in den tiefen Schlaf des Vergessens falle.

WELLNESS MIT ROGER UND KAMILLENTEE

—

Wilmas Besuch liegt nun schon einige Zeit zurück, doch denke ich noch immer häufig an meine alte Freundin und vermisse sie sehr.

Gerade liege ich auf dem Menschensofa und frage mich, ob ich Wilma irgendwann noch einmal wiedersehen werde, als das Geräusch zuschlagender Schranktüren meine Ohren erreicht. Sofort ist meine Neugierde geweckt und ich mache mich auf den Weg, um der Ursache des Lärms auf den Grund zu gehen.

Kaum im Schlafzimmer angekommen stelle ich überrascht fest, dass Laylas Wissensdurst scheinbar noch größer ist als der meine. Mit großen Augen sitzt sie vor dem Bett und beobachtet unsere beiden Herrchen, die wahllos irgendwelche Kleidungsstücke aus den Schränken herausreißen, um sie in zwei geöffnete Koffer zu legen. Interessiert setze ich mich neben Layla auf den Teppich und betrachte das Geschehen, als sie mir einen unsicheren Blick zuwirft.

»Was machen unsere Herrchen denn da? Denkst du sie fahren schon wieder in den Urlaub und wir zwei müssen zu Elfriede?«

»Bis jetzt habe ich die Kiste mit unserem Futter und unserem Lieblingsspielzeug, die wir immer mit dorthin nehmen, noch nicht gesehen.« Suchend drehe ich den Kopf in alle Richtungen und vergesse selbstverständlich auch nicht, unter das Bett zu schauen. »Wir sollten für einen Moment hier sitzenbleiben und unsere Herrchen gut im Auge behalten – vielleicht bekommen wir so heraus, was sie vorhaben.« Gebannt beobachten wir jede Bewegung der beiden Menschen, als Uwe etwas Schwarzes aus einer Schublade herausfischt.

»Schau dir nur diese Badehose an, die ich gerade gefunden habe!« Mein Herrchen betrachtet das winzige Kleidungsstück von allen Seiten. »Meinst du, ich passe da noch rein?«

Oliver schüttelt entsetzt den Kopf. »Großer Gott, Uwe! Wenn du das Ding mit diesen komischen Nieten anziehst und meine Mutter dich darin sieht, fällt sie auf der Stelle tot um. Hast du nicht noch irgendetwas im Schrank, das nicht ganz so schwul aussieht?«

»Nur so ein paar stinklangweilige Badehosen von der Stange. Aber bitte, wie du meinst!« Mein

Herrchen wirft dem kleinen Stück Stoff einen letzten, verliebten Blick zu und legt es vorsichtig zurück in den Kleiderschrank. »Schon seltsam, dass deine Mutter uns bis jetzt nicht erzählen wollte, in welches Hotel wir über das Wochenende mit ihr und deinem Vater fahren werden. Sie ist doch normalerweise nicht so verschwiegen.«

»Du hast recht, das ist sonst wirklich nicht ihre Art.« Oliver greift nach einem Stapel Unterhosen und legt ihn in einen der Koffer. »Aber solange sie uns einlädt und wir die beiden Hunde auch noch mitnehmen können, ist es mir relativ egal wohin wir fahren. Meine Mutter hat ja zum Glück nicht den schlechtesten Geschmack.«

Bei diesen Worten stellen sich meine Ohren auf und mein Schwanz beginnt vor lauter Begeisterung auf den Teppich zu klopfen. »Layla, hast du das gehört?« Ich springe in die Höhe und schlecke aufgeregt über ihre Nase. »Unsere Herrchen nehmen uns mit in den Urlaub und wir dürfen sogar in ein Hotel!«

Layla scheint nicht ganz so verzückt zu sein wie ich. Verwirrt schaut sie mich an. »Ich weiß aber doch gar nicht, ob ich mich in einem Hotel wohlfühlen werde. Ich kenne so etwas bisher doch noch nicht.«

»Ich war auch noch nie in einem fremden Menschenhotel«, überschwänglich stupse ich Layla in die Seite, »aber ich bin ganz sicher, dass wir dort einiges erleben werden ...«

Kurz darauf sitzen wir gemeinsam mit Olivers Eltern im Auto und fahren in unseren ersten gemeinsamen Hotelurlaub. Ich habe mich auf der Rückbank ganz eng an Opa Karl gequetscht und genieße seine Streicheleinheiten mit einem zufriedenen Brummen, während Layla den Kopf auf Oma Renates Knie gelegt hat, dabei jedoch nicht sonderlich entspannt aussieht.

»Renate, jetzt lass doch endlich die Katze aus dem Sack und verrate uns, wohin der Wochenendtrip geht.« Mein Herrchen dreht sich kurz nach hinten und wirft meiner Oma einen fragenden Blick zu.

»Uwe, schau lieber nach vorne und behalte den Verkehr im Auge, sonst verbringen wir unser Wochenende im Krankenhaus und nicht im Wellnesshotel.« Sie klopft meinem Herrchen auf den Oberarm und deutet mit dem Finger auf die Straße. »Da vorne musst du dann bitte einmal links abbiegen. Es ist jetzt nicht mehr allzu weit.«

»Soso, in ein Wellnesshotel fahren wir also? Na, das ist doch schon mal eine Aussage. Zum Glück habe ich meine gute Badehose eingepackt.« Aus dem Augenwinkel sehe ich das verschmitzte Lächeln auf Uwes Lippen, das er Oliver zuwirft.

»Ihr müsst euch um gar nichts kümmern – ich habe für uns alle ein All-Inklusive Paket gebucht.« Meine Oma streichelt zärtlich über Laylas Kopf, was diese ein wenig zu beruhigen scheint. »Wisst ihr, ich möchte mich damit noch einmal für eure Hilfe nach meinem Unfall bedanken. Ich weiß wirklich nicht, was ich ohne euch gemacht hätte.«

Sie legt eine Hand auf Olivers Schulter, der diese vorsichtig umfasst. Für einen Moment ist es ganz still im Auto, bis Oma Renate mit dem Zeigefinger aufgeregt nach vorne deutet. »Schaut nur, dort ist ja endlich das Hotel Seelenfrieden! Uwe, links neben dem Haupteingang ist noch ein freier Parkplatz. Beeil dich, bevor ihn uns noch irgendjemand vor der Nase wegschnappt!«

Nachdem mein Herrchen das Auto abgestellt hat, springe ich aufgeregt hinaus und erschnüffle unglaublich viele Gerüche auf dem steinigen Boden, die von den unterschiedlichsten Menschen hier hinterlassen wurden. Schnell hocke ich mich auf eine Stelle, die besonders interessant duftet, und markiere sie vorsichtshalber mit ein paar Tröpfchen. Nach und nach schälen sich die vier Menschen aus dem Auto und schauen sich skeptisch um.

»Seltsam, es sind aber schon ziemlich viele ältere Leute hier.« Oliver betrachtet einen Mann und eine Frau, die gerade auf klappernden Metallgerüsten, die sie vor sich herschieben, zum Hoteleingang schlurfen.

»Kinder, jetzt seht euch doch nur die wunderschönen Wintergestecke in diesen großen Kübeln an! Sind die nicht traumhaft schön?« Oma Renate wedelt theatralisch mit den Armen in der Luft herum.

»Renate, du verschweigst uns doch irgendetwas ...« Opa Karl lässt seinen Blick kritisch umherwandern.

»Aber Karl, schau doch nur, was für eine hübsche Wandfarbe die hier haben! Sollten wir diesen Ton nicht auch einmal für unser Haus überdenken?«

»Renate, was wird hier gespielt?« Langsam wird die Stimme meines Opas etwas schärfer.

»Ach, ich hoffe so sehr, dass wir Glück mit dem Wetter ...«

»RENATE! ES REICHT!!!«

»Also gut!« Oma Renate schaut verlegen zu einem rundlichen Mann, der in einem sonderbaren Stuhl sitzt, an dessen Seiten zwei große Räder befestigt sind. »Ich habe dieses Hotel letzte Woche im Internet entdeckt. Es ist speziell auf die Bedürfnisse älterer Menschen zugeschnitten. Und ich dachte ..., also, da du dich ja wegen des Herzinfarktes noch schonen solltest ...«

Während mein Opa seine Frau mit offenem Mund anstarrt, reißt Oliver die Augen vor Entsetzen weit auf. »Auf die Bedürfnisse älterer Menschen zugeschnitten? Und was um Himmels willen sollen Uwe und ich dann hier?«

»Oliver, du weißt doch, wie stur dein Vater sein kann und da habe ich gehofft, dass ihr zwei eventuell ein wenig vermitteln könntet.«

»Wir sollen hier als Puffer herhalten? Mutter, das ist jetzt hoffentlich nicht dein Ernst, oder?«

»Aber Schatz, nun schau dir doch nur die wunderschönen Blumenkübel ...«

Am späten Nachmittag, das Gepäck ist bereits im Zimmer verstaut und auch unsere Hundede-

cken liegen ausgebreitet neben den Menschen-
betten, treffen wir uns in der sogenannten Bar des
Hotels. Es herrscht ein unruhiges Stimmgewirr,
das von den vielen grauhaarigen Leuten stammt,
die bereits vor uns hier angekommen sind. Zum
Glück finden unsere Menschen einen Tisch in der
Ecke, so dass Layla und ich nicht mitten im Raum,
sondern an einer der Wände liegen können. Ich
weiß nicht genau woran es liegt, doch fühle ich
mich mit einer Wand hinter mir einfach wohler,
besonders dann, wenn sich fremde Menschen
in meiner Nähe aufhalten. Neugierig schaue ich
mich von meinem sicheren Platz aus um und betrachte die verschiedenen Gruppen, die fröhlich
plaudernd an den anderen Tischen sitzen. Irgendwie wirken sie alle wesentlich vergnügter als
unsere Menschen, die schweigend umherschauen
und sich heute scheinbar nicht besonders viel zu
sagen haben. Es ist Opa Karl, der die Stille zuerst
unterbricht.

»Kommt denn in dem Laden hier kein Kellner?
Ich habe Durst!«

»Ich fürchte, wir müssen noch ein wenig warten.« Meine Oma nickt mit dem Kopf zu der Bar,
an der zwei Männer in schwarzen Anzügen alle
Hände voll zu tun haben.

»Ich habe aber jetzt Durst!«

»Karl, da kommt sicherlich gleich jemand an unseren Tisch.« Olivers Mutter wirft ihrem Mann einen nervösen Blick zu.

»Wenn ich schon in einem verdammten Seniorenheim Urlaub machen muss, will ich wenigstens etwas Ordentliches trinken!«

»Ist ja gut, Vater! Ich gehe schon und werde mein Glück an der Bar versuchen.«

Während Oliver seinen Stuhl mit einem Augenrollen nach hinten schiebt, schaue ich begeistert von links nach rechts und bin gespannt, wie es weitergeht.

»Bring mir einen Gin Tonic mit – aber einen doppelten!« Olivers Vater legt die Speisekarte auf den Tisch.

»Aber Karl, die haben hier doch so tolle Smoothies und auch ein paar sehr interessante Kräuter...« Oma Renate verstummt augenblicklich, als sie den warnenden Blick ihres Mannes sieht.

Oliver ist noch immer unterwegs, um ein Getränk für seinen durstigen Vater zu beschaffen, als ein Mann die Mitte des Raumes betritt. Er trägt einen seltsamen, kunterbunten Anzug und hält mit seiner Hand einen silbernen Knochen fest, in den er hineinspricht.

»Meine sehr verehrten Damen und Herren, ich heiße Sie herzlich willkommen zu einem Abend, den Sie so schnell nicht vergessen werden! Auf vielfachen Wunsch werden wir Sie heute mit auf eine musikalische Reise um den Globus nehmen.« Die Stimme des Mannes wird lauter, er wird von aufgeregten Augenpaaren fixiert. »Begrüßen Sie mit mir die einzigartige – unglaubliche – fantastische – Roger Whittaker Coverband!«

Während die Menschen an den umliegenden Tischen begeistert applaudieren, springt mein Herrchen entsetzt auf.

»Im Ernst jetzt? Die haben hier eine Roger Whittaker Coverband? Ich glaube, ich brauche jetzt auch ganz dringend irgendetwas Doppeltes. Hoffentlich haben die an der Bar genug Alkohol für uns alle.« Er schiebt den Stuhl zurück an den Tisch und legt seine Hand auf Karls Schulter. »Wenn das so weitergeht, können wir nach dem Wochenende wahrscheinlich einen Gruppenentzug machen ...«

Nach der mittlerweile dritten Getränkerunde scheinen sich unsere Menschen nach und nach zu entspannen. Mein Herrchen klopft sogar unauffällig zum Takt der Musik mit dem Fuß auf den Boden, hört jedoch sofort damit auf, als er Olivers amüsierten Blick entdeckt. Die durchsichtige Flüssigkeit in den Gläsern scheint Uwe, Oliver und seinem Vater sehr gut zu schmecken, nur Oma Renate hat wohl das falsche Getränk erwischt. Mit angewidertem Blick beäugt sie die grüne, dickflüssige Brühe, die unappetitlich in ihrem Glas hin- und herschwappt. Sie versucht gerade, einen winzigen Schluck durch den Strohhalm zu schlürfen, als ihr Blick an einer kleinen Frau hängenbleibt, die nicht weit von uns entfernt völlig alleine an einem Tisch sitzt.

»Schaut mal bitte unauffällig rüber zu dem Tisch auf 12:00 Uhr!« Oma Renates Augen verengen sich zu Schlitzen. »Die Frau schaut die ganze Zeit hierher. Was sie wohl für ein Problem mit uns hat?«

»Vielleicht ist sie ja scharf auf deinen Karl! Im Vergleich zu den anderen Knackern hier ist er ja noch ein richtig heißer Feger.« Mein Herrchen prustet los und klopft meinem Opa, den das Kompliment sehr zu freuen scheint, anerkennend auf die Schulter.

»Diese alte Schachtel? Meinst du wirklich?« Oma Renate wirft ihre Haare nach hinten und mustert die Frau mit einem abschätzenden Blick.

»Na, da habe ich ja wohl kaum etwas zu befürchten.«

Eine weitere Getränkerunde ist trotz mahnender Blicke meiner Oma soeben geordert worden, als Layla beginnt, unruhig zu werden. Ständig wandert ihr besorgter Blick zu der kleinen Frau, die immer noch ganz alleine in unserer Nähe sitzt. Mit einem leisen Wimmern erhebt sie sich und verlässt auf unsicheren Pfoten ihren Platz an der Wand, um zu dem benachbarten Tisch zu schleichen. Überrascht kann ich sehen, wie sie sich neben die Frau setzt, die ihre Hand sogleich auf Laylas Fell sinken lässt. Ein Lächeln erobert ihr faltiges Gesicht, das eben noch so traurig ausgesehen hat. Ich werfe einen Kontrollblick zu meinen beiden Herrchen, die gerade nicht besonders aufmerksam aussehen, und mache mich ebenfalls auf den Weg. Aus sicherer Entfernung beobachte ich Layla, die sich entspannt auf den Boden legt und die Streicheleinheiten der fremden Frau sehr zu genießen scheint.

In diesem Moment hat wohl auch mein Herrchen bemerkt, dass Layla und ich nicht mehr auf unserem Platz liegen und geht mit leicht schwankenden Schritten zu der Frau, die ihre Finger noch immer tief in Laylas Fell vergraben hat.

»Ja Kleines, was machst du denn nur für Sachen? Du kannst doch nicht einfach wildfremde Leute belästigen!« Er tritt an den Tisch heran und betrachtet das Bild, das sich ihm bietet, voller Verwunderung. »Sie müssen entschuldigen, das ist sonst überhaupt nicht ihre Art.«

»Aber nicht doch, ich freue mich wirklich sehr über ein bisschen Gesellschaft.« Die kleine Frau wirft Layla einen liebevollen Blick zu. »Vielleicht hat Ihre Hündin gespürt, wie einsam ich bin und wollte mir ein wenig Trost spenden. Bitte seien Sie nicht böse mit ihr!« Sie zeigt unsicher mit der Hand auf einen der leeren Stühle. »Würden Sie sich eventuell für ein paar Minuten zu mir setzen, damit ich Ihren wundervollen Hund noch einen Moment lang streicheln kann?«

Immer noch etwas wackelig zieht sich Uwe einen Stuhl heran und lächelt die Frau freundlich an. Ich verlasse meinen Platz und laufe mit erhobenem Schwanz zu meinem Herrchen, in dessen Gesellschaft ich mich nun wieder um einiges sicherer fühle.

»Wissen Sie, ich war jahrelang mit meinem Mann hier zu Gast, doch ist mein Franz leider im letzten Dezember von mir gegangen. Ich wollte mit unserer Tradition nicht brechen und bin dieses Jahr ganz alleine hier. Ich fürchte, das war keine besonders gute Idee.« Die Frau zuckt mit den Schultern und schaut mein Herrchen traurig an. »Ich sitze hier und muss die ganze Zeit an meinen Mann denken und daran, was wir alles noch gemeinsam erleben, was wir uns anschauen wollten – doch das Schicksal hatte scheinbar andere Pläne mit uns.«

Layla schleckt der Frau vorsichtig über die Finger, wofür sich diese mit einem gerührten Blick bedankt. »Ihr Hund ist wirklich ein ganz besonderes Wesen, aber das ist Ihnen sicherlich bewusst!«

»Oh ja, das weiß ich nur zu genau ...« Ergriffen legt sich Uwe eine Hand auf die Brust. Nachdenklich schaut er zu dem Tisch, an dem Oliver mit seinen Eltern sitzt, und scheint einen Entschluss zu fassen.

»Möchten Sie nicht mit zu mir und meiner Familie kommen? Wir würden uns wirklich sehr freuen, wenn Sie uns ein wenig Gesellschaft leisten würden. Ich meine, wenn Sie ..., also wenn Sie gerade nichts Besseres vorhaben.« Seine Mundwinkel verziehen sich zu einem schiefen Grinsen.

»Ganz ehrlich, diese Musik ist einfach viel zu schrecklich, um sie alleine ertragen zu müssen.«

Die Gespräche mit unserer neuen Tischnachbarin kommen erstaunlich schnell in Gang und selbst meine Oma scheint nach anfänglichem Zögern Gefallen an der Frau zu finden. Gerade plaudern die beiden über irgendeine Schauspielerin, die sich doch tatsächlich einen wahrhaftigen Prinzen geangelt hat, als eine tiefe Stimme durch die Lautsprecher dröhnt.

»Meine sehr verehrten Damen und Herren! Bevor das Restaurant in wenigen Augenblicken seine Pforten öffnet, hier noch einige Hinweise zu unserem aufregenden Wochenendprogramm: Gleich im Anschluss an unser magenschonendes Themenbuffet packt die reizende Marianne wieder ihre Bingokarten in unserem Gemeinschaftsraum für Sie aus. Gewinnen Sie hochwertige Preise, wie eine Heizdecke der Firma Altenberger, oder unser entzückendes Seelenfrieden-Teeservice. Morgen früh empfängt Sie unsere Sportpädagogin Sandra im Hallenbad zur gelenkschonenden Wassergymnastik und für die Wandervögel unter Ihnen ist sicherlich unsere winterliche Seniorenwanderung mit dem jodelnden Sepp eine gute Empfehlung. Und nun wünschen wir Ihnen Guten Appetit und vergessen Sie nicht, einen unserer kreativen Gemüsesmoothies zu probieren, die unser Barpersonal aus den besten Zutaten frisch in Ihr Glas zaubert!«

Als der Lautsprecher wieder verstummt, schaut Opa Karl seine Frau kopfschüttelnd an. »Bingo, gelenkschonende Wassergymnastik und wandern mit irgendeinem dämlichen Sepp? Renate, was hast du uns da nur eingebrockt?«

»Wobei die Wanderung ja vielleicht gar nicht so verkehrt ist.« Oliver trinkt einen Schluck und stellt das Glas zurück auf den Tisch. »Wie wäre es, wenn wir zwei uns morgen die Hunde schnappen und da auch mitwandern würden? Währenddessen können sich Uwe und Mutter ja bei der Wassergymnastik vergnügen.«

Uwe reißt die Augen auf und will etwas zu dem Vorschlag sagen, doch kommt ihm Oma Renate zuvor.

»Dieser Ausflug ist doch nichts für deinen Vater. Die ganze Rumlauferei und das bei dieser Kälte. Ich glaube nicht, dass er das schafft!«

»Klar schafft er das!« Oliver wirft meinem Opa einen aufmunternden Blick zu.

»Wir sollten aber nichts riskieren! Hast du vergessen, was mit seinem Herz ...«

»HALLO! Ich sitze auch hier an diesem Tisch, oder ist euch das irgendwie entgangen?« Olivers Vater steht auf und dreht sich schwungvoll um, wobei er um ein Haar eine leere Flasche vom Tisch fegt. »Ich mache jetzt einen Ausflug zur Bar. Frau Lindemann, soll ich Ihnen vielleicht einen von diesen seltsamen Gemüsesäften mitbringen?«

»Großer Gott, nein! So alt bin ich dann auch wieder nicht. Ich hätte gerne ein schönes, frischgezapftes Bier, wenn es Ihnen nicht zu viele Umstände macht.«

»Das Mädchen ist nach meinem Geschmack!« Opa Karl lächelt die grauhaarige Frau an, die rot anläuft und verschämt zu Boden schaut. »Ich werde uns allen jetzt noch etwas ordentliches zum Trinken besorgen, wir haben ja schließlich so etwas wie Urlaub. Schatz, soll ich dir noch eins von diesen köstlichen Grünkohldingern mitbringen, an denen du schon den ganzen Abend herumnuckelst?« Er zwinkert Oma Renate, die entrüstet mit dem Kopf schüttelt, zu und macht sich pfeifend auf den Weg zur Bar.

Nach einer ausgedehnten Gassirunde, auf der Layla und ich in aller Ruhe die Umgebung mit unseren Hundenasen untersuchen konnten, betreten wir am nächsten Morgen mit unseren Herrchen das sogenannte Restaurant. An einem großen Tisch am Fenster entdecke ich Olivers Eltern und die Frau, die uns am Abend Gesellschaft geleistet hat. Sofort beginnt mein Schwanz vor Freude zu wedeln und ich zerre Uwe quer durch den vollbesetzten Raum. Kaum am Tisch angekommen, springe ich auf Opa Karls Beine und kuschle mich an seinen gemütlichen, runden Bauch.

»Uwe, kannst du bitte meinem Mann sagen, dass Phoebe hier in dieser Umgebung auf seinem Schoß absolut nichts verloren hat!«

»Um Himmels willen Renate, ich werde mich doch nicht mit meinem Schwiegervater anlegen. Außerdem ist der Zwerg so klein, das bekommt hier in diesem Hotel wahrscheinlich ohnehin niemand mit.« Uwe zieht einen Stuhl heran und setzt sich an den gedeckten Tisch, während meine Oma grinsend mit den Schultern zuckt. »Dass ihr Männer aber auch immer zusammenhalten müsst!«

»Guten Morgen erst einmal, liebe Schwiegermutter. Hast du gut geschlafen?« Uwe gibt ihr einen flüchtigen Kuss auf die Wange.

»Oh ja, wie ein Stein, mein Junge. Weißt du, wir sind gestern nach diesem langweiligen Bingo noch heimlich rausgeschlichen. Erna hat uns zu dieser wunderschönen mexikanischen Bar geführt, die nur ein paar Straßen weiter ist.« Sie lächelt die grauhaarige Frau, die gerade Laylas Ohren massiert, dankbar an. »Nein, was hatten wir doch für einen lustigen Abend dort. Ganz ohne Roger Whittaker und Kamillentee.« Sie streichelt mir über den Kopf, was mir ein wohliges Brummen entlockt. »Ich denke, dass ich mich bei euch entschuldigen muss. Wahrscheinlich habe ich es mal wieder viel zu gut gemeint und war übervorsichtig. Dieses Hotel hier war wohl doch nicht die beste Wahl für unser kleines Familienwochenende und ich denke, dass wir wieder abreisen sollten.« Sie blickt in das erleichterte Gesicht ihres Mannes, der sie verliebt anschaut und zu einer Antwort ansetzt. »Wie schade, dabei habe ich mich doch so sehr auf den Rex Gildo Imitator gefreut, der den Laden heute Abend rocken will ...«

Oma Renate verdreht die Augen und wirft die

Arme in die Luft. »Was habe ich nur verbrochen? Dieser Mann bringt mich noch ins frühe Grab.« Lachend drückt sie meinem Opa einen Kuss auf den Mund, während ich auf seinem Schoß liege und mit einem zufriedenen Grunzen einschlafe.

HELDIN AUF VIER PFOTEN

—

Heute scheint ein besonderer Abend zu sein, denn unsere Herrchen haben ihre guten, schwarzen Hosen aus dem Schrank geholt, die sie nur sehr selten und zu besonders wichtigen Anlässen anziehen. Ich liege auf dem Sofa im Wohnzimmer und versuche, so unschuldig wie möglich auszusehen, wobei ich die beiden Menschen jedoch nicht eine Sekunde lang aus den Augen lasse. Gerade hüpft Uwe durch das Wohnzimmer. Er schaut nervös auf die Uhr neben dem Fernseher und scheint etwas zu suchen.

»Oliver, hast du meine grauen Schuhe gesehen? Ich weiß einfach nicht, wo ich die verdammten Dinger hingestellt habe.«

»Die findest du im Büro neben dem Aktenschrank. Wenn ich mich recht erinnere, wolltest du sie noch putzen, bevor wir losgehen?«

»Verflucht, das hab ich total vergessen. Kannst du mir schnell das Schuhputzzeug aus dem Keller holen? Ich muss nochmal für kleine Jungs.«

»Du weißt aber schon wie spät es ist? Wir müssen uns beeilen, die Versammlung fängt gleich an.

Ich denke nicht, dass man auf uns warten wird, nur weil der gnädige Herr mal wieder herumgetrödelt hat.«

»Ich habe nicht herumgetrödelt! Was kann ich denn dafür, dass ständig jemand anruft.« Uwe schüttelt entrüstet den Kopf. »Zuerst brauchte Barbara das Rezept für meinen weltberühmten Eierlikör-Nusskuchen, dann hat Susanne von der Hundeschule angerufen, um einen Termin zu verschieben und zu guter Letzt wollte deine Mutter von mir wissen ...«

»Schon gut, schon gut, ich hole dir ja das Schuhputzzeug. Aber bitte geh jetzt pinkeln und lass in Gottes Namen dein Telefon hier im Wohnzimmer, damit wir endlich loskommen!«

Während Oliver im Keller verschwindet, trottet Layla mit herabhängendem Schwanz auf mich zu. Sie setzt sich vor das Sofa und schaut mich aus traurigen Augen an.

»Phoebe, ich möchte nicht, dass unsere Herrchen heute fortgehen. Irgendetwas stimmt hier nicht und das macht mir große Angst.«

»Mach dir keine Sorgen!« Mit meiner Zunge schlecke ich Layla über ihre riesige Nase, um sie ein wenig zu trösten. »Ich bin doch die ganze Zeit bei dir und werde ganz sicher gut auf dich aufpassen.«

»Ich möchte aber, dass unsere Herrchen auch hier bei uns bleiben.«

»Ach Layla, nun hör schon auf zu jammern. Es ist doch nicht das erste Mal, dass unsere Menschen ausgehen.« Ich hüpfe auf den Teppich und drücke mich ganz fest an sie, doch scheinbar kann ich Layla damit nicht von ihrem Kummer ablenken.

Als Oliver zurück in das Wohnzimmer kommt, schleicht sie mit verzweifeltem Blick auf ihn zu und drückt sich an seine Beine.

»Na, meine Süße, was ist denn mit dir los?« Oliver legt die kleine Kiste, die er aus dem Keller mitgebracht hat, zur Seite und streichelt vorsichtig über ihren struppigen Rücken. »Keine Angst, wir lassen euch nicht lange alleine. Und wenn wir zurück sind, dann kuscheln wir zwei noch ein bisschen auf dem Sofa.«

In diesem Moment kehrt auch Uwe zurück. In seiner Hand trägt er seine Schuhe, die tatsächlich ziemlich schmutzig aussehen. Besorgt eilt er zu Layla, von der mittlerweile ein leises Wimmern zu hören ist.

»Oh weh, was hat sie denn nur? Bis jetzt eben war doch noch alles in Ordnung mit ihr.«

»Keine Ahnung, vielleicht liegt es an diesem verrückten Wetter.« Oliver nickt zum Fenster, auf dem sich bereits die ersten Regentropfen gesammelt haben.

»Es kann aber auch echt nicht wahr sein, dass es mitten im Winter regnet. Der viele Schnee wird das wohl kaum überstehen.« Uwe stellt die schmutzigen Schuhe auf den Boden und hockt sich neben Layla. »Müssen wir denn unbedingt beide zu dieser blöden Versammlung? Dieser Sturm gefällt mir gar nicht und du weißt doch, wieviel Angst Layla hat, wenn es gewittert. Vielleicht sollte ich lieber zu Hause bleiben?«

»Besonders scharf bin ich auch nicht auf diesen Termin, das kannst du mir glauben.« Oliver seufzt leise, bevor er weiterspricht. »Aber dieser Abend ist für die touristische Entwicklung in unserem Ort enorm wichtig – da müssen wir uns wohl oder übel beide sehen lassen. Ich hoffe einfach mal, dass es nicht zu lange dauert und das Wetter einigermaßen hält.« Er streichelt Layla ein letztes Mal über den Kopf und tippt dann mit dem Finger auf seine Armbanduhr. »Wir müssen uns jetzt aber wirklich beeilen, sonst sind wir mal wieder die Letzten – du weißt, wie sehr ich das hasse.«

»Dann lass uns losfahren!« Mit einem Schulterzucken betrachtet Uwe seine grauen Schuhe und schlüpft eilig hinein. »Die Dinger werden draußen sowieso wieder dreckig.«

Einen Moment später fällt die Türe hinter meinen beiden Herrchen ins Schloss und dann bin ich mit Layla ganz alleine im Haus. Kurz sieht es so aus, als würde es ihr ein wenig besser gehen, als ein entferntes Grollen zu hören ist, das Laylas Körper panisch erzittern lässt. Sofort flüchtet sie unter den Esstisch, auf den Platz, den sie in ihrer Anfangszeit bei uns nur sehr selten verlassen hat. Sachte drücke ich mich an ihr Fell und hoffe, dass ich sie so ein wenig beruhigen kann, als ein erneutes Donnergrollen meine Hoffnung lautstark zerstört.

Seite an Seite liegen wir unter dem Tisch und lauschen den Regentropfen, die unaufhörlich gegen die Fensterscheiben prasseln. Laylas Blick zuckt dabei panisch durch den verlassenen Raum. Immer enger presse ich mich an ihren schlotternden Körper, als ich ein klirrendes Geräusch wahrnehme, dass aus der

Küche zu kommen scheint. Sofort richten sich meine Hundeohren in die Höhe, während ich meinen Hals strecke und vorsichtig unter dem Tisch hervorschaue. Ein Blick zu Layla zeigt mir, dass auch sie etwas gehört hat. Alarmiert schnüffelt sie mit ihrer empfindlichen Nase in die Luft, ihr angespannter Körper hat dabei das Zittern komplett eingestellt. Ich will gerade losschleichen und dem Klirren auf die Spur gehen, als eine flüsternde Stimme ertönt.

»Pssst, sei leise und halt bloß die beschissene Taschenlampe nach unten. Hier muss es irgendwo nach oben ins Schlafzimmer gehen – die zwei Schwuchteln haben ihr wertvolles Zeug bestimmt dort gebunkert.«

Ich zucke vor Schreck zusammen, als ich vier Menschenbeine sehe, die langsam in unsere Richtung schlurfen.

»Und du bist sicher, dass es bei denen irgendwas zu holen gibt? Hier unten sieht es ja nicht gerade wie bei reichen Leuten aus.« Der zweite Mann hat eine rauchige Stimme, die sehr bedrohlich klingt.

Ängstlich wandert mein Blick zu Layla, die bewegungslos und mit aufgestellten Nackenhaaren neben mir sitzt, als der Tisch lautstark gegen die Wand gestoßen wird.

»Chris, verdammt nochmal! Geht es vielleicht noch lauter?«

»Halt doch dein dreckiges Maul, du Idiot. Ich bin mit dem Fuß gegen den verfluchten Tisch gerannt. Scheiße, tut das weh!« Der Mann mit der rauchigen Stimme flucht leise vor sich hin.

»Heul nicht rum, du Memme, sondern beweg deinen Arsch nach oben, damit wir hier fertig werden!«

Die beiden Männer verlassen das Esszimmer und schon kurz darauf höre ich ihre Schritte über uns. Langsam schleiche ich mich unter dem Tisch hervor und verfolge die beiden Eindringlinge in die obere Etage unseres Hauses, wo ich sie in dem Menschenschlafzimmer vermute. Kaum dort angekommen, muss ich beobachten, wie die beiden in den Schränken und Schubladen herumwühlen, so als würden sie etwas ganz Bestimmtes suchen. Plötzlich scheint einer der beiden fündig geworden zu sein.

»Na endlich, jetzt sind wir auf der richtigen Spur. Schau dir das Teil mal an, ist bestimmt aus echtem Silber!« Der Mann hält den schweren Kerzenleuchter in der Hand, den Oliver von seiner Mutter zu seinem letzten Geburtstag geschenkt bekommen hat. Er hat ihn in einer Kommode versteckt und stellt ihn seltsamerweise nur auf den Tisch, wenn seine Eltern zu Besuch sind.

»Ist da noch mehr von dem Zeug? Lass mich auch mal gucken!« Der Mann mit der rauchigen Stimme schnellt herum und … blickt genau in die dunkle Nische neben der Schlafzimmertüre, in der ich mit weit aufgerissenen Augen hocke und das Geschehen entsetzt beobachte.

Langsam kommt er auf mich zu. Sein Blick ist eiskalt und seine bedrohliche Stimme lässt mich vor Angst erstarren. Wie von selbst stellen sich meine Nackenhaare auf, während ein leises Knurren mein Maul verlässt.

»Was ist das denn für ein kleines Mistviech? Na warte, dir werde ich es zeigen.« Er greift nach dem schweren Kerzenleuchter und eilt auf mich zu. Drohend hebt er ihn in die Höhe … als ein Schatten an mir vorüberfliegt. Bevor ich überhaupt weiß, was geschieht, springt Layla laut bellend auf die beiden Männer zu und vergräbt ihre Zähne in der Hand, die noch immer den schweren Gegenstand umklammert hält. Der Leuchter fällt polternd zu Boden und rollt über den Teppich. Tritte und Schläge treffen Laylas Körper, doch lässt sie sich nicht vertreiben und wirft sich erneut schützend vor mich. Endlich erwache ich aus meiner Erstarrung. Ich knurre und belle so laut ich kann, beiße dem unheimlichen Mann in sein Bein, bis ich etwas Feuchtes auf meiner Zunge spüre.

»Scheiße, wo kommt das Biest denn auf einmal her? Stefan, jetzt hilf mir, verdammt nochmal! STEFAN!!! Tu doch irgendwas!«

Mit Entsetzen sehe ich eine Hand, die nach dem Kerzenleuchter greift ..., einen Arm, der in die Höhe schwingt ..., ausholt ... und dann krachend auf Layla niedersaust, die mit einem schmerzerfüllten Jaulen zusammenbricht und bewegungslos auf dem Teppich liegenbleibt.

Für einen schrecklichen Moment ist es totenstill im Zimmer, bis mich ein Gefühl überwältigt, das ich bisher noch nie empfunden habe. In meinem Inneren wird es plötzlich ganz heiß und ich verspüre eine Wut, die mich geradezu explodieren lässt. Mit einem bedrohlichen Knurren springe ich dem Mann, der den Kerzenleuchter noch immer in der Hand hält, gegen den Bauch. Zerfetze seinen Pullover, höre seine lauten Schreie, spüre seine Schläge auf meinem Körper und bin doch nicht fähig von ihm abzulassen. Ich setze gerade zu einem erneuten Sprung an, als mich eine Faust am Kopf trifft und ich durch die Luft geschleudert werde. Schmerzhaft werde ich gegen den Kleiderschrank geschmettert, wo ich für einen Moment benommen liegenbleibe. Aus dem Augenwinkel sehe ich einen der Männer, der mit hasserfülltem Blick in meine Richtung humpelt, als eine schrille Stimme meine Ohren erreicht.

»HALLOOO! Oliver, Uwe, seid ihr zu Hause? Was ist denn das für ein Lärm und warum liegen hier so viele Scherben auf dem Boden?« Die Stimme, die aus unserer Küche nach oben getragen wird, gehört zu unserer Nachbarin Claudia. Ihre Schritte kommen langsam in unsere Richtung.

»FUCK! Wo kommt die Schlampe denn auf einmal her?« Der Mann namens Stefan schaut sich panisch um. »Lass das verfluchte Biest in Ruhe und komm her! Wir müssen schnell hier weg.« Hektisch reißt er die Balkontüre auf und schiebt den zweiten Mann vor sich her. Das Letzte, was ich von den beiden Eindringlingen höre, sind die unterdrückten Schmerzensschreie, als sie vom Balkon springen und kurz darauf von unserem Grundstück verschwinden.

Ich schüttle mir die Benommenheit aus dem Kopf und krieche zu Layla, die merkwürdig verrenkt neben dem Bett liegt. Ängstlich stupse ich sie mit meiner Nase an, doch reagiert sie nicht. Behutsam stoße ich meinen Kopf gegen ihren Bauch, hoffe auf ein Lebenszeichen ... doch warte ich vergebens. Voller Verzweiflung beginne ich zu jaulen, während ich an Laylas Seite liege und ihren Körper in dieser einsamen Stunde nicht verlassen will. Das Jaulen, das mein Maul verlässt, wird immer lauter, wird zu einem verzweifelten Schreien, als unsere Nachbarin das Schlafzimmer erreicht.

»So geht das aber wirklich nicht! Ich habe euch doch gesagt, dass ich keine kläffenden ...«

Beim Anblick, der sich Claudia bietet, bleibt sie für einen Moment fassungslos im Türrahmen stehen und reißt ihre Augen vor Entsetzen weit auf.

»Oh mein Gott, was ist denn hier passiert?« Sie hält sich die Hand vor den Mund, versucht scheinbar die Situation zu erfassen, als ein Ruck durch ihren Körper geht.

»LUDWIG! LUDWIG! Bitte, du musst jetzt ganz schnell hier hochkommen ... und bring so viele Handtücher mit, wie du unterwegs finden kannst.«

Mit vorsichtigen Schritten kommt sie zu mir und hockt sich neben Layla, die bewegungslos auf dem Teppich liegt. Zwar bin ich erleichtert, einen bekannten Menschen in meiner Nähe zu wissen, doch kann ich einfach nicht aufhören, meinen Schmerz hinauszujaulen. Behutsam legt Claudia ihre Hand auf meinen Rücken und beginnt mit ungelenken Fingern über mein Fell zu streicheln. Die Stimme, mit der sie spricht, ist ein schockiertes Flüstern.

»Ist schon gut, Kleines, ist schon gut. Ich bin ja jetzt bei dir ...«

In diesem Moment erreicht auch Claudias Mann das Schlafzimmer. Als er Layla erblickt, beginnt er zu schwanken und muss sich am Türrahmen abstützen.

»Claudia, um Himmels willen, was ist hier passiert? Was ist mit dem Hund?«

»Ich weiß es nicht! Ich weiß es wirklich nicht! Gib mir einfach schnell die Handtücher! Wir müssen dem armen Tier irgendwie helfen.«

»Aber Claudia! Wir wissen doch gar nicht, was genau ...«

»Ludwig, verdammt nochmal! Gib mir jetzt sofort diese dämlichen Handtücher und dann versuche Oliver und Uwe zu erreichen. Oder besser noch diesen Tierarzt, diesen Doktor Paulus oder wie auch immer der heißt.« Claudia reicht ihrem Mann ein kleines Telefon, während sie mit der anderen Hand vorsichtig ein Handtuch um Laylas geschundenen Körper wickelt.

»Ludwig, jetzt mach schon! Wir müssen uns beeilen!«

Immer noch vor Verzweiflung wimmernd sehe ich Ludwig davoneilen, während Claudia panisch versucht, das Unvermeidliche aufzuhalten ...

EPILOG

—

Vier unendlich lange Wochen sind seit dem Tag vergangen, der mein einst so unbeschwertes Hundeleben verändert hat. Die schrecklichen Ereignisse geistern noch immer in meinem Kopf umher und mehr als einmal schrecke ich nachts aus dem Schlaf, weil mich die beiden bösen Männer in meinen Träumen aufgesucht haben.

Auch meine Herrchen scheinen die Erlebnisse nicht vergessen zu können. Immer wieder stehen sie im Schlafzimmer und betrachten mit traurigem Blick diese ganz bestimmte Stelle vor dem Menschenbett, diese Stelle auf dem Teppich, die auch mir so viel Schmerz und Traurigkeit bereitet.

Uwe sagt, dass unser Leben irgendwie weitergehen muss und wir trotz allem, was passiert ist, die positiven Dinge nicht vergessen dürfen, die wir tagtäglich erleben. So haben meine beiden Menschen unsere Freunde, die in den letzten Wochen so oft für uns da gewesen sind, heute zu einem Essen auf der Ochsenalm eingeladen, um sich für ihre liebevolle Hilfe zu bedanken.

Der Winter hat Bodenmais und die umliegenden Wälder mittlerweile wieder in eine dichte, weiße Decke gehüllt und der sogenannte Schnee glitzert im Licht der Abendsonne, die sich mühsam durch die schweren Wolken kämpft. Einsam stapfe ich neben meinem Herrchen über den verschneiten Weg, während uns ein eiskalter Wind um die Ohren pfeift.

Ich erinnere mich an unsere gemeinsamen Wanderungen zur Ochsenalm, an die Vorfreude, weil die Hüttenwirtin stets eine besondere Leckerei für uns bereitgehalten hat und vermisse Layla in diesem Moment so sehr an meiner Seite, dass es mir Schmerzen bereitet.

Als die Alm vor uns auftaucht, fällt mein Blick zuerst auf Olivers Eltern, die vor einem knisternden Feuer stehen und sich die Hände an der funkelnden Glut wärmen. Oma Renate unterhält sich gerade mit Steffi, die ihren Mantel fest um sich gezogen hat und sich zufrieden in den Arm von ihrem Freund Tom kuschelt. Bellend renne ich los, um die Menschen, die stets so lieb zu mir sind, lautstark zu begrüßen.

Kaum bei der kleinen Gruppe angekommen entdecke ich auch Barbara, die gerade lachend den Kopf in den Nacken wirft. Anna und ihr Mann Josef stimmen fröhlich ein, wobei sie sich an den Händen festhalten und sich heimlich verliebte Blicke zuwerfen. Mein Freund Hector liegt zu ihren Füßen und hat nur ein freundliches Grunzen zu meiner Begrüßung übrig, zu sehr ist er gerade damit beschäftigt, das riesige Schweineohr zu verspeisen, welches er ungeschickt zwischen seinen Vorderpfoten festhält.

In diesem Moment erreicht auch mein Herrchen das flackernde Feuer, welches die Ochsenalm in ein warmes Licht taucht. Opa Karl tritt auf uns zu und drückt Uwe an die Brust. Der Blick, den er ihm mit einem schweigenden Nicken zuwirft, ist voller Trost. Als auch Barbara mit offenen Armen in unsere Richtung eilt, kommt ein Auto den verschneiten Weg heraufgefahren. Nachdem es auf dem kleinen Parkplatz zum Stehen gekommen ist, öffnen sich die Türen und unsere neuen Nachbarn steigen langsam aus.

»Ich wusste ja gar nicht, dass ihr die beiden auch eingeladen habt.« Barbaras flüsternde Stimme ist kaum zu hören, ihr kritischer Blick jedoch nicht zu übersehen.

»Weißt du, Claudia und Ludwig sind eigentlich gar nicht so schlimm, wenn man sie erst einmal ein wenig besser kennt. Sie haben uns wirklich sehr geholfen, als diese Sache mit Layla ..., als ...« Uwe ist nicht in der Lage, den Satz zu beenden, was auch Barbara zu bemerken scheint. Liebevoll legt sie ihm den Arm um die Schulter und führt ihn zum Parkplatz, wo Claudia mittlerweile um das Auto herumgegangen ist, um die hintere Türe zu öffnen. Als mich ihr Blick für einen Moment trifft, sehe ich ein vorsichtiges Lächeln auf ihren Lippen, woraufhin mein Schwanz zaghaft hin- und herwedelt.

Gespannt schaue ich ins Wageninnere und sehe auf dem Rücksitz zuerst Oliver und dann auch Layla, die mich mit ihren riesigen Hundeaugen begeistert anstrahlt. Vorsichtig hebt Oliver sie aus dem Auto, während ich vor Freude winselnd im tiefen Schnee stehe und es kaum erwarten kann, sie zu begrüßen. Layla humpelt langsam auf mich zu, scheint immer noch Schmerzen zu haben, doch wedelt sie tapfer mit dem Schwanz, während ich ihr mit meiner feuchten Zunge glücklich über die Nase schlecke.

Die Menschen um uns herum beobachten unsere Begrüßung mit ergriffenem Schweigen, als ein schwarzer, struppiger Hund wild kläffend um die Ecke schießt. Kaum hat Layla unseren Freund Angelo erkannt, beginnt ihr Schwanz noch heftiger auf und ab zu schlagen. Kurz bevor er Layla erreicht hat, bremst Angelo mit seinen Vorderpfoten ab und stupst ihr zärtlich mit der Nase in die Seite. Ein warnendes Knurren verlässt mein Maul, doch ist dies nicht wirklich ernst gemeint, weiß ich doch, wie sehr sich die beiden mittlerweile mögen.

Die Hüttentüre öffnet sich und die Wirtin Maria erscheint mit einem Tablett, welches mit dampfenden Krügen beladen ist.

»Na, wie es scheint sind jetzt alle beisammen. Und unsere kleine Heldin ist ja auch schon da.« Sie wirft Layla einen liebevollen Blick zu, bevor sie weiterspricht. »Hier ist mein hausgemachter Glühwein gegen die Frostbeulen und wenn ihr dann soweit seid, kommt einfach in die Stube. Der Kamin brennt bereits und mein Schweinsbraten dürfte auch gleich fertig sein.« Sie stellt das Tablett auf einen Tisch und geht zurück in die Alm, jedoch nicht ohne vorher noch lächelnd über Laylas Kopf zu tätscheln.

Überhaupt wird Layla von unseren Freunden mit Streicheleinheiten geradezu überschüttet.

Selbst Claudia und Ludwig haben ihre anfängliche Abneigung hinter sich gelassen, was Layla zu meiner Überraschung sehr zu genießen scheint.

Uwe greift nach dem Tablett und beginnt, die Krüge, deren dampfender Inhalt seinen köstlichen Duft verströmt, zu verteilen. Ich weiche dabei nicht von seiner Seite, hoffe ich doch, dass er ein paar Tropfen verschüttet und ich den Glühwein so auch einmal probieren kann. Gerade will er Steffi, die ein wenig abseits steht, eines der Getränke reichen, als diese lächelnd den Kopf schüttelt und sich die Hand schützend vor ihren Bauch hält.

Mein Herrchen reißt die Augen auf. »NEIN! Sag jetzt nicht, dass du ...«

»Psssst! Es ist noch nicht offiziell. Aber ich werde in den nächsten Monaten leider komplett auf Alkohol verzichten müssen.« Steffi spricht leise, wohl damit sie niemand außer meinem Herrchen hören kann.

»Und? Sind das jetzt gute oder schlechte Neuigkeiten?«, will Uwe wissen.

»Es sind die Besten! Obwohl wir uns an den Gedanken natürlich auch erst einmal gewöhnen mussten. Aber da ist noch etwas.« Sie tritt verlegen von einem Fuß auf den anderen. »Weißt du, bei dem Gedanken, unser Kind in einer Groß-stadt wie München aufziehen zu müssen, ist mir dann doch irgendwie mulmig geworden. Ich bin und bleibe wohl ein altes Landei. Und jetzt halt dich gut fest: Euer Nachbar, der Ludwig, hat da für den Tom irgendwas bei BMW gedreht und ihm einen Job in Landshut besorgt. Ist zwar auch ein ordentliches Stück, aber die haben da so ei-nen Shuttle für ihre Angestellten, sodass wir hier wohnen bleiben können.«

»Soll das heißen, dass du weiter bei uns im Ho-tel arbeiten wirst?« Mein Herrchen stellt das Tab-lett zur Seite und schaut Steffi fragend an.

»Ich könnte mir nichts Schöneres vorstellen ..., natürlich nur, wenn ihr mich noch haben wollt.« Für einen kurzen Moment stehen die beiden Menschen schweigend voreinander, dann drückt mein Herrchen Steffi fest an seine Brust und es scheint, als wolle er sie nie wieder loslassen.

Kurze Zeit später, die Krüge sind geleert und das Lagerfeuer fast erloschen, sitzt die fröhlich plaudernde Gruppe in der Ochsenalm. Dort hat die Wirtin einen Tisch vorbereitet, der vor einem großen Kamin steht, dessen züngelnde Flammen den kleinen Raum mit einem gemütlichen Licht erfüllen. Ich habe mich zu meinem Freund Hector gelegt, der sich einen warmen Platz vor dem Feuer gesichert hat. Interessiert blicke ich zu seinem Frauchen Anna, die ihrem Mann Josef gerade zärtlich über das Gesicht streichelt.

»Deine beiden Menschen sehen zufrieden aus. Haben sie endlich aufgehört sich zu streiten?«

Hector schnaubt genervt aus und hebt seinen Kopf. »Hör bloß auf, Phoebe! Seitdem mein Frauchen wieder den ganzen Tag zu Hause ist, hat sie furchtbar viel Zeit und leider auch ziemlich viele seltsame Ideen.« Er schließt die Augen und schüttelt seinen Kopf. »Stell dir nur vor: Die beiden denken tatsächlich darüber nach, sich noch einen zweiten Hund ins Haus zu holen. Einen zweiten Hund, Phoebe! Womöglich schleppen sie mir irgend so einen verlausten Köter aus dem Tierheim an!«

Als Hector meinen empörten Blick sieht, stupst er mich mit seiner platten Nase an. »Nichts für ungut, du weißt doch, wie ich das meine! Aber jetzt stell dir nur vor, die lassen sich so einen Teufel wie unseren Angelo unterjubeln!« Er blickt unter den Tisch, wo Angelo gerade dabei ist, ein Kissen, das von der Bank gerutscht ist, in seine Einzelteile zu zerlegen.

»Ach, Hector, so schlimm wird es schon nicht werden. Und wer weiß? Vielleicht hast du ja auch so ein Glück wie ich ...« Zufrieden strecke ich mich in die Länge und springe dann mit einem Satz auf die Bank, um mich für einen Moment an mein Herrchen zu kuscheln. Er sitzt neben Oliver, der Layla auf seinen Schoß gehoben hat und ihr vorsichtig über den Rücken streichelt.

Wie von selbst finden Uwes Finger die Stelle hinter meinen Ohren, an der ich besonders gerne gekrault werde. Wohlig grummelnd schließe ich meine Augen und genieße die Streicheleinheiten, als ich die leise Stimme von Oma Renate höre. »Ach Gott, die arme Layla! Ich wäre meines Lebens nicht mehr froh geworden, wenn ..., wenn ...«

Opa Karl legt die Hand zärtlich auf ihre Schulter und lässt sie dort verweilen, dann schaut er Oliver fragend an. »Was hat eigentlich der Tierarzt gesagt? Hattet ihr heute früh nicht einen Termin?«

»Dr. Paulus ist sehr zufrieden mit unserer kleinen Heldin, sie macht gute Fortschritte. Es wird zwar noch sehr lange dauern, aber sie hatte großes Glück. Wenn Claudia nicht so überlegt gehandelt hätte, dann wäre Layla jetzt wohl ...«

427

Oliver greift nach einer Serviette und tupft sich über die Augen. Seine Finger vergraben sich tief in Laylas Fell, die ihren Kopf kurz anhebt und sich dann vertrauensvoll an ihn drückt. Für einen Moment genießt er das flackernde Licht des Kamins, dann lässt er seinen Blick voller Zuneigung über die Gruppe wandern, die sich heute Abend hier versammelt hat. Er schaut Uwe tief in die Augen und schüttelt grinsend den Kopf.

»Wir sind schon ein ziemlich verrückter Haufen, denkst du nicht?«

»Das kannst du wohl laut sagen! Aber ich kann mir ein Leben ohne diese ganzen liebenswerten Chaoten beim besten Willen nicht mehr vorstellen.« Mein Herrchen zwinkert Anna zu, die ihm mit gespielter Empörung in die Seite knufft.

»Vielleicht solltest du darüber nachdenken, einen Roman über uns alle hier zu schreiben.« Oliver umfasst die Hand meines Herrchens, was ihm den wohlwollenden Blick seiner Mutter einbringt.

»Ja, warum eigentlich nicht? Vielleicht sollte ich das wirklich irgendwann einmal tun. Zu erzählen gibt es sicherlich genug ...«

Zufrieden rolle ich mich auf Uwes Schoß zusammen und betrachte Layla, die sich brummend in Olivers Arme schmiegt und nun endgültig in unserer kleinen Familie angekommen ist.

1000 DANK

—

Nun haltet ihr bereits meinen zweiten Roman in den Händen! Wer hätte das jemals für möglich gehalten? Ich sicherlich nicht ...

Es macht mich sehr stolz, dass ihr euch für dieses Buch entschieden habt und ich hoffe, dass ich euch für ein paar spannende Stunden in unsere kleine, chaotische Welt entführen konnte.

Mein ganz besonderer Dank gilt den vielen treuen »Phoebe-Fans«. Eure unzähligen Nachrichten, Kommentare und Bewertungen haben mich beflügelt, Phoebes Geschichte fortzusetzen. Ihr könnt euch gar nicht vorstellen, wie viel mir eure Unterstützung bedeutet.

Natürlich wäre auch Laylas Geschichte ohne meine lieben »Hobby-Lektorinnen« nicht das, was sie am Ende geworden ist. Vielen Dank an Vera, Anja, Heidi, Johanna, Evi, Mariele und Diana für eure konstruktive Kritik, die mich oft genug auf den richtigen Weg geführt hat. Danke auch an die »Kommapolizistin« Angelika für die viele Arbeit, die du dir beim

Fehlersuchen gemacht hast ... leider hast du einige gefunden.

Zum Schluss möchte ich meinem Mann Oliver danken. Ohne Deine Unterstützung wäre ich niemals so weit gekommen. Unzählige Male hast du mir den Rücken freigehalten, damit ich auch Laylas Geschichte zu Papier bringen konnte. Deine Geduld mit mir ist bewundernswert, denn ich weiß genau, wie unausstehlich ich sein kann, wenn ich in einem Kapitel festhänge. Danke, dass du immer für mich da bist und das seit mittlerweile unglaublichen 28 Jahren ...

Himmel, jetzt hätte ich doch um ein Haar meine beiden »Mädels« vergessen, ohne die es diesen Roman wohl kaum geben würde.

Phoebe und Layla, ihr seid die zwei wundervollsten Begleiterinnen, die man sich nur wünschen kann. Ich danke euch, dass ihr genauso seid, wie ihr seid.

Mein Leben wäre wohl ziemlich langweilig, wenn ihr mich nicht immer wieder auf Trab halten würdet.

Unglaublich aber wahr ... uns gibt es wirklich:
Uwe und Oliver betreiben die Montara Suites in
Bodenmais: www.montarasuites.de

Wenn Du wissen möchtest, wer dieses Buch geschrie-
ben hat, kannst du gerne auf meiner Homepage
vorbeischauen:
www.uwekrauser.de

Mehr über uns und
unser Hundeleben findest du hier:
Facebook:
Phoebe & Layla - Romanheldinnen auf vier Pfoten
Instagram:
Phoebe_Layla_Romanheldinnen

HAT DIR DAS
BUCH GEFALLEN?

—

Ich freue mich sehr, dass du mein Buch bis zu dieser Stelle gelesen hast. Wenn es dir gefallen hat, würde ich mich sehr freuen, wenn du ihm bei dem Online-Shop eine Bewertung gibst, bei dem du bestellt hast. Oder du schreibst bei einem deiner Lieblings-Buchportale eine Rezension.

Ich freue mich nicht nur sehr darüber, Meinungen zu meinem Buch zu lesen, es hilft mir auch dabei, weitere Geschichten zu schreiben und neue Leser für meine Bücher zu finden.

Vielen Dank für deine Unterstützung!

KAMPENWAND
VERLAG

Das Lieblingsfoto von
Opa Karl ...

Laylas erster Roman :-)

Dieser Blick bringt Eis zum
Schmelzen ...

Oliver & Layla -
Ein Herz und eine Seele

Schnee ist nicht
unbedingt Laylas
Element ...

Die drei Orgelpfeifen ...

Layla ♥

Es gibt nichts Schöneres,
als eine Wanderung mit
unserem Herrchen ...

Das Lieblingsfoto von
Oma Renate ...

*Irgendetwas stimmt doch
hier nicht ...*

*Ein Maulkorb? Was hat
das Herrchen denn nun
schon wieder ausgefressen?*

Ein Ausflug mit dem
„Erstherrchen" Uwe zum
Arbersee.

Was ist hier los?

Layla und Uwe

Layla ist
auch mit
umgeklappten
Ohren eine
Schönheit ...

Unsere kleine Familie.

Eigentlich möchte ich gerade gar nicht fotografiert werden ...

Laylas kleine
Beschützerin Phoebe ...

Ist denn
schon wieder
Weihnachten?

Der Winter kommt ...

Phoebe, Layla und Uwe.

Phoebe, das Fotomodell ...

DAS KÖNNTE
DIR AUCH GEFALLEN

—

Phoebe - Eine Straßenhündin checkt ein

Uwe Krauser

Phoebe, eine clevere, sehr liebenswerte Terrier-Mischlings-hündin, findet nach einer langen Zeit in einem kroatischen Tierheim ein neues Zuhause in einem niederbayerischen Dorf. Sie wird dort ab sofort mit zwei männlichen Hotel-besitzern leben und hat die beiden schon nach kürzester Zeit ziemlich gut im Griff. .

Softcover, 12,85 €
ISBN 978-3947738731

Mehr unter: www.kampenwand-verlag.de